LE BÉNIN
ET LES DROITS DE L'HOMME

Collection Études Africaines

Dernières parutions

Jean-Baptiste Martin AMVOUNA ATEMENGUE, *Sortir le Cameroun de l'impasse,* 2000.
Emmanuel GERMAIN, *La Centrafrique et Bokassa (1965-1979)*, 2000.
Marcel GUITOUKOULOU, *Crise congolaise : quelles solutions ?,* 2000.
Cheikh Yérim SECK, *Afrique : le spectre de l'échec*, 2000.
Félix YANDIA,*La métallurgie traditionnelle du fer en Afrique centrale*, 2001.
Facinet BÉAVOGUI, *Guinée et Liberia XVIe-XXe siècles,* 2001.
Richard MBOUMA KOHOMM, *Cameroun : le combat continue*, 2001.
Alain GONDOLFI, *Autrefois la barbarie,* 2001.
A.C. LOMO MYAZHIOM, *Mariages et domination française en Afrique noire (1916 – 1958)*, 2001.
A.C. LOMO MYAZHIOM, *Sociétés et rivalités religieuses au Cameroun sous domination française (1916 – 1958)*, 2001.
Célestin BLAUD, *La migration pour études,* 2001
Y. E. AMAÏZO, *Naissance d'une banque de lá zone franc : 1848-1901,* 2001.
A.Y. SAWADOGO, *Le président Thomas Sankara, chef de la révolution burkinabé,* 2001.
Côme KINATA, *Les ethnochefferies dans le Bas-Congo français : collaboration et résistance. 1896-1960.*, 2001.
Théophile OBENGA, *Pour le Congo-Brazzaville : réflexions et propositions*, 2001.
Derlemari NEBARDOUM, *Contribution à une pensée politique de développement pour le Tchad,* 2001.
Fulbert Sassou ATTISSO, *La problématique de l'alternance politique au Togo*, 2001.
Jacques COLAS, *Une case à Molimé,* 2001.
Abdou HAMANI, *Les femmes et la politique au Niger*, 2001.

Barnabé Georges GBAGO

LE BÉNIN
ET LES DROITS DE L'HOMME

L'Harmattan
5-7, rue de l'École-Polytechnique
75005 Paris
France

L'Harmattan Inc.
55, rue Saint-Jacques
Montréal (Qc) CANADA
H2Y 1K9

L'Harmattan Hongrie
Hargita u. 3
1026 Budapest
HONGRIE

L'Harmattan Italia
Via Bava, 37
10214 Torino
ITALIE

ISBN : 2-7475-0773-4

Remerciements

Les sacrifices de mes parents et ceux de mes frères et sœurs. Tous les amis qui ont rendu ma vie facile à Paris. A ceux qui se sont éclipsés après leurs actes de générosité (une pensée à Marie-Claire TENDRON) et aux autres qui m'accompagnent encore de leurs dévouements.

A mes instituteurs et professeurs, de l'Ecole Saint-Michel de Cotonou jusqu'au Laboratoire d'Anthropologie Juridique de Paris-I, je ne saurais taire les mérites à tous les niveaux.

Particulièrement à Messieurs Etienne LE ROY et Michel ALLIOT, ma reconnaissance est infinie.

Je n'oublie pas Madame Marie-Claude QUEYROI, artisan de ce travail de même que Monsieur Honorat AGUESSY, le Vizir d'Africa-Cultures, Messieurs Samson DOSSOUMON et Roger GBEGNONVI.

A Sophy Muth,

A Wolé et Monjisola

SOMMAIRE

INTRODUCTION

I - LA PROBLÉMATIQUE

I - Situation

Le Bénin compte une population d'environ cinq millions d'habitants (4 915 555 habitants en Février 1992 date du dernier recensement général) inégalement répartie sur une superficie de 114 763 Km^2, la densité moyenne s'élève à 42,8 habitants/ Km^2. Situé en Afrique Occidentale, le pays s'étend de l'Océan Atlantique (au sud) au fleuve Niger (au nord) sur une longueur de 700 kilomètres. Sa largeur varie de 125 kilomètres en partant de la frontière togolaise (à l'ouest) à celle du Nigeria (à l'est) ou de 325 kilomètres du Burkina Faso (nord-ouest) au Nigeria (nord-est).

L'ex-Dahomey abrite une vingtaine de groupes ethniques. L'ethnie majoritaire, les *Fon* se retrouve principalement au sud dans les départements de l'Atlantique (Cotonou, Ouidah, Allada) et du Zou (Abomey, Bohicon) et constituent le 1/5e de la population béninoise si l'on y ajoute les groupes apparentés que sont les *Goun* (le département de l'Ouémé), les *Aïzo* et les *Mahi*. La nation Fon avait donné son premier nom « Danhomey » (dans le ventre de Dan) à l'ensemble du pays parce qu'elle s'était illustrée par son esprit de conquête pendant la période de la traite négrière, par son organisation et par son héroïque résistance à la pénétration française au XIXe siècle. Béhanzin et ses redoutables troupes militaires dont les fameuses amazones du roi s'y sont particulièrement illustrés. Les *Adja* se retrouvent dans le département du Mono au sud-ouest, non loin de la frontière du Togo. Ils sont à l'origine de la création du

« Dan-homey » (*DanXomè*) puisque les premiers rois d'Abomey la capitale historique, les *Agasuvi* venaient de Tado dans le Mono. Les *Adja* ont connu de multiples mouvements migratoires ; venant du Nigeria, ils se sont essaimés jusqu'au Ghana. Ils constituent aujourd'hui 15, 6 % de la population béninoise avec les groupes apparentés, dans le département de l'Atlantique (*Mina*, *Péda*, *Popo*, ...)

Enfin dans la région septentrionale du Bénin, l'une des populations les plus anciennes, celle qui a donné naissance à la plupart des ethnies de la région, les *Yoruba* sont probablement plus porteurs que les autres nations de la civilisation du Bénin. D'une immense culture millénaire, ils sont originaires de la ville nigériane d'Ifé fondé par l'ancêtre Oduduwa. Ils ont émigré de leurs foyers - de gré ou de force - avec de multiples rites et techniques dont la divination d'Ifa qui servira de « guide » pour l'analyse des modèles et des comportements des personnes issues de l'univers béninois. Les *Yoruba* et les *Nagot* (groupes apparentés) forment 12, 1 % de l'effectif de la population totale de la République du Bénin quoiqu'appartenant à l'un des groupes majoritaires de la République Fédérale du Nigeria. Ils se rencontrent dans l'Est béninois (contigu avec l'Etat nigérian), un des maillons du Yoruba-land (Savè, Kétou, Pobè, Sakete, Porto-Novo).

L'influence yoruba se ressent jusqu'au Nord-Bénin formé d'une kyrielle de peuples et de cultures en perpétuel bouillonnement ; l'Etat de Kwara au Nigeria est contigu à la province béninoise du Borgou dont près de la moitié appartient au groupe *Bariba* ou *Batombu* (8, 6 % de la population). On y rencontre également les *Dendi* et apparentés, les *Peulh* (6 %) et *Bétamaribé* (6 %). Les *Somba* vivent en communauté dans les régions montagneuses du Nord-Ouest de la Province de l'Atakora où se côtoient les ressortissants des pays limitrophes (Togo et Burkina-Faso). Les migrations rurales, assez réduites, s'observent essentiellement dans les deux provinces septentrionales (de l'Atakora vers le Borgou) alors que l'exode rural, plus important, part des villages vers les centres urbains de Cotonou, Porto-Novo, Abomey et Parakou, dans lesquels les ruraux n'ont de hâte que reproduire les coutumes ancestrales.

Un modèle de démocratie consensuelle basé sur la palabre quotidienne avait déjà connu ses beaux jours dans l'espace béninois et à tous les niveaux avant la pénétration coloniale française[1]. Ce modèle fut peu ou prou ignoré par la puissance colonisatrice dans un but d'homogénéisation des groupes sociaux par une assimilation culturelle et une conception unitaire d'un droit imposé et non plus négocié. La période post-coloniale, celle des indépendances, au Bénin, se caractérise par l'affairisme, la corruption et la démission nationale. Neuf textes constitutionnels (28 Février 1959, 26 Novembre 1960, 11 Février 1964, 1er Septembre 1966, 28 avril 1968, 26 Décembre 1969, 7 Mai 1970, 7 Septembre 1977 et enfin celui du 11 Décembre 1990), signe d'instabilité socio-politique. La Conférence Nationale des Forces Vives qui eut lieu à Cotonou du 19 au 28 février 1990 ouvre une nouvelle ère, celle d'une tentative d'édification au Bénin d'un Etat de droit et la prise en compte des préoccupations des citoyens au sujet des libertés publiques et des droits de l'homme.

II - Eléments pour une nouvelle doctrine des droits de l'homme

L'objectif de ce travail sur les droits de l'homme sera d'aller au-delà d'une abstraction presque vide et de combattre l'universalisme bâti hâtivement, sans dialogue. Le problème de la réalité des droits de l'homme au Bénin peut se poser. En premier lieu il nous semble qu'il faut rechercher des valeurs communes à tous ; les valeurs de l'homme doivent protéger l'homme ; c'est un truisme de crier dans le désert qu'il faut bâtir une communauté des hommes dans laquelle notre dignité

---

[1] Bidima g; j, *La palabre,* une juridiction de la palabre, Ed. Michalon, 1997, 127p.

commune doit être défendue et renforcée à travers le dialogue, une valeur en soi. Néanmoins,

> *« Aucun homme, ni aujourd'hui ni demain, ne doit pouvoir décider que sa vérité est assez bonne pour mériter d'être imposée aux autres. Seule la conscience humaine pourrait le prétendre : mais les valeurs fondatrices d'une conscience d'aussi vastes dimensions nous manquent aujourd'hui. »*[2]

C'était hier, mais ce cri d'A. Camus doit être entendu. Dans un second temps, pour sauver en l'homme ce qui reste d'humanité, les droits et les libertés doivent refléter toutes les cultures humaines et non se diluer dans le culte de l'efficacité et de l'abstraction. La méthode analogique (R. Pannikar parle d'homéomorphisme)[3] peut permettre d'opérer *« une navette du concret à l'abstrait et de l'abstrait au concret à travers laquelle se tisse et se crée la conception. »* (E. Morin, 1986)[4].

« *L'une des élites les moins bêtes d'Afrique Noire* », l'a peut-être compris en inventant le dialogue de la conférence nationale. Toutefois cette réflexion africaine, béninoise, ne peut aboutir sans l'immersion dans la pensée proprement endogène, qui n'est pas consignée dans les livres. Il s'agit alors de partir non plus des normes écrites mais des modèles de comportement et de conduite, avec quelques référents pédagogiques c'est-à-dire recourir à des coutumes qui sont plus présentes dans les cultures béninoises pour expliquer des valeurs.

Lesdites coutumes, ont mémorisé, non pas le droit nouveau qui est par endroits un métissage, tantôt une réception des normes internationales, tantôt un succédané du droit français, mais les valeurs de l'Afrique profonde,. La doctrine des droits de l'homme, sans doute la branche la plus critiquée du droit, n'échappe pas à ce métissage. M. Oppetit, en France, remarquait dans un article[5] que la seule finalité du droit doit se projeter

---

[2] Camus Albert, « La crise de l'homme », traduit de l'anglais par J. M. Laclavetine in *NRF*, Janv. 1996, n° 516.

[3] Pannikar R., « La notion des Droits de l'Homme est-elle un concept occidental » ? *in Diogène*, 1982, p. 100s.

[4] Morin E., *La Méthode*, t. 3, Paris, Ed. du Seuil, 1986, 249 p.

[5] Oppetit Bruno, « Le Droit hors la Loi », in *DROITS*, n° 10, 1989.

dans une justice au service d'un ordre de valeurs (l'efficacité matérielle, la morale, l'équité et l'utilité sociale) ; ce droit-là est aujourd'hui détourné de ses fins. Les droits de l'homme conclut-il, doivent coïncider avec l'affirmation des libertés publiques (ils ne sont ni dans le corps social exclusivement, ni dans l'individu abstraitement envisagé). A cela le philosophe suisse P. Meyer-Bisch apporte d'autres nuances.

> *« Il s'agit de considérer les droits de l'homme tels qu'ils sont advenus et de chercher les critères philosophiques de cohérence, une topique à la manière aristotélicienne. Ce n'est pas l'élaboration d'un système - dont la possibilité est fort problématique - mais la critique des catégorisations admises, et la mise à jour de nouvelles connexions logiques, dans le but d'une mise en ordre. Toute analyse des droits de l'homme doit commencer par cette topique, ou analyse des frontières entre les droits, car un droit de l'homme n'est jamais qu'une frontière qui démarque l'inhumain. »*[6]

Ces présupposés suffiront à nous interroger sur la réalité béninoise. Notre méthodologie résolument anthropo-logique (il s'agit de l'homme) s'articulera autour de deux axes fondamentalement juridiques (il s'agit des droits). D'abord une recherche au Bénin sur l'histoire et l'ethnologie des droits de l'homme pour relativiser la doctrine actuelle les droits de l'homme, à partir de la question de l'efficacité de cette norme au Bénin. Par la suite une recherche en droit des droits de l'homme nous conduira à analyser des catégories actuelles des libertés publiques, et montrer l'idéal animiste d'harmonie de l'expérience béninoise.

Les déclarations des droits de l'homme (notamment la déclaration universelle des droits de l'homme adoptée par l'ONU en 1948), aboutissement du produit de l'histoire occidentale ne peuvent être que le reflet de cette culture (culte

---

[6] Meyer-Bisch P, *Le corps des droits de l'homme*, Ed. Universitaires Fribourg, 1992, 402 p.

de l'individu concret et abstrait, image de l'homme, primauté de la raison...).

La critique anthropologique des droits de l'homme met en garde tous ceux qui transposent ou qui forcent la réception de ces droits par « les droits africains » : tout ensemble juridique ne repose t-il pas sur un système de représentations ?

L'argument culturaliste, si important fût-il, hésita pourtant à proposer des solutions pratiques. L'Afrique - en l'occurrence le Bénin - d'aujourd'hui rejette le fatalisme, quoiqu'engluée dans des cosmologies et des ontologies vitalistes. « *Le Nègre... se dit de multiples manières*, martèle le philosophe J. G. Bidima. *Seulement, sur l'Afrique on a privilégié la dimension vitaliste, transcendante, finaliste et déiste, ce qui a abouti des années plus tard à justifier à partir de l'ontologie vitaliste, l'aptitude du Nègre à la passivité, au fatalisme et son inaptitude à un élan prométhéen qui découvre les lois de la nature et crée à partir d'elles* »[7]. Dans cette lignée Sélim Abou reconnaît l'existence des valeurs universelles dont la déclaration universelle en est *"l'expression actuelle, valide mais perfectible."*[8] C'est pourquoi par exemple les valeurs particulières qui heurteraient les valeurs reconnues par la presque totalité des Etats du monde n'ont pas à être respectées.

En Europe, les droits de l'homme se lisent comme des règles externes à l'humanité qui dictent des normes déterminées qu'on doit ou ne doit pas accomplir (c'est-à-dire des règles de conduite positives intégrables dans des constitutions), à l'image des tables de la loi, tandis que les valeurs traditionnelles ou les principes de droit dans l'univers bénino-africain révèlent un espace toujours nouveau, et une "facilité" à intégrer d'autres principes érigés en règles fussent-elles extérieures. Pour reprendre l'exemple évangélique de Tolstoï :

> *« Le pharisien rend grâce à Dieu du fait qu'il remplit ses devoirs... le publicain se sent toujours imparfait ; il ne voit pas derrière le chemin parcouru, mais toujours devant lui*

---

[7] Bidima J. G., *La philosophie négro-africaine*, Coll. "Que sais-je ?" PUF, 1995.

[8] Abou S., *Culture et droits de l'homme*, Paris, Hachette, 1992, 140 p.

le chemin qu'il lui faut encore suivre et qu'il n'a pas encore parcouru »[9].

Le Bénin, d'hier à aujourd'hui, toutes proportions gardées, se trouve dans la dernière situation quant aux droits de l'homme, ou tout le moins quant à l'application des principes fondamentaux. L'exemple des conférences nationales a amplement démontré l'importance de la parole nécessaire, souveraine. Toutefois des valeurs contraires à la liberté, à l'égalité ou au respect de la dignité individuelle telles qu'elles sont conçues en occident peuvent se rencontrer dans les sociétés béninoises. Il faut comprendre leur essence avant de chercher à les gommer, expliquer en quoi elles sont en retard, rétrogrades ou archaïques pour le développement. En dépit de ces pratiques anti-humaines parfois, les valeurs positives : hospitalité, indulgence, tolérance, peuvent revêtir certaines singularités au Bénin. En général, la permanence d'une certaine attitude morale plus accueillante et plus ouverte dénote la profondeur du respect d'un grand nombre de principes devenus la matrice des droits de l'homme. Il faut admettre que la culture grecque et les croyances héritées du judéo-christianisme ne sont pas la seule matrice des idées démocratiques. Si, au Bénin il y eut aussi, comme partout ailleurs, des violations du droit à la vie, il faut rechercher les causes dans les mentalités et croyances, le sacré et le religieux (une adhésion rationnelle et traditionnelle). Si, aujourd'hui les anciennes valeurs s'effacent devant ce qu'on nomme l'efficacité et la corruption, on peut craindre que l'état de l'homme et sa condition juridique dans une, deux ou trois générations ne se dégrade. Néanmoins les "habitus", c'est-à-dire « *le système de dispositions durables dans lequel les rapports au Droit sont endoculturés et où le Droit dans son vécu quotidien est représenté et interprété en droits particuliers, ces habitus perdurent* »[10]

---

[9] Tolstoï Léon, Postface à *La sonate à Kreutzer*, Ed. Gallimard, coll. Folio, p. 220.

[10] Le Roy E., « Les Fondements anthropologiques et philosophiques des Droits de l'Homme », Cours à L'institut International des Droits de l'Homme, Juin 1997, à paraître

C'est ainsi que Madame J. de Romilly après avoir montré en quoi la Grèce a civilisé toute l'Europe, conclut avec raison que :

> *« De même qu'il a pu y avoir avant Athènes des sociétés démocratiques qui ne nous ont laissé ni textes, ni analyses sur ce qu'elles avaient fait, de même la tolérance a pu exister dans bien des régions du monde, sans textes pour la célébrer (...). Les valeurs décrites ici ont sans nul doute existé ailleurs. Peut-être le saura t-on un jour... et peut-être non »*[11].

III - Contribution à la doctrine africaine du droit :

Face donc à la relativité des définitions du droit rendues possibles par la doctrine occidentale, ne paraît-il pas urgent de clarifier la notion de droit au regard des pratiques et réalités de notre continent ? Si le droit s'entend *« ensemble doté d'une normativité spéciale »*, (A. J. Arnaud), ce tabernacle ne peut s'atteindre en faisant fi des autres systèmes normatifs (la morale, la religion, le jeu...) ; il existe d'un côté un système juridique qui naît, vit et meurt (c'est le droit au sens strict) et de l'autre un système juridique qui ne meurt pas et englobe tous nos vécus et nos relations juridiques (le champ juridique). "Normalement" le droit appartient au champ juridique, mieux, il s'y inclut. On parle, comme le doyen Carbonnier, des processus d'internormativité :

> *« Il est inexact de dire que le sens de l'évolution juridique est celui d'une différenciation du droit, de la morale et de la religion*[12].

Plus le champ juridique se réduit, plus on accorde une grande confiance au droit pur. Plus il est étendu et, plus les autres modes de régulation sont préférés au droit le plus strict. La réalité et les pratiques africaines du moment font cohabiter

---

[11] Romilly (de) J., *Pourquoi la Grèce ?*, Le livre de poche, 1992, p. 304.
[12] Carbonnier J., *Flexible Droit*, LGDJ, 4e édition, 1995, p. 79.

un droit d'essence occidentale dans un champ juridique totalement différent, constitué de divers groupes parentaux, territoriaux et religieux liés par des relations d'interdépendance et de solidarité. Des raisons historiques, circonstancielles et probablement pratiques ont poussé ce droit greffé à ignorer plus ou moins les vécus juridiques des populations concernées. Dans le même espace il arrive que, poussées par le droit écrit et les transformations économiques, les coutumes rurales se réfugient dans les quartiers populaires des grandes villes. Des droits parallèles administrés par des juridictions parallèles restituent au mieux une vision moins tronquée des phénomènes juridiques contrairement au droit non pluraliste "reçu" de l'occident. Ceci provoque une situation de pluralisme juridique vécu dans un cadre institutionnel unitaire.

Influencée par l'Occident, une certaine doctrine juridique africaine continue de dénier l'appellation de "droit" aux phénomènes juridiques en vigueur dans les sociétés africaines. Hors des rituels de leur Eglise point de salut. Mais est-ce bien raisonnable qu'une doctrine africaine se contente aussi paresseusement d'ânonner les règles du droit positif de l'Occident ? La force des choses et la force des événements doivent nous pousser à cesser de voir avec les yeux d'autrui et à penser avec la tête des autres (L. Kesteloot).

1 - Ordres juridiques distincts

Il s'agit d'étudier les sociétés africaines d'hier et celles d'aujourd'hui dans leur originalité en soi, et à travers leurs systèmes juridiques. Une certaine honnêteté intellectuelle pousse à reconnaître dans les règles formelles du droit de nos nouveaux Etats indépendants une autonomie qui les pousse à fonctionner indépendamment des sociétés et à dominer celles-ci, ce qui, il faut le dire, est dommageable au respect même du droit. Dans l'Afrique profonde, la transgression d'un phénomène juridique doit entraîner des catastrophes cosmiques. C'est dire le poids de l'enchevêtrement des mécanismes des régulations sociales : comment ces croyances religieuses, la magie et les phénomènes terrestres ou cosmiques peuvent-ils participer au renforcement du droit ?

Alors qu'en Occident d'une manière générale la société concourt de plus en plus à l'élaboration du droit par le biais de ses magistrats (la jurisprudence), ses praticiens et administrateurs (pouvoirs considérables en matière économique, social, urbanisme, etc.) c'est-à-dire en se rapprochant de la méthode de la coutume africaine, nos nouveaux Etats s'en éloignent. M. Alliot dans l'article fort perspicace « *Un droit nouveau est-il en train de naître en Afrique* ? »[13] met en lumière deux paradoxes, d'une part celui de la jurisprudence et la pratique administrative françaises qui ne sont modifiables comme le serait la Loi. Le second paradoxe est la répartition d'un droit qui se fait dorénavant selon les intérêts des groupes (et non plus au nom de cette société uniforme négatrice des groupes et de leurs particularités) et qui possède un caractère d'incommunicabilité, des zones de résistance édifiées par ces groupes qui refusent les modifications imposées de l'extérieur (v. le droit des affaires, le droit de la Sécurité Sociale...). Il en conclut que « *notre droit réel s'est approché de celui des sociétés primitives* »[14] : le droit réel étant entendu comme l'ensemble des normes de conduite effectivement prises en compte par les individus dans la multiplicité de leurs appartenances collectives.

La doctrine africaine du droit gagnerait beaucoup en efficacité si elle orientait ses recherches et sa réflexion vers la compréhension et l'explication de cette normativité originale existant dans la société africaine au lieu de se contenter de répercuter les règles juridiques européennes issues d'un autre champ juridique, non seulement exogène mais aussi étranger et sans connexions logiques pertinentes.

---

[13] Alliot M., « Un Droit nouveau est-il en train de naître en Afrique ? » et « La coutume dans les droits originellement africains », in *La Coutume*, Société Jean Bodin vol. 51, Paris Dessain et Tolba, 1990.
[14] Ibidem.

L'Etat béninois aujourd'hui monopolise le droit enseigné dans les facultés en présentant son uniformité comme un dogme. Pourquoi s'étonner de son échec[15] ? La question fondamentale dans le Bénin actuel : comment partir du droit "reçu" pour réguler correctement notre société ? L'Occident observe M. Alliot, privilégie l'être et les rapports, l'Afrique les fonctions. Quelle place les codes réservent-ils aux fonctions familiales et sociales ? La famille et les lignages qui s'occupent toujours des cérémonies (naissances, mariages, décès...) n'ont encore aucune personnalité.

Les groupes sociaux béninois ont fortement besoin d'une personnalité juridique. Les sources du droit formelles et sociologiques mériteraient d'être définies ou redéfinies dans une perspective de pluralisme juridique.

2 - Eléments pour la construction d'une théorie africaine

Au Bénin aujourd'hui l'individu n'est plus lié comme par le passé aux familles et aux lignages. Désormais l'individu compte. Mais les droits et devoirs des groupes ne disparaissent pas pour autant. D'autres appartenances collectives peuvent l'emporter et démultiplier les critères de juridicité communautaires. La conception de l'homme, aujourd'hui enrichie, s'en trouve débarrassée de ses scories (esclavage, dépendances des individus, sacrifices humains, statut de la femme...). L'Afrique a donc intérêt à "réinterpréter" comme elle a commencé à le faire la méthode de pensée et d'action des droits de l'homme en usage sur le plan international. Encore faudrait-il qu'il y ait discussion et dialogue selon un processus

[15] Un spectre hante le Bénin de cette fin de millénaire : le spectre de la justice « privée » assumée par des populations qui bravent la justice officielle (et le droit des droits de l'homme) en suppliciant délinquants et criminels par des colliers (pneus d'automobile) enflammés ou directement en les arrosant d'essence. Un « colonel civil » a pris la tête de ces manifestations dans la province du Mono, fustigeant ouvertement l'échec de « la justice des blancs » et réclamant « la justice de nos ancêtres ».

d'acculturation juridique[16]. Dans cette optique le Bénin peut proposer ses propres vues, non seulement sa conception de l'homme, mais également ses interrogations en matière d'environnement, du respect de la nature et, pourquoi pas de la bioéthique ?

Ce qui nous semble fondamental, c'est l'idée de solidarité (d'humanisme donc) qui fait défaut dans la pratique actuelle des droits de l'homme. Au niveau des groupes (parce que le droit des groupes fait de plus en plus son apparition un peu partout dans le monde), exiger ou reconnaître un devoir de responsabilité, comme cela se fait (se faisait) en Afrique. C'est l'exemple de l'indemnisation des victimes d'accident de la route et par extension, de toute victime qui n'aurait pu être "secourue" par l'individu coupable. Toute victime pourrait exercer un recours en responsabilité contre le groupe auquel appartiendrait l'auteur d'un crime, d'un délit ou d'un quasi-délit. On peut établir une hiérarchie des groupes (famille, club, travail, administration, Etat), suivre le même chemin que celui de la dévolution successorale ?

La solidarité individuelle (la "fraternité" de la devise française) peut aussi faire partie des droits de l'homme. Elle ne doit pas s'arrêter aux frontières des classes sociales. On doit la définir peut-être pas comme les droits d'une autre "génération", extérieure à l'individu mais la rendre exigible et pas seulement comme un idéal à atteindre. Ce comportement fait la différence des villes occidentales et africaines. Ce droit à la solidarité individuelle et collective est donc résolument un droit de l'homme (échange réciproque entre pensées occidentale et africaine).

Par-delà la théorie de la solidarité entre vivants et celle de la solidarité vivants/morts (comment honorer les morts, la persuasion par le dialogue, la fin de l'indifférence et de la solitude), le Bénin et l'Afrique peuvent apporter de manière plus

---

[16] Alliot Michel, « L'acculturation juridique » in *Encyclopédie de la Pléiade - Ethnologie générale*, 1968, pp. 1181-1237.

évidente cet univers "animiste" qui manque à la théorie des droits de l'homme :

– le principe de la communication avec autrui et la compréhension d'autrui (principe favorisé par le caractère analogique des métamorphoses possibles entre l'homme et la nature) ;

– le principe de la vitalité africaine et béninoise, résultat de l'intégration de l'homme dans le cosmos qui donne une réponse aux angoisses de l'homme et surtout la représentation du mouvement qui vient de l'intérieur, qui nous mobilise tous (par le rire, le chant et la poésie) et qui se prolonge jusqu'à la sphère inconsciente de la psyché individuelle.

– enfin, observer sur le terrain les combinaisons entre le mythe et la rationalité articulée par la théorie des droits de l'homme ou mieux, entre les logiques afro-béninoises et les logiques occidentales que sous-tendent les droits de l'homme.

Cette hypothèse-ci part des logiques institutionnelles - tant nationales que sur le plan international - avec leurs éléments de contrainte (Première Partie). Elle analyse par ailleurs des pratiques qui apparaissent sous les discours juridicisants des droits de l'homme avant de s'interroger et de conclure sur le paradigme d'une complexité des dits droits en Afrique Noire. (Deuxième Partie).

PREMIÈRE PARTIE :

LE CADRE DES DROITS DE L'HOMME AU BÉNIN : LES LOGIQUES INSTITUTIONNELLES

Partons d'abord d'un socle : l'analyse d'A. de Tocqueville dans le premier tome de *La Démocratie en Amérique* où il classait les trois paramètres (de façon hiérarchique) qui faisaient avancer la démocratie libérale dans l'Amérique du XIXe siècle.

Point 1) *En premier lieu viennent les habitudes, les mœurs et les croyances des populations* c'est-à-dire l'explication que l'essor du sentiment démocratique et des droits de l'homme ne peut résider que dans une discipline morale inscrite dans la conscience des individus. Pour cela il faut partir d'une attitude d'ensemble forgée par le tempérament, l'éducation reçue, l'influence du milieu et l'expérience vécue par les individus. Sans cette étude des habitudes, des mœurs et des croyances il sera difficile de faire des lois et des constitutions qui aient un impact sur la population.

Point 2) *Les lois ou le fonctionnement de la constitution du pays,* c'est-à-dire le respect des formes juridiques de la société. C'est ici qu'entre en action la doctrine positiviste. Depuis les progrès de la science au XIXe siècle, les juristes après les philosophes ont cherché la voie dans laquelle l'esprit humain peut œuvrer efficacement dans le domaine du droit. Toute recherche d'un droit naturel est condamnée (trop de contradiction dans le jusnaturalisme). C'est l'exemple du criticisme kantien qui professe que nous n'atteignons jamais les choses elles-mêmes (les noumènes). Déduire des règles de droit de la nature de l'homme et des choses supposerait connues cette nature et la place de l'homme dans l'univers.[1]

L'école historique (Allemagne) montre que le droit est le produit spontané de l'« esprit populaire » (Volksgeist) et que son seul objet possible est l'étude des systèmes tels qu'ils sont donnés dans leur évolution. Quant à l'école sociologique, le

---

[1] Battifol Henri, *La philosophie du Droit*, Coll. « Que sais-je » PUF, 1981, 6° éd.

droit est un « fait social », il doit s'étudier « comme une chose » c'est-à-dire par la méthode d'observation de la vie sociale (observation ethnologique). Somme toute le positivisme juridique[2] veut se borner à l'étude des systèmes existants, ce à quoi nous nous bornerons essentiellement dans cette premère partie.

Point 3) *Il faut, dit Tocqueville tenir compte de l'espace géographique* qui peut jouer un rôle non négligeable dans l'émergence du fait démocratique. Le disciple de Montesquieu pense comme le maître que les caractéristiques d'une nation sont influencées par le climat, la géographie et les ressources du pays. Cette assertion peut être interprétée de manière plus ou moins péjorative en ce qui concerne l'Afrique. Voyons plutôt avec Pline l'Ancien ce qu'il peut y avoir de nouveau à apprendre du Bénin, de l'Afrique : « Semper aliquid novi African affere ».

L'étude de la consécration des droits de l'homme dans la Constitution Béninoise du 11 Décembre 1990 et des autres institutions élaborées dans le cadre de la Conférence des Forces Vives de la Nation et entérinées par la même Constitution (l'Exécutif, l'Assemblée Nationale, la Cour Constitutionnelle et une Cour Suprême rénovée), sera l'objet de notre premier chapitre. Dans un deuxième temps, nous réaliserons l'analyse concrète des textes de la Cour Constitutionnelle, puis nous nous interrogerons sur l'acceptation ou la non-acceptation de cette positivité par le plus grand nombre. La notion de positivité du droit étant moins simple qu'il ne paraît nous l'envisagerons selon la problématique des degrés (2e chapitre). Enfin il sera question des éléments de contrainte conjoncturelle. (3e chapitre).

---

[2] Voir Positivité et justification, pp. 90s, La Philosophie du Droit de H. Battifol, Coll. « Que sais-je ? » PUF, 1981.

CHAPITRE I : LA CONSÉCRATION DES DROITS DE L'HOMME DANS LA CONSTITUTION DU 11 DÉCEMBRE 1990

Michel Banock, politiste, constatait à propos du Cameroun que les institutions conditionnent l'ensemble de la vie d'un Etat (point 2 de Tocqueville) et encore plus celle d'une démocratie naissante où les réflexes et les automatismes ne sont pas encore acquis. Evidemment il voulait parler des jeunes Nations et des démocraties post-coloniales issues du nouvel ordre étatique. A ce propos cet auteur use de la métaphore suivante :

> *« Je serai tenté de comparer la démocratie naissante à un pont particulièrement glissant. La Constitution serait le parapet sur lequel tout passant devrait s'appuyer, faute de quoi il glisserait et tomberait dans le précipice. »*[3]

Ce pont glissant faillit emporter le Bénin de la fin des années 80. La crise économique exacerba les antagonismes (la mauvaise gestion, les détournements de fonds publics et l'enrichissement illicite ne favorisèrent pas l'atmosphère socio-économique plus qu'électrique de ces années-là). Cette crise et la fin de la guerre froide mirent à mal la situation intérieure déjà marquée par des oppositions farouches au régime du parti unique, le Parti de la Révolution Populaire du Bénin. Sous la poussée des bailleurs de fonds internationaux et des institutions de Bretton-Woods, la suprématie du Parti sur l'Etat fut dénoncée et battue en brèche. Dans les grandes villes (Cotonou, Parakou et Porto-Novo en Décembre 1989) et les moins grandes (Guézin et Kpomassi en Janvier 1990) échauffourées et

[3] Banock Michel, *Le processus de démocratisation en Afrique : le cas camerounais*, L'Harmattan, Paris, 1992, 252 p.

manifestations populaires sonnèrent le glas du régime de l'idéologie marxiste-léniniste (appelé ironiquement "marxisme-béninisme") instauré avec moult slogans depuis le 26 Octobre 1972. Les luttes déterminées des travailleurs constamment en grève et des étudiants « avant-gardistes » mirent donc fin à 17 années de violations des droits de l'homme.

• Et la Conférence Nationale arriva, « un grand moment d'un petit peuple du Tiers-Monde qui, "à l'heure où tout craquait", a laissé la raison et l'intelligence du cœur prendre le pas sur l'instinct et les intérêts égoïstes afin de tout sauver à nouveau »[4]. Les 6 et 7 Décembre 1989 la décision a été prise par les organes de l'Etat de libérer le pays de l'idéologie marxiste, de séparer le Parti de l'Etat, de créer une nouvelle structure gouvernementale et de convoquer une Conférence Nationale des « Forces Vives » de la Nation. (Section I). Celle-ci aurait eu pour tâche de porter remède à la crise économique et financière en passant par un approfondissement de la démocratie et par le respect des droits de l'homme. Les travaux devraient ainsi commencer par la question de la souveraineté de la Conférence et se terminer par l'élection d'un premier ministre de la période de transition (M. Nicéphore Soglo). La Commission des lois et des affaires constitutionnelles avait eu pour tâche de créer les conditions de l'instauration d'un Etat de droit en dotant le Bénin d'une Constitution nouvelle qui susciterait une organisation démocratique du pouvoir (Section II).

---

[4] Préface de l'Archevêque de Cotonou, feu Mgr Isidore de Souza, élu à la tête du Présidium de 13 membres qui dirigea la Conférence Nationale, in *Les Actes de la Conférence Nationale*, Ed. Onépi, Cotonou, 1994, 209 p.

SECTION I : LA CONFÉRENCE NATIONALE AU BÉNIN DU 19 FÉVRIER AU 28 FÉVRIER 1990

Près de cinq cents participants ont pris part à la Conférence et le pays tout entier a pu suivre l'événement grâce à la presse et aux organes de radiodiffusion et de télévision qui ont rapporté l'intégralité des travaux en français et dans les principales langues nationales parlées au Bénin. L'art. 53 du Règlement intérieur stipule que « les débats de la Conférence seront retransmis en direct par la Radio Nationale » (Paragraphe 1). Les grandes orientations furent l'élaboration des politiques économique, financière, sociale et culturelle puis celle d'une nouvelle Constitution inspirée des principes démocratiques. (Paragraphe II).

Paragraphe I : Le déroulement des séances

Cinq commissions ont constitué les structures de base de la Conférence :

– La Commission d'orientation et de politique générale (principes généraux de la Constitution),

– la Commission sur la vie institutionnelle et le système partisan,

– la Commission sur le système économique et social (en accord avec le PAS),

– la Commission sur l'éducation et la Culture,

– la Commission sur les droits de l'homme, les libertés publiques et la justice.

Chaque commission est régie par un bureau.

L'Assemblée plénière ou la réunion de l'ensemble des participants à la Conférence Nationale, avait le droit de créer autant de commissions de travail ou groupe de travail qu'elle jugerait utile (art. 7 Règlement intérieur). Les travaux étaient dirigés par un présidium composé de 13 membres dont le Président, Mgr Isidore de Souza Archevêque du Bénin, dirigeait les débats de l'Assemblée Plénière.

A. Les travaux de la Conférence Nationale

L'art. 4 du Règlement Intérieur énonce que « Les organes de la Conférence sont :

– L'Assemblée Plénière ;
– le Présidium de la Conférence ;
– les Commissions de travail ;
– la Commission de vérification des mandats ;
– le Secrétariat technique. »

Les deux derniers organes énumérés par l'art. 4 nous intéressent peu, non pas qu'ils ne furent pas utiles aux séances de la Conférence mais parce que leur objet s'était limité au bon déroulement des Assises (vérifier l'authenticité des mandats, examiner les pouvoirs des participants, produire un rapport, manipuler documents et fournitures, mettre au propre des documents, tous travaux ayant une portée limitée dans le temps, etc.). Quant à l'Assemblée Plénière, au Présidium et aux Commissions de travail nous les examinerons tour à tour dans le déroulement des Assises de la Conférence Nationale.

1 - L'Assemblée Plénière et le Présidium de la Conférence

a) *L'Assemblée Plénière* étant la réunion de tous les participants à la Conférence Nationale, ses décisions ont été prises :

« par consensus dans un esprit de persuasion, de conciliation et de compromis. » (art. 46 al. 1er)

Il faut dire que le « naturel » africain est vite revenu dans l'établissement du Règlement intérieur et dans la pratique. Les rédacteurs ont compris tout le bénéfice qu'ils gagneraient par le consensus, par la persuasion plutôt que par une hypothétique règle de majorité relative qui ne serait qu'une forme d'autoritarisme de quelques participants remplissant un peu plus de la moitié des bancs des invités à la Conférence. Une discipline à l'africaine voudrait que tous les représentants présents dans la salle fussent de gré (et non de force) liés aux décisions finales. Cette logique de la « persuasion » de la « conciliation » et du « compromis » fut facilitée il est vrai par la situation économique catastrophique et 17 années d'aventurisme politique et idéologique. D'un côté les partisans de l'ancien régime et le Président Mathieu Kérékou se sont opposés à toute proclamation de souveraineté (séance du 21 Février 1990), ont parfois menacé d'intervenir par un coup de force (séance du 24 Février 1990 cf. Maurice Kouandété spécialiste des coups d'Etat et apparenté au Président Kérékou).

De l'autre côté des amendements furent trouvés en vue de réaliser un consensus sur la déclaration de souveraineté : « *on ne provoque pas un homme acculé* » reconnaît Me Robert Dossou, Président du Comité Préparatoire de la Conférence. Dès le 22 Février il fut question de « réconciliation nationale ». Le lendemain Mgr de Souza s'est entretenu avec le Président Kérékou, ce qui apparemment a produit un effet bénéfique jusque dans les rangs de l'Armée (pourtant menaçante les premiers jours de la Conférence avec les déclarations des Colonels M. Kouandété et V. Guezodjé) qui invita la Conférence à la tolérance. A cela s'ajouta le désir des militaires de retourner dans leurs casernes. Néanmoins tout ne fut pas réglé dans un esprit de persuasion et dans ce cas seulement des votes intervinrent. Le dernier alinéa de l'art. 46 prévoit une majorité absolue des deux tiers des participants présents. Ce qui fut la règle le dimanche (de la victoire) 25 Février 1990. seules 17 voix manquèrent au décompte final de la déclaration de souveraineté. Pour marquer ce « consensus » l'assistance fit taire les malheureux perdants en se levant et en entonnant l'hymne national, noyant par ce fait la désapprobation des quelques irréductibles du Parti Unique.

L'Assemblée Plénière entendit également les rapports des diverses commissions et, à l'occasion, tout participant avait « *le droit d'émettre son avis sur tout sujet en discussion* » (art. 6). Ce qui nous donna une belle passe d'armes entre Kérékou et Soglo (déjà !), après le rapport de la Commission des Affaires Economiques et Sociales présidée par le dernier. Le terme « consensus » revient indéfiniment après les débats houleux entre les délégués mais il y eut des concertations entre le Présidium et les Commissions pour harmoniser les points de vue et tenir compte des amendements. Les articles 49 et 50 du Règlement Intérieur apportent une certaine originalité à la Conférence de façon positive en adoptant le français et les langues nationales traduites s'il le faut (art. 49) afin d'atteindre le plus grand nombre de citoyens. Les intervenants sont invités à être courtois, à éviter toute attaque personnelle et tout propos malveillant. Tout manquement au Règlement Intérieur entraîne des sanctions déjà connues comme le rappel à l'ordre, le retrait ou le refus de la parole mais également des sanctions « africaines » apparentées à l'ostracisme : l'exclusion de la salle et/ou l'exclusion des lieux de la Conférence, cette dernière étant prononcée par la Conférence elle-même et la première par le Présidium de la Conférence Nationale.

b) *Le Présidium de la Conférence*

Le Président du Présidium dirige les débats de l'Assemblée Plénière, prononce l'ouverture et la clôture des séances, donne la parole aux intervenants,

> *« conduit au consensus et, le cas échéant, met aux voix la question en discussion. » (art. 11 al. 5)*

Cette idée de persuader avant d'aller au vote est caractéristique de la Conférence Nationale et de toute la logique des droits de l'homme en Afrique Noire. Et qui, mieux d'autre pourrait réussir à convaincre si ce n'est un Pontife ? Mgr Isidore de Souza élu le 20 Février 1990 à la tête du Présidium de la Conférence s'est surpassé pour la réussite de celle-ci allant jusqu'à s'entretenir avec le Président Kérékou et le « retourner ». Le chef de l'Etat finit par confesser publiquement le lundi 26 Février deux jours avant la fin des travaux : « *Au nom de la Bible, au nom de Jésus-Christ, soyez éclairés. L'Esprit Saint est avec vous.* ». La Bible ne l'a plus jamais quitté.

Le consensus au Bénin suppose grande sagesse et moralité, une disponibilité pour le peuple, une impartialité et une patience à toute épreuve. Si, en plus de toutes ces qualités vous croyez en Dieu et le dites, les Béninois vous écoutent. L'émotion ressentie et partagée par tous apporte une touche à la description. Mgr de Souza n'a pas transformé la Conférence en un forum où tout le monde vient *« disserter indéfiniment sur les notions de Sciences Politiques* » ou en un tribunal de *« joutes oratoires, invectives et de récriminations stériles* » (selon les propos de M. Kérékou), comme on aurait pu le penser. Dans ses interventions il sut « cajoler » le chef de l'Etat afin d'obtenir le consensus et le compromis tant recherchés (et jusqu'au delà de la Conférence en Mars 1991, après la défaite de Kérékou aux élections présidentielles) :

> *« J'admire votre magnanimité, j'admire votre clairvoyance, j'admire le fait que, chef de l'Etat, vous vous êtes rendu à l'évidence, en communion avec votre peuple qui tremble dans sa chair, dans son cœur, dans ses membres, dans son ventre vide, dans son corps mal vêtu, dans son corps mal soigné, qu'il était temps que les choses changent. »*[5]

Ce discours est à l'opposé - pour ne citer qu'un exemple - de celui du représentant du Syndicat National de l'Enseignement Supérieur (SNES) en date du 22 Février 1990 où il était question de :

> *« politique de démission nationale et de pillage systématique des richesses du Bénin au nom d'un pseudo-socialisme scientifique par une clique d'individus sans morale ni responsabilité »*[6]

[5] Les Actes de la Conférence Nationale, *op. cit*, p. 108.
[6] Les Actes de la Conférence Nationale, *op. cit*, p. 129.

Selon R. Banégas[7] des intellectuels catholiques, déçus par la timidité traditionnelle de l'Eglise Catholique, se constituèrent, en 1988, en un groupe de pression appelé « Sirius » rebaptisé « Club perspectives » (CP) 21. Ils auraient fourni des informations et servi de « brain trust » à Mgr de Souza pour préparer et diriger la Conférence Nationale. Pour n'en citer qu'un exemple, R. Adjaho haut fonctionnaire du Ministère des Finances devint tour à tour Ministre du Commerce, de l'Intérieur puis ambassadeur du Bénin en France. Toutefois l'Archevêque de Cotonou, Mgr Isidore de Souza travailla également dans un environnement d'hommes compétents qui le secondèrent au sein du Présidium de la Conférence. Des juristes, des enseignants et d'anciens responsables béninois issus d'organismes internationaux dont certains avaient pour mission d'assister ou de remplacer le président (les deux vice-présidents) en cas d'empêchement. D'autres avaient pour tâche d'élaborer le rapport général de la Conférence (trois rapporteurs et trois secrétaires généraux) puis de le présenter en s'appuyant sur les conclusions des travaux. L'élection des membres du Présidium eut lieu au scrutin uninominal et à la majorité simple le lendemain du jour d'ouverture de la Conférence c'est-à-dire le 20 Février 1990. Le secrétaire général et les deux adjoints assistèrent le Président de séance, enregistrant les demandes d'intervention et assurant le secrétariat de la Conférence. Bien que non prévu par le Règlement Intérieur, il fut procédé à l'élection d'un Chargé de Presse et d'un Conseiller Juridique, ce qui porta le nombre des membres du Présidium à treize.

Il ne faut pas faire l'impasse sur les travaux du Comité Préparatoire qui se sont déroulés du 26 Décembre 1989 au 19 Janvier 1990. Huit personnalités dirigées par Me Robert Dossou avaient eu pour mission de « *définir les modalités pratiques de l'organisation de la Conférence, d'en arrêter le programme et d'élaborer des documents de base* » (décret n° 89-434 du 18

---

[7] Banégas R., « Mobilisation sociales et oppositions sous Kérékou » in *Politique Africaine*, n° 59, pp. 25s.

Décembre 1989). Ils eurent par exemple recours aux tracts et documents antérieurement collectionnés à d'autres fins par la police, pour inviter les « sensibilités politiques » du pays et faire contrepoids au Parti Unique et à ses organes (ANR, UNSTB...). De 488 personnalités initialement convoquées il finirent par atteindre le chiffre de 520 participants (le surnombre de ceux de l'extérieur du Bénin) pour redescendre enfin à 493. Ceux-ci formèrent l'Assemblée Plénière et se constituèrent en Commission de travail qui eurent pour tâche d'inspirer et de définir un nouveau projet de société.

2 - Les travaux en commissions

Pour l'un des partisans de l'ancien régime, « *le Président de la République ne nous a pas appelés pour faire une constitution mais pour trouver les voies et les moyens de sauver le pays de ses difficultés* ». La Conférence a tenté de trouver des solutions à la crise que traversait le Bénin à la fin des années 80 (les travaux de la Commission sur le système économique et social d'une part puis ceux de la Commission chargée de l'Education et de la Culture d'autre part) et pour finir, rédiger une nouvelle Constitution (la Commission Constitutionnelle).

a) *La Commission chargée des problèmes économiques et sociaux*

L'ampleur de la crise béninoise des années 80 (effets conjugués de la crise mondiale et d'une gestion économique catastrophique) a conduit le pays à la banqueroute. Pour faire face à l'alourdissement de la charge de la dette, il fallait un échelonnement et, partant, se rallier à la conditionnalité du FMI et de la Banque Mondiale dès le 16 Juin 1989. Les motivations de la Conférence furent d'abord d'ordre purement économiques. Ainsi la Commission chargée des problèmes économiques et sociaux eut une place de choix à partir du 23 Février avec l'élection des membres de son bureau (le président fut Nicéphore Soglo et ce n'est pas par hasard qu'il fût encore élu le 27 Février au poste de Premier Ministre de la transition puis Président de la République à l'issue de cette période). Aux termes de l'art. 29 du Règlement Intérieur, chaque commission est dirigée par un bureau de 5 membres et peut se diviser « *en autant de sous-commissions qu'il lui sera nécessaire pour le bon déroulement de ses travaux* ». Il fut décidé la création de trois sous-commissions : la première s'occupa des travaux sur l'agriculture, la seconde fut chargée de l'environnement du monde socio-sanitaire tandis que la dernière était réservée à l'économie et aux finances.

Les mesures urgentes consistèrent à proclamer incontournable le Programme d'Ajustement Structurel signé le 16 Juin 1989 avec les institutions de Bretton-Woods après avoir fourni « *tout l'éclairage nécessaire sur les circonstances qui nous ont conduits à passer sous les fourches caudines* » de la Banque Mondiale et du FMI. Assurer d'une part les arriérés et d'autre part la régularité du paiement mensuel des salaires, pensions et bourses qui représentaient en 1990 plus de 100% du budget. Pour ce faire accélérer le rythme du recouvrement des recettes des régies financières et les moraliser. Prendre l'agriculture comme le moteur de la croissance du pays (coton, ananas, tabac, noix de cajou) et rendre performante la recherche agronomique. Financer l'agriculture, créer un système d'assistance aux paysans, une Chambre d'Agriculture, des banques agricoles pour leur octroyer des crédits et favoriser l'organisation des producteurs afin qu'ils prennent en charge les services en amont et en aval. Elaborer un nouveau code des investissements avec des dispositions fiscales pour faciliter le développement des régions abandonnées par l'exode rural et urbain, inciter des investissements privés, nationaux et étrangers. Enfin il a été décidé de « *créer immédiatement un Conseil Economique et Social* ».

Plusieurs mesures ont été décidées parmi lesquelles la réforme générale du Code du commerce, l'élaboration des Codes des douanes, des transports, de l'habitat et de l'environnement ; une nouvelle conception du Budget National et la création d'une zone franche de transformation à l'exportation au Bénin (Cotonou, ville franche). Force est de constater que si toutes ces mesures n'ont pas vu le jour les gouvernements successifs se sont attelés à la tâche et comme le constate Théophile Vittin :

« Les mutations politiques opérées se sont traduites par des changements tangibles : restauration des libertés et d'un Etat de droit, transparence et climat de confiance, reprise du travail, nouveau paysage bancaire, mise en route des réformes, mise sur pied d'un nouveau système de compétition politique, avec son corollaire d'accountability (nécessité pour les gouvernants de rendre des comptes) ».

« Indéniablement, il s'agit d'améliorations que l'on ne peut que saluer. La consolidation d'une telle expérience reste toutefois tributaire du rétablissement d'une économie saine, ce qui dépend de l'aide extérieure, de la conjoncture internationale, de la stabilité politique et de la paix sociale, toutes choses que ne sauraient engendrer les principes démocratiques et la loi du marché par le simple fait de leur instauration (...) »[8]

C'est dire le rôle que doivent jouer l'éducation et la culture dans l'enracinement des principes démocratiques et dans la moralisation de la vie publique. Une commission s'est chargée d'étudier sous un certain angle ces questions.

b) *La Commission chargée de l'éducation et de la culture*

Une fois encore l'économique ne fut pas absent des préoccupations des travaux sur l'éducation, la recherche scientifique et l'environnement, puisque le diagnostic dans les rapports des deux sous-commissions lus et adoptés en séance plénière, constate que « *l'éducation est une industrie dont les produits finis sont les agents producteurs des biens qui assurent la vie de la communauté* ». La sous-commission « *Education - Recherche scientifique et environnement* » a dénoncé l'échec de l'Ecole Nouvelle (marxiste-léniniste) en crucifiant ses pionniers qui « *ont vite fait d'expatrier leurs enfants* ». Elle a proposé des

[8] Vittin Théophile E., « Bénin du " Système Kérékou" au renouveau démocratique » in J. F. Médard : *Etats d'Afrique Noire*, Paris, Karthala, p. 114, 1991.

orientations nouvelles qui n'ont pas tiré beaucoup de leçons de la période coloniale et post-coloniale. Une nostalgie de « Quartier latin » ? Toujours est-il qu'il est question de créer des « lycées d'excellence », de « revenir aux anciennes séries », de mettre sur pied « une société de savants » etc. toutes choses utiles mais futiles (au fait, pourquoi ne pas en laisser l'initiative au secteur privé ?). L'imagination ou la sagesse serait de provoquer des Etats généraux de l'Education au sein de l'organisation de l'Unité Africaine ou la CEDEAO, ainsi francophones et anglophones profiteraient de leurs expériences respectives en la matière au lieu de se contenter de faire des bilans sans cesse renouvelés et d'établir des calendriers qui, on le sait ne peuvent régler les problèmes éducatifs.

Quant à la sous-commission « Culture et Sport » elle nous fait douter de la véritable participation de toutes les couches de la société béninoise aux recommandations de la Conférence. C'était pourtant à ce niveau la compétence des « Forces Vives » qui n'ont pas saisi l'occasion pour donner la définition et le contenu de la culture béninoise . La « Charte culturelle » à élaborer n'est qu'affaire d'intellectuels occidentalisés qui se sont empressés de présenter leurs doléances non inutiles mais tout simplement futiles (Conservatoire de musique, Ecole des beaux-arts, Laboratoire photo-cinéma, Cinémathèque ...). Simple mimétisme de la culture européenne tant désirée par les classes « évoluées », qui à nos yeux peuvent s'y investir sans en investir la Conférence Nationale. A-t-on pensé à l'éducation des Béninois dans les langues nationales à l'instar des pays non francophones (même à un stade de commencement d'exécution) ? Le sport ne doit pas être fait seulement par les fils et filles des classes nanties, c'est-à-dire uniquement dans les Ecoles ; il doit être fait par tous. Les « principes démocratiques » ne se lisent pas seulement dans les écoles à moins d'y faire entrer tous les enfants béninois, ce qui est loin d'être la réalité. Elaborer des principes pour tous les Béninois c'est évidemment tenir compte de tous ceux qui peuvent faire avancer la machine nationale. Et ils sont légions dans les campagnes et dans les quartiers périphériques de nos villes. Eux ont créé l'informel. Et nous ? Nous y reviendrons dans l'analyse des discours.

c) *La Commission des Lois et des Affaires Constitutionnelles*

Mettre en pratique la théorie en l'adaptant aux réalités sociales du Bénin, c'était en ces termes que le Président de la Commission Constitutionnelle rendait compte lors d'un colloque organisé à Paris les 12 et 13 Décembre 1990[9]. Le mérite de cette commission a été la rédaction de l'avant-projet d'une Constitution, secondée par des experts et des praticiens du Droit, sur la base des travaux de la Conférence, dans un délai de 12 mois, suivi d'une mise au point et d'un référendum constitutionnel. Cette Commission s'est attelée à définir le régime politique adéquat au pays (un régime présidentiel, un Parlement composé d'une chambre, une Cour Constitutionnelle, un Haut Conseil de la République et un Conseil économique et social). Elle s'est également posé la question des partis politiques et retenu le multipartisme intégral (reposant sur une Charte d'union nationale, une Charte des partis et un code électoral). Quant aux libertés publiques et aux droits de l'homme, référence a été faite à la Déclaration Universelle des Droits de l'Homme et à la Charte Africaine puis la Commission a étudié la nécessité de créer des organes pour contrôler le respect de ces droits et sanctionner tous les manquements. Trois textes, trois motions concernant les droits de l'homme ont été soumises à l'examen de la Conférence (la libération des détenus et la restitution des biens saisis ; la dissolution des institutions issues de la loi fondamentale du Parti Unique ; une motion sur les droits de l'homme). Enfin il a été question des grandes orientations de la Constitution et des institutions de la période transitoire (1er Mars 1990 - 1er Mars 1991).

Le choix du régime présidentiel s'explique par l'état d'inexistence d'une administration publique et des finances au

---

[9] Ahanhanzo Glèlè M., « Le Bénin » in *l'Afrique en transition vers le Pluralisme Politique* (sous la Direction de G. Conac), Economica, 1993, p. 173-s.

moment de l'élaboration de l'avant-projet de la Constitution. L'originalité, selon le Président de la Commission, ce sont les contrepoids sous forme de questions écrites, orales et des commissions parlementaires d'enquêtes, « *un régime présidentiel mâtiné d'éléments du parlementarisme pour répondre au souci essentiel d'un régime stable, fort, mais non dictatorial, excluant toute tentation de présidentialisme dit "négro-africain"* ». Après avoir imposé la dure loi de la réalité (questions matérielles, manque de moyens, l'humilité ...) il conclut qu'« *une Constitution ne vaut que par ceux qui sont appelés à l'appliquer et à ceux à qui elle doit s'appliquer* ». C'est la raison pour laquelle une Constitution, celle du 11 Mai 1968 a été suspendue par les militaires dahoméens (et bien d'autres encore). Espérons que celle-ci soit la dernière car à travers le discours des intellectuels on se demande si les leçons des décennies précédentes ont bien été retenues.

B. L'analyse des discours de la Conférence Nationale

L'image de la réconciliation nationale après celle de la cérémonie du pardon idéalise à souhait le visage de la Conférence nationale du Bénin. Pourtant les discours entendus au commencement diffèrent et se détachent de ceux prononcés à l'issue des travaux (à l'exception des interventions de Mgr Isidore de Souza et de l'allocution de Me R. Dossou Président du Comité national préparatoire). Pour les uns il fallait « dire » des choses graves en montrant le caractère conflictuel de la situation socio-politique dans le pays. Pour les plus sages ou ceux qui se sont adoucis au fil des débats, le modèle consensuel, pourtant présenté dans maints articles du Règlement intérieur, finit par s'imposer autour des objectifs socio-économiques

1 - La violence symbolique de la parole : la priorité aux problèmes politiques

Dès l'allocution d'ouverture du Président Kérékou il était clair que l'objet de la Conférence nationale, le 19 Février 1990 n'était que « technique », c'est-à-dire la relance de la production et le redressement économique de la Nation. Comme à l'accoutumée le Chef de l'Etat rendit hommage au peuple béninois « *épris de liberté, de dignité, de justice, de paix et de progrès social* » malgré « *les effets pervers conjugués du sous-développement et de la crise économique sans précédent qui sévit partout dans le monde* ». Le décor était planté. Le représentant des Forces armées renchérissait en présentant l'intervention de l'Armée dans la vie politique comme un souci de maintien de l'unité nationale. Pour cette catégorie de citoyens, le Bénin s'est caractérisé sous leur bannière par « *le développement impétueux de l'économie nationale et la prise en charge effective des problèmes sociaux par l'Etat et par un regain de dignité nationale* ». Selon eux, après le remplacement des militaires à la tête de l'Etat par les civils (le Conseil Exécutif National et l'Assemblée Nationale Révolutionnaire) la crise économique mondiale mit à mal l'économie des pays pauvres.

Simultanément aux effets de la crise, les Cadres nationaux, « *certains hommes techniquement incompétents et moralement peu recommandables* » se sont enrichis de manière illicite après avoir instauré le Parti de la Révolution Populaire au Bénin. Les officiers de l'Armée se sont donc empressés de « jeter l'eau du bain » sans leur chef de file Mathieu Kérékou qui continuait à défendre le bilan marxiste (la 3e législature de l'Assemblée Nationale Révolutionnaire de Juillet-Août 1989, les recommandations de la session conjointe spéciale du Comité Central du Parti de la Révolution Populaire du Bénin PRPB, du Comité Permanent de l'ANR et du Conseil Exécutif National des 6 et 7 Décembre 1989). La solution aux maux dont souffrait le Bénin consistait à établir une adéquation entre les « *nouvelles réalités nationales et les institutions démocratiques actuelles* » c'est-à-dire associer les « Forces Vives » à un nouveau contrat social, à un changement d'alliances, à un replâtrage du PRPB et à quelques réformes politiques comme l'ont conseillé les bailleurs de fonds, condition nécessaire du Programme d'Ajustement Structurel.

C'était compter (ou faire semblant) sans ceux d'en face qui s'appuyaient sur ce même peuple, que M. Kérékou félicitait à tout moment. Les syndicalistes et les étudiants, fer de lance de l'opposition au Gouvernement Militaire Révolutionnaire puis à la horde des « ligueurs » (marxistes qui assurèrent la relève du GMR) ne manquèrent pas de créer des situations conflictuelles dans leurs discours jusque dans la salle de la Conférence Nationale. Le Jeudi 22 Février 1990, journée des critiques du PRPB, le Syndicat National de l'Enseignement Supérieur (SNES) rendait publique une déclaration dans laquelle il conviait les « représentants » de la Nation à vite « *tirer leçons de 17 ans d'exercice du pouvoir sans partage par le PRPB* » au lieu de s'en remettre à Kérékou, « *premier responsable du désastre national* ». Le SNES fustigeait le cynisme des politiciens opportunistes en quête des postes ministériels, « les vieux chevaux » et les chefs de file des nouveaux partis venus de l'étranger ; puisque la Conférence tergiversait,

> *« Les travailleurs et les enseignants en lutte seront [ainsi] amenés à analyser les causes profondes à l'origine de la faillite actuelle et conclure qu'elles sont éminemment politiques et ont pour nom dictature d'un parti monopoliste sous le couvert duquel un clan s'est adonné au pillage planifié des ressources nationales. On en connaît les résultats »*[10].

Les délégués des étudiants, le lendemain, 23 Février 1990, ont critiqué le « décret » qui légaliserait la Conférence, étant entendu qu'auparavant dans le Bénin du PRPB un simple communiqué pouvait remettre en cause un texte législatif ou constitutionnel. Pour eux il fallait plutôt déterminer les mécanismes garantissant l'application des décisions de la Conférence. C'est dire également toute l'importance qu'a prise la question de la souveraineté. M. Kérékou, avait-il entrevu, deviné la tournure que prendraient les débats ? Dans son discours d'ouverture on l'entend encore mettre en garde les participants que :

---

[10] Les *Actes*, op. cit, p. 129.

« La Conférence nationale ne doit en aucun cas être érigée par personne en un tribunal quelconque, animé de joutes oratoires, invectives et de récriminations stériles. Au contraire, elle doit demeurer un cadre sain de concertation, de réflexions fructueuses et d'analyses approfondies, sur les questions essentielles qui tiennent à cœur à notre peuple qui souhaite l'instauration d'une ère politique nouvelle, fondée sur la réconciliation nationale et le renouveau démocratique, gage du redressement économique, social et culturel de notre pays »[11].

A-t-il été suivi tout au long de la Conférence ? Le 21 Février il s'opposait à toute proclamation de souveraineté. Deux jours plus tard, le 23 Février le Présidium, faisait la synthèse des débats antérieurs, revenait sur cette question pour faire le lendemain 24 Février une lecture du projet de déclaration de souveraineté. Branle-bas de combat dans les rangs des partisans de l'ancien régime. Maurice Kouandeté parent de M. Kérékou, ex-officier des Forces armées et ancien putschiste récidiviste (le Bénin a connu une douzaine de coups d'Etat entre 1960 et 1972) désapprouva la déclaration de souveraineté et promit de se remettre à l'ouvrage. Confiant dans la force de son discours, dans la magie performative de sa parole, il sortit de la salle de conférence. Il est vrai que l'Armée était déjà divisée mais un officier, issu du Sud du pays contrairement à Kérékou et à Koundeté, le Colonel V. Guézodjé, autre fifre du Parti Unique emboucha lui aussi la trompette des coups d'Etat. La peur s'installa et la Conférence Nationale aurait pu basculer à cet instant-là, n'eût été la force de persuasion du Président du Présidium à l'égard du Chef des Armées le Général M. Kérékou.

La souveraineté proclamée, la loi fondamentale d'inspiration marxiste-léniniste devenait caduque. Une nouvelle légitimité, celle de la Conférence nationale vit ainsi le jour. Kérékou, rallié aux suffrages de la souveraineté fut suivi par

---

[11] Discours du Président Kérékou prononcé le 19 Février 1990 in *Actes*, op. cit, p. 17.

son Armée qui réaffirma sa participation au renouveau démocratique, son apolitisme et son retour à la caserne « *tout en espérant que le jeu démocratique futur qui résultera de cette Conférence s'animera dans la transparence, la probité et la sauvegarde de l'unité nationale* »[12]. Le 25 Février fut baptisé le Dimanche de la victoire, la souveraineté et la force exécutoire des décisions de la Conférence proclamées dans un tollé d'applaudissements au grand dam de quelques résistants du PRPB restés assis en signe de désapprobation. Néanmoins les passe-d'armes ne cessèrent pas. A la lecture du rapport de la Commission des Affaires Economiques et Sociales, M. Kérékou interpella et reprocha à N. Soglo son manque de patriotisme lorsqu'il était Administrateur à la Banque Mondiale. Il s'en prit également à un autre Haut Fonctionnaire, l'ex Directeur-Adjoint du BIT, A. Tevoèdjrè, Rapporteur Général de la Conférence parce que, aux yeux de Mathieu Kérékou, il n'est pas souhaitable :

> *« de dresser une liste exhaustive des problèmes que vit notre peuple, de disserter indéfiniment sur des notions de sciences politiques ou d'élaborer un répertoire de bonnes intentions dont la mise en œuvre se révélerait utopique sur le terrain »*[13].

Il lui sera répondu le dernier jour, par le rappel de l'histoire du jeune Abel occis par son aîné Caïn, « l'homme sombre » qui tenta tout, et qui pour finir, alla habiter sous terre fuyant l'œil de Dieu. De la même manière M. Tévoèdjrè faisait remonter à la surface l'incurie de l'officier des Forces armées béninoises, *« parce que dit-il, nous avons juré de ne plus jamais humilier l'intelligence »*[14]. Dans une habile synthèse finale présentée le 28 Février 1990, le Rapporteur Général passa sous silence le caractère conflictuel des débats pour s'appesantir sur le changement politique consensuel.

---

[12] *Les Actes*, op. cit, p. 124.
[13] *op. cit*, p.19.
[14] *op. cit*, p. 49.

2 - Sur le modèle de la palabre africaine

a) *Le Rapport Général de la Conférence*

Présenté le dernier jour, 28 Février 1990 ce fut une « belle gerbe » offerte aux conférenciers, à tout le pays et au monde entier représenté par les diplomates étrangers présents à ce moment là. D'emblée, le Professeur Albert Tévoèdjrè en a appelé au soutien de la communauté internationale pour sortir le Bénin de l'abîme où il s'est plongé. Le droit et le devoir d'ingérence évoqué - de façon prématurée à notre goût - montre à quel point et à quelle excentricité le pays en était. L'exemple de la table ronde nicaraguayenne des ONG a été montré pour pousser le développement par derrière[15]. Ce serait l'une des réponses financières, ces ONG disposant de droits de tirage et de lignes de crédits. Il fut évidemment question du Programme d'Ajustement Structurel. Le point culminant : l'adresse de M. Tévoèdjrè à l'endroit du corps diplomatique, à commencer par l'Ambassadeur de France consécutivement à une longue citation de M. Rocard « à nos amis africains » sur l'approfondissement de la démocratie et le respect des droits de l'homme, facteur essentiel de développement. En cette année où la fièvre du Mur de Berlin n'était pas retombée, référence fut faite à la Perestroïka. Et l'auditoire apprenait que le Rapporteur « *a former fellow of the Havard Center for International Affairs* » *avait des « amis »* dans la salle (M. Pavlov ancien collègue du BIT et Ambassadeur de l'URSS au Bénin), s'exprimait couramment dans la langue de Shakespeare ou de Thomas Mann.

Ce discours, émaillé de citations littéraires et philosophiques méritait de prendre place dans une anthologie par les intonations, le choix des mots et l'unité plastique. Prenait-il en compte l'horizon d'attente culturel des Béninois ? (l'ensemble des savoirs, des compétences et des croyances d'A. Tévoèdjrè cadrait-il avec le contexte ?) Voudrait-il relever la

---

[15] *Pueri ut naves a tergo reguntur* : Les enfants, comme des navires, doivent être poussés par le dos.

culture des Béninois que l'orateur ne s'y prendrait pas autrement. Le premier réseau connotatif caractérisé par l'« isotopie » de la douleur rendait cohérente une bonne partie du Rapport. Au début, l'emploi de la forme passive laissait augurer une situation à laquelle la plupart des participants furent contraints. Mais très vite le « Nous » volontariste montrait la détermination de la Conférence. Les premiers mots consacrés à résumer et à remercier, le Rapport devint incisif (les mots « libérer », « effort », « patience », « courage », « rebâtir », « s'arc-bouter », « radeau », « chaîne », « liens », « tombe » et les expressions « en larme et en sang », « Etats Généraux de la Nation » etc. font partie de cette isotopie de la douleur). La question que nous nous sommes posée : « *Comment les organes de radiodiffusion et de télévision avaient pu traduire à l'ensemble des Béninois des villes et des campagnes toutes ces citations, ces connotations et allusions ?* ».

Comment traduire la longue fiction de *la Légende des siècles* de Victor Hugo où Caïn « *enfui de devant Jéhovah* » s'est enseveli avec un œil qui continuait à le fixer dans l'obscurité de la tombe ? Verrès, Catalina, Ciceron, Néron et autres Kipling firent peut-être « effets » sur quelques auditeurs mais le forum en était-il vraiment indiqué ? Nostalgie d'un intellectuel surnommé le « Bossuet africain » ? Le style de M. Tévoèdjrè peut être excellent (« Mais nous venons depuis hier de gagner un siècle, celui qui vient. ») avec des interpellations au vocatif du « Professeur » :

> *« Vous voulez un Etat de droit où le pouvoir exécutif, le pouvoir législatif, le pouvoir judiciaire soient clairement séparés.*
>
> *Et vous voulez une presse libre et responsable. Vous voulez aussi que puissent s'exprimer et fleurir des mouvements associatifs, des coopératives dynamiques et productrices de biens. Vous voulez que les hommes et les femmes de ce pays aient le droit absolu et inaliénable à mettre l'intelligence au centre de leur vie. » (p. 38-39)*

Force est de reconnaître par endroits un style par trop scolaire, trop forcé. Comment peut-il imputer à l'ensemble des participants (et peut-être à tout le pays) certaines idées qui ne sont que de lui et de lui seul ? Soit par le discours indirect libre, soit par le discours direct « *Et vous avez bien voulu retenir ce mot d'un philosophe contemporain, etc.* ». Le Professeur avait-il sondé les cœurs et les reins ? Qu'aujourd'hui des Nègres torturent et tuent d'autres Nègres est-ce vraiment par « *tragique inculture historique* » ? Ce laïus a aussi révélé - et c'est dommage - un manque de rigueur de l'homme politique béninois qui oublie par moments de séparer l'Eglise et la République.

Par contre les non-dits (« *Cher Monsieur Nicéphore Soglo, si le Président de la République veut bien accepter les conclusions de nos travaux, vous serez dans quelques jours le Premier Ministre et le Chef du Gouvernement de notre pays* »), la courtoisie vis-à-vis de l'Armée qui avait décidé de se retirer de la gestion des affaires malgré « *les plus grands doutes* » exprimés en son temps par le Général de Gaulle, les comptes-rendus des commissions (avec des satisfecit appuyés aux amis), une nouvelle théorie du contrat social, tout ceci démontre une habileté politique et cette hargne à figurer parmi les constructeurs de l'avenir du Bénin, d'entrer « *dans l'Histoire décisive* » du pays en affichant une modestie trompe-l'œil :

> *« Vous avez voulu que je traduise nos convergences, je m'y suis efforcé sans vraiment toujours réussir à faire passer toute l'intensité du message. »*

L'Archevêque de Cotonou, Mgr de Souza s'y est pris autrement pour éviter d'« *écrire une Constitution avec une goutte de sang* » (Kérékou, 26 Février 1990), en épargnant une éventuelle destitution de l'ancien Président de la République. Analysons le discours prononcé au second tour des élections présidentielles de Mars 1991 après le premier échec de Mathieu Kérékou.

b) *Le discours du prélat*

Il se situait aux antipodes de celui de l'ancien Directeur du BIT. Lorsque Mgr de Souza s'adressait à ses « amis » fauteurs de troubles *(« Non, mes amis, soyons sérieux ... Allons, mes amis du calme !* ») il parlait à ce peuple de paysans et de petits fonctionnaires, il prenait des exemples simples qui les atteignaient dans leur vécu quotidien : la zizanie dans le Nord du Bénin aurait pu entraîner le départ de la sage-femme (et qui aiderait vos femmes à accoucher ?), de l'agent de la poste et surtout empêcher le ramassage des milliers de tonnes de coton, la principale production de la région septentrionale. L'égalité de tous passait inéluctablement par le respect de la complémentarité, enseignement très africain comme ces mots qu'aujourd'hui tout africain doit méditer :

> *« Et aujourd'hui qu'est-ce que j'ai fait pour que la paix règne autour de moi, pour que la paix règne dans la ville où je suis, dans la maison où je suis, qu'est-ce que je fais pour que mon voisin soit en paix, et ne soit pas obligé de ramasser précipitamment ses valises et de s'enfuir dans la brousse et de prendre une direction qu'il ne connaît même pas. Mais s'il quitte son lieu de travail, s'il quitte son hôpital, s'il quitte sa maternité, mais qui va faire le travail ? »*[16]

Une culpabilité métaphysique ressort de l'exhortation aux « amis » du Nord qui ont fait couler le sang d'un fils d'instituteur du Sud, âgé seulement d'une dizaine d'années. Il en a appelé à une responsabilité collective puis a demandé à tous de s'asseoir autour d'une table (« *Pourquoi chaque fois qu'il y a une élection, ce sera toujours dans le Nord qu'il va y avoir des histoires ?* »). Les chefs traditionnels du Borgou, la province du Nord-Est, et tous les chefs bariba auraient pour devoir d'apprendre aux jeunes à « *ignorer d'où ils sont... mais qu'ils sont Béninois* ». Les valeurs de la vie commune sont indispensables aux Africains qui veulent édifier leur pays.

Aux hommes politiques, à ceux qui s'intéressent à la politique, « *ceux qui veulent faire du bien à notre pays* », et au premier d'entre eux, l'évêque les pria de se mettre en règle avec leur conscience, de parler « *à nos frères du Borgou* » pas

---

[16] Intervention improvisée de Mgr de Souza, Président du HCR au lendemain du deuxième tour des élections présidentielles de Mars 1991 in *Les Actes*, op. cit, p.160.

seulement en français mais en Dendi et dans toutes les langues qui peuvent les toucher. Président de la République pour quelques semaines encore, Mathieu Kérékou, battu par son rival et Premier Ministre de la période transitoire Nicéphore Soglo, devait intervenir pour calmer ses partisans du Nord car il aime tous les Béninois et il l'avait prouvé en convoquant la Conférence Nationale des Forces vives de la Nation.

« C'était dur pour lui, résumait un an plus tard l'Archevêque de Cotonou. C'était un dilemme, un nœud gordien mais l'amour qu'il porte à son pays a servi de glaive pour qu'il tranche ce nœud et laisse continuer la Conférence Nationale ».[17]

Pendant la période de transition, le Général Kérékou s'était si bien comporté que des journaux, pour le féliciter l'avaient désigné « l'homme de l'année » mais voilà qu'il refusait de paraître en public après son échec, afin de calmer ses partisans déchaînés. Remettait-il en cause la fidélité pour son peuple ?

« ... Et vous m'avez dit durant la Conférence nationale se rappela Mgr de Souza, que vous aimez votre pays, vous l'avez dit, vous l'avez répété et vous avez voulu faire de moi votre messager. J'ai transmis intégralement votre message à la Conférence nationale. Vous ne l'avez pas oublié, j'en suis sûr (...) Alors? votre peuple a besoin de vous entendre, je vous en supplie, sortez de votre silence. Adressez vous à votre peuple qui a décrété que vous étiez l'homme de l'année ».[18]

Pour avoir su habilement s'adresser à l'homme d'Etat, en appeler à sa conscience et à sa responsabilité, suivi il est vrai par l'opinion publique, l'homme d'Eglise a obtenu de la part du premier le « *strict respect des règles du jeu démocratique* »[19]. Au lendemain des résultats du deuxième tour l'interpellé devait

[17] *Les Actes*, op. cit, p.162.

[18] *Les Actes*, op. cit, pp.164-165.

[19] L'Église catholique commence à se convertir, en Afrique Noire, aux méthodes de la palabre africaine, alors que l'intelligentsia est toujours en retrait. Voir Bidima J. G., *La Palabre*, Paris, Ed. Michalon, p. 103s.

parler à la Nation et féliciter son ancien Premier Ministre, Nicéphore Soglo devenu Président de la République (Mars 1991) puis condamner tous les actes de provocation, de violence et de vandalisme comme le lui avait demandé Mgr Isidore de Souza . Pour ce dernier, comme tous les observateurs de la démocratie béninoise l'ont constaté, il faudrait trouver une parade aux tractations, influences et pressions que les hommes politiques exercent sur les citoyens pour les obliger à voter contre leur gré. L'exemple, cinq années plus tard (Mars 1996) des élections présidentielles qui devaient remettre en selle M. Kérékou au détriment de M. Soglo a montré des partis et des hommes politiques dispendieux et corrupteurs contrairement aux dispositions de la Charte des Partis, à l'esprit et à la lettre des institutions nées de la Conférence Nationale.

SECTION II : L'ABOUTISSEMENT : LA CONSTITUTION DU 11 DÉCEMBRE 1990 ET LA QUESTION DES DROITS DE L'HOMME

Pour certains théoriciens du droit (J. Chevallier), la transposition des droits de l'homme et de l'Etat de droit ailleurs qu'en Occident se révélera artificielle faute de réunir dans ces Etats nouveaux les conditions qui avaient permis son épanouissement en Europe. L'universalisme ne doit pas être confondu avec l'universalité ni avec l'uniformité, répondent les juristes africains formés dans le moule du droit occidental (Keba Mbaye). L'universalisme ne doit pas masquer totalement certaines spécificités dues à l'histoire, à la culture et aux choix politiques. « *Il n'y a pas un droit de l'homme africain* » reconnaît le professeur M. Ahanhanzo Glèlè Président de la Commission des Affaires Constitutionnelles de la Conférence nationale. La nouvelle Constitution adoptée par référendum le 2 Décembre 1990 a pris en compte les préoccupations des délégués de la Conférence au sujet des libertés publiques et des droits de l'homme. La Constitution affirme le respect de ces droits en se référant à la Déclaration Universelle des Droits de l'Homme et à la Charte Africaine des Droits de l'Homme et des Peuples, la nécessité de créer des organes appropriés en vue de contrôler l'efficacité des droits et leur sanction sous la supervision des autorités judiciaires.

PARAGRAPHE I : Les références normatives générales

Les résultats de la Conférence Nationale sont donc exploitées pour l'élaboration de la nouvelle Constitution béninoise. Le Préambule souligne l'évolution constitutionnelle et politique mouvementée du Dahomey devenu République du Bénin depuis le 30 Novembre 1975 (*« seule est restée pérenne l'option en faveur de la République »*). Après avoir affirmé solennellement la détermination de créer *« un Etat de Droit et de démocratie pluraliste »*, au nom du peuple béninois les constituants réaffirment :

> *« Leur attachement aux principes de la démocratie et des Droits de l'Homme tels qu'ils ont été définis par la Charte des Nations-Unies de 1945 et la Déclaration Universelle des Droits de l'Homme et des Peuples adoptée en 1981 par l'Organisation de l'Unité Africaine, ratifiée par le Bénin le 20 Janvier 1986 et dont les dispositions font partie intégrante de la présente Constitution et du droit béninois et ont une valeur supérieure à la loi interne ».*

A. La Charte de Banjul (28 Juin 1981) et la Constitution française (4 Octobre 1958)

Le Bénin a ratifié la Charte Africaine des Droits de l'Homme et des Peuples le 20 Janvier 1986. Fortement inspirée de la Déclaration Universelle des Droits de l'Homme, beaucoup de ses règles et techniques ont été empruntées aux instruments universels relatifs aux Droits de l'Homme notamment aux pactes internationaux relatifs aux Droits de l'Homme de 1966 et à la résolution 1503 du Conseil Economique et Social de l'ONU. Enfin elle résulte directement des principes de la Charte de l'OUA. En se référant aux traditions historiques des « Peuples d'Afrique » et à des « valeurs de civilisation africaine », la Charte de Banjul est susceptible de se prêter à des interprétations restrictives ou particularistes sous des dehors d'authenticité culturelle. Nous pensons qu'il faut distinguer les droits unanimement déclarés intangibles des droits affectés d'un certain coefficient de relativité.

a) *Les valeurs de civilisation africaine*

Il s'agit ici, d'une concession faite à la théorie de l'universalité des droits de l'homme. Aux termes de l'article 18 de la Charte, la famille : *« doit être protégée par l'Etat qui doit veiller à sa santé physique et morale ».* Qui connaît la notion de famille en Afrique ne doit pas s'étonner du rôle imparti à l'Etat dans ce domaine. Le sujet privilégié de droit c'est la famille, structure dans laquelle l'individu se réalise en gardant sa liberté. En Afrique l'idée de droit ne se conçoit pas sans celle de devoir[20]. La communauté a des devoirs envers l'enfant qui naît. Notre étude a abordé dans sa seconde partie ce que nous entendons par « *valeurs de civilisation africaine* ». Quant aux « devoirs » de l'homme ils seront traités dans une partie ultérieure. Notons simplement que les juristes africains ont le mérite, les premiers, de reconnaître l'existence (et de formuler) des droits qui existaient "ab initio" quoique n'ayant presque jamais été énoncés dans un texte : Ce sont le droit à la paix (art. 23, al. 1er), le droit au développement (art. 22 al. 2), le droit à l'environnement (art. 24). Enfin le refus de la création d'une Cour des Droits de l'Homme pouvait s'analyser comme la préférence donnée au système du conciliatoire sur le système du contentieux. Aujourd'hui les données ont peut-être changé et l'institution d'une Cour africaine est en marche (voir pp. 135s).

b) *Les droits intangibles*

La notion de « droits fondamentaux » de l'homme promus et protégés apparaît clairement dans le préambule de la Charte africaine et celui de la Constitution béninoise. S'agit-il d'une catégorie distincte des Droits de l'Homme ? Les droits dont il s'agit (droit à la vie, droit à l'intégrité physique, droit de ne pas être torturé, droit de ne pas être réduit en esclavage, non-discrimination, égalité devant la loi ...) doivent s'appliquer partout et à tout moment sans aucune dérogation ; ce sont les articles 2 à 7 de la Charte auxquels répondent les articles 15 à 19 de la Constitution du Bénin. La Charte énonce des droits civils et politiques : le droit à la liberté et à la sécurité, la liberté

---

20 Faguet Emile dans son ouvrage *Le Libéralisme* paru en 1902 critiquait déjà ce concept de "droit" : « En quoi être un homme donnera-t-il un droit ? Quel droit l'homme naissant apporte-t-il inscrit sur le front ? (. . .) il ne faut pas parler des Droits de l'Homme ».

de conscience et de religion, d'association, de réunion, le droit à l'information et la liberté d'opinion, le droit d'aller et venir, celui de propriété et le droit à l'égalité devant les services et les biens publics. Des droits économiques, sociaux et culturels, la Charte n'en aborde que trois types qui seront complétés par la Constitution : ce sont les droits au travail, à la santé et à l'éducation. Quant au droit des peuples ce sont les articles 19 à 24 qui les énumèrent : le droit des peuples à l'existence, à l'autodétermination, à l'égalité et celui de leur libre disposition vis-à-vis de leurs richesses et de leurs ressources naturelles. Enfin on retrouvera dans la Constitution du 11 Décembre 1990 les droits de la troisième génération déjà rencontrés dans la Charte de Banjul (le droit au développement et le droit à l'environnement des articles 22 et 24), puis des devoirs particuliers des Etats en relation avec les droits des peuples (l'enseignement et la diffusion des textes sur les Droits de l'Homme et des peuples, le devoir des Etats de garantir l'indépendance de la justice). L'article 7 qui énonce que : *« Les droits et les devoirs proclamés et garantis par la Charte Africaine (. . .) font partie intégrante de la présente Constitution et du Droit béninois »* n'est-il pas redondant ?*Bis repetita...*

c) *Constitution béninoise et Constitution française*

De 1972 à la fin des années 80, le Bénin du général Kérékou s'est efforcé de s'échapper du « pré-carré » français en adoptant la voie du socialisme scientifique dans un tintamarre de slogans révolutionnaires affichés sur fond rouge sur les panneaux publicitaires des grandes villes. Dans ce gigantesque remue-ménage, une Loi fondamentale vit le jour en 1977 rompant avec l'idéologie « bourgeoise » des anciennes Constitutions dahoméennes. Le constituant d'alors dissimula au peuple béninois que son inspiration venait en ligne directe de la Corée du Nord. A quoi servait-il de déshabiller Paul pour revêtir Pierre même si le costume changeait du bleu au rouge ? Les constituants de la conférence Nationale de 1990 se hâtèrent de revenir aux premières traditions, à l'Ecole du droit français poussés par les chansons du peuple béninois.

« Quand on fait chanter aux gens de telles chansons, il sera difficile de venir leur dire après qu'ils n'ont pas de droits ».[21]

La Constitution du 11 Décembre 1990 commence par l'examen des principes généraux et se poursuit par celui des pouvoirs institués ainsi que de leurs rapports réciproques. La volonté de se situer dans le grand courant de réforme démocratique pluraliste qui affecte le monde depuis la chute du communisme à l'Est est évidente au Bénin comme un peu partout en Afrique :

« Une nouvelle répartition des pouvoirs, d'autant plus intéressante qu'elle va servir de modèle à de nombreux autres pays africains à la recherche d'un nouvel ordre démocratique. »[22]

La définition de la souveraineté nationale n'est pas sans rappeler celle que donne la démocratie française ; art. 2 : *« La souveraineté nationale appartient au peuple, aucune fraction du peuple, aucune communauté, aucune corporation, aucun parti ou association politique , aucune organisation syndicale ni aucun individu ne peut s'en attribuer l'exercice ».* En ce qui concerne la dynamique institutionnelle proprement dite le Bénin adopte le contrôle préalable de constitutionnalité (art. 117) comme l'ancienne métropole, sans oublier quelques réaménagements compte tenu de l'espace et du temps qui nous séparent de la fin des années 50. En effet, l'art. 3 énonce dans son quatrième alinéa que *« tout citoyen a le droit de se pourvoir devant la Cour Constitutionnelle contre les lois, textes et actes présumés inconstitutionnels ».* Il s'agit incontestablement d'une avancée par rapport à la saisine du Conseil Constitutionnel en France. L'article 68 autorise les mesures exceptionnelles à prendre par les pouvoirs publics en cas de menace grave *« sans que les droits des citoyens garantis par la constitution soient suspendus ».*

---

[21] cf. Propos du Bâtonnier Mario Stasi rapportés par Me Robert Dossou in *Le Processus de démocratisation en Afrique*,op. cit.

[22] Cabanis A. et Martin Michel L.: Note sur la Constitution béninoise du 2 Décembre 1990.

Certains juristes pensaient que cette constitution se révélerait trop lourde pour un si petit pays. Où trouver les fonds nécessaires pour mettre en œuvre la survie d'institutions trop en avance sur l'Etat économique et social ? A ceux-là objectons qu'une constitution n'est pas faite pour être défaite : A Pénélope son travail ! Ce n'est que par des expériences que le Bénin construira une histoire constitutionnelle stable. Les Béninois seraient heureux comme les Américains rien qu'à la pensée qu'on célébrerait le bicentenaire de la Constitution du 11 Décembre 1990. En attendant ce jour-là replongeons nous dans l'exégèse des articles de la Constitution qui énumère des droits et des devoirs.

B. Les droits et les libertés énumérés dans la Constitution du 11 Décembre 1990

La Constitution du 11 Décembre 1990 est le résultat d'un compromis entre deux tendances. Ceux qui ont passé beaucoup d'années en exil à l'étranger militaient pour la suprématie des droits de l'homme, tandis que ceux qui sont restés au Bénin œuvraient pour la création d'organes en vue de contrecarrer la suprématie excessive de l'exécutif qui foulait au pied ses propres règles et des lois votées par l'Assemblée Nationale Révolutionnaire. Cette dernière a longtemps servi de caisse de résonance au pouvoir exécutif et au Parti Unique (le PRPB) : de simples instructions orales pouvaient mettre en échec des règles de droit écrit. Aussi la nouvelle constitution incarne-t-elle de nouveaux rapports sociaux fondés sur le respect de la règle de droit. Le droit lui-même doit désormais respecter un ensemble de valeurs.

a) *Les droits civils et politiques*

Le deuxième titre de la Constitution énumère les droits et devoirs de la personne humaine de manière classique. Ce sont les libertés dites négatives, destinées à limiter la tendance naturellement despotique de l'Etat. Elles peuvent se réduire à deux principes : la dignité humaine et l'impératif de la justice.

* Le droit à un procès public et la garantie à une libre défense sont consacrés par l'article 17 de la Constitution. Ce droit à la justice se manifeste par la présomption d'innocence et les droits de la défense. L'article 16 affirme le principe de la non-rétroactivité des lois pénales.

* Les droits à la vie, à la liberté, à la sécurité et à l'intégrité de la personne se retrouvent à l'article 15 de la Constitution. Tout « individu » c'est-à-dire que le citoyen et l'étranger doivent être respectés en tant qu'être humain dans leur intégrité physique et morale. La Constitution se garde bien de mentionner la peine de mort. Peut-être pour éviter des débats passionnels. Le droit à la vie inclut-il la condamnation de l'avortement ? Quant à la liberté et à la sécurité nul ne peut en être privé. L'article 15 renvoie à l'article 18 qui prohibe dans son dernier alinéa les détentions ou les arrestations arbitraires sans décision de justice au-delà d'un délai strictement déterminé (48 heures ou huit jours *« dans des cas exceptionnellement prévus par la loi »*).

* Le respect de la dignité humaine : ce principe est posé par la Charte de l'OUA et se retrouve dans le Préambule de la Constitution béninoise (les droits fondamentaux de l'homme, les libertés publiques, la dignité de la personne humaine et la justice). Le Béninois - l'Africain - est un écorché qui n'a pas oublié toutes sortes d'asservissements, d'exploitations ou d'avilissements qu'il a subies pendant les siècles d'esclavage et de la traite des Noirs. Aussi l'article 18 alinéa 1er, interdit *« la torture et les sévices ou traitements cruels, inhumains ou dégradants »*. Le code de procédure pénale devrait reprendre ces principes sous forme de lois imposées directement à la police et aux tribunaux. L'article 19 de la Constitution s'adresse d'ailleurs à *« tout individu, tout agent de l'Etat qui se rendrait coupable d'acte de torture, de sévices ou traitement cruels, inhumains ou dégradants dans l'exercice de ses fonctions. »* Non seulement il *« sera puni conformément à la loi »* puisqu'il est *« délié du devoir d'obéissance lorsque l'ordre reçu constitue une atteinte grave et manifeste au respect des Droits de l'Homme et des libertés publiques »*.

* La non-discrimination et l'égalité. L'article 26 reconnaît et affirme le droit à la non-discrimination entre l'homme et la femme (al.2). De plus l'Etat *« protège la famille et particulièrement la mère et l'enfant. Il veille sur les handicapés et les personnes âgées »*. L'égalité dont il s'agit est une égalité devant la loi et au bénéfice de la protection de la loi car le Béninois sait que *« tous les cinq doigts ne sont pas égaux »*, ce qui explique qu'il y ait des catégories de personnes à protéger plus particulièrement. L'Etat de Droit est ainsi un Etat qui rassure les plus faibles.

* La liberté de conscience, de religion et d'opinion. La constitution garantit aux termes de l'article 23 la liberté de conscience, le droit de professer et de pratiquer une religion de son choix. Ces deux libertés doivent s'exercer sans entraves et même par des manifestations publiques *« dans le respect de l'ordre public établi par la loi et les règlements »*. Le Bénin, ne l'oublions pas, la matrice du vodoun, a donné naissance à des « sectes » qui se sont essaimées partout dans le monde. La patrie du Cardinal Gantin et du pasteur Oshafa[23] peut à certains moments s'affirmer sans modestie la « capitale religieuse d'Afrique ». Quant à la liberté d'opinion elle a pris son envergure après la Conférence Nationale de Février 1990. La liberté de presse est reconnue par l'article 24 de la Constitution qui renvoie aussi à la création d'une Haute Autorité de l'Audio-Visuel et de la Communication.

* La liberté d'association, de réunion, de cortège et de manifestation : C'est l'article 25 de la Constitution qui la garantit. Nul n'est obligé de faire partie d'une association (Parti Unique) mais toute personne a le droit de faire partie d'une association (le multipartisme), de se réunir et même de former des cortèges et de manifester en tenant évidemment compte de

---

[23] Le Cardinal Bernardin Gantin, le « Pape Noir » siège au Vatican depuis plus de vingt-cinq ans.
Le pasteur Oshafa a créé l' Eglise du Christianisme Céleste, bien implantée en Afrique de l'Ouest (et particulièrement au Nigeria voisin où des foules l'ont adoptée, séduites par des rites véritablement africains).

la Sécurité Nationale, de la sûreté et des droits et libertés d'autrui.

* Le droit d'aller et venir : il s'agit d'un « droit fondamental » à un double niveau. D'abord dans le sens d'un droit admis sans restriction et ensuite parce que l'hospitalité est une obligation morale au Bénin et en Afrique. L'article 25 est la contrepartie de l'article 16 in fine (*« Aucun citoyen ne peut être contraint à l'exil »* contrairement à ce qui se faisait au temps du premier mandat du Général Kérékou) car il implique qu'on puisse revenir dans son propre pays. Le droit d'asile est implicitement reconnu (L'exemple des Togolais de la période de 1992-1994). Le Bénin ne saurait expulser les étrangers de manière collective (la Charte Africaine) comme ce fut le cas au Nigeria en 1983-1984. Les expulsions ne sont plus légalement possibles pour les Etats parties de la Charte Africaine des Droits de l'Homme et des peuples. L'article 39 donne les mêmes droits tant aux étrangers qu'aux citoyens.

* Le droit de propriété, de domicile et du secret de la correspondance. L'article 22 de la constitution béninoise du 11 Décembre 1990 garantit le droit de propriété. *« Nul ne peut être privé de sa propriété que pour cause d'utilité publique et contre juste et préalable dédommagement »*. La terre au Bénin - dans les campagnes - est la propriété de la communauté qui la met en valeur selon l'intérêt de tous les membres. L'article 20 consacre l'inviolabilité du domicile et de la vie privée hormis les cas où *« les formes et conditions prévues par la loi »* sont respectées (perquisitions, visites domiciliaires). Quant à l'article 21 il consacre l'inviolabilité du secret de la correspondance et des communications.

La Constitution béninoise accorde également une large part aux droits de l'homme, dits de la deuxième et à ceux de la troisième génération.

b) *Les droits économiques, sociaux et culturels*

Nous avons déjà mentionné le droit de la famille, de la femme, de l'enfant, des handicapés et des personnes âgées (art. 26 al. 2). En plus de ces droits qui sont à la limite des droits civils (non-discrimination) et des droits économiques et sociaux, la Constitution béninoise reconnaît le droit à la culture (art. 10), le droit au travail (art. 30), le droit de grève (art. 31), l'égal accès des citoyens à la santé (art. 8 in fine), à l'éducation, à l'information, à la formation professionnelle et à l'emploi.

* Le droit à l'éducation et à la culture. C'est un devoir que la Constitution met à la charge de l'Etat pour lequel *« la personne humaine est sacrée et inviolable »*. L'article 17 de la Charte Africaine déborde le cadre naturel du droit à l'éducation quand il prévoit la promotion et la protection de la morale et des valeurs traditionnelles de la communauté. La Constitution béninoise reconnaît de même à l'individu son droit d'être informé et d'être formé professionnellement pour le développement du pays et la sauvegarde des traditions culturelles. La culture est garantie par l'Etat et les collectivités publiques et l'enseignement public qui deviendrait progressivement gratuit. (art. 12 et 13).

* Le droit au travail et le droit de grève. L'article 30 avoue que l'Etat *« s'efforce de créer les conditions qui rendent la jouissance de ce droit effective »*. Les détracteurs du concept de « droits économiques et sociaux » mettent en avant l'impossibilité de l'Etat libéral à tenir des promesses à caractère quelque peu démagogique. Dès lors, ils mettent en avant la première génération des droits de l'homme. Sans prendre part à ce débat en tant que tel, notons que si le droit des peuples à disposer de leurs richesses et de leurs ressources naturelles n'est pas un vœu pieux, le droit au travail pour tous pourrait s'analyser comme une forme de redistribution de ces mêmes ressources. Le droit de grève est formellement reconnu et n'est plus catalogué dans la catégorie des droits et libertés autrefois qualifiés de bourgeois. La Sécurité Sociale n'est pas mentionnée. Le Bénin n'a ni ratifié ni participé au Pacte international de l'ONU relatif aux droits économiques, sociaux et culturels et ne siège pas aux Comités des droits de l'homme créés par les Pactes de 1966.

* Le droit à la santé. L'Etat béninois s'engage à travers sa Constitution à prendre toutes les mesures nécessaires pour

protéger la santé de la population et assurer une assistance médicale en cas de maladie. On note un effort beaucoup plus soutenu depuis l'avènement du régime démocratique.

Les droits économiques et sociaux encadrent les droits civils et se prolongent par les droits dits de la troisième génération.

c) *Les droits de la troisième génération*

Ce sont des droits liés à des préoccupation plus récentes. Il s'agit du droit au développement, du droit à la paix et à l'environnement déjà présent dans la Charte Africaine et repris par la Constitution du 11 Décembre 1990. nous y ajouterons le devoir de l'Etat de faire connaître les droits de l'homme avant de conclure par les devoirs de l'Homme tels qu'ils sont inscrits dans notre Constitution.

* Le droit au développement. C'est un droit nouveau et à notre connaissance la Charte Africaine est le premier traité à le reconnaître comme un Droit de l'Homme. (cf. art. 22 de la Charte et les paragraphes 3 et 7 du Préambule). C'est une sorte de globalisation des droits économiques et sociaux tout en y intégrant les droits civils et politiques. La Constitution béninoise le consacre dès l'article 9 mais au niveau individuel plutôt qu'à celui du droit des peuples : (*« tout être humain a droit au développement.* ». Alors que l'article 22 de la Charte énonce que *« tous les peuples ont droit à leur développement économique, social et culturel* »).

* Le droit à un environnement sain. L'article 29 de la Constitution décrète crime contre la Nation l'introduction de déchets venant de l'étranger : *« Le transit, l'importation, le stockage, l'enfouissement et le déversement sur le territoire national des déchets toxiques ou polluants étrangers et tout accord y étant relatif sont interdits* ». De plus l'article 28 propose la réglementation par une loi de la gestion des déchets toxiques issus de la production industrielle ou artisanale nationale. L'Etat veille par-dessus tout à la protection de l'environnement.

* Les devoirs des citoyens et de l'Etat béninois. Ils portent sur le respect de la Constitution et l'ordre constitutionnel établi, à *« tout citoyen béninois civil ou militaire »* (art.34). La précision est de taille pour qui a connu le Dahomey des coups d'Etat à profusion. Un autre devoir porte sur le respect des biens publics qui s'étend à la condamnation de la *« corruption, de détournement, de dilapidation ou d'enrichissement illicite »* (art. 37). L'article 33 exige le paiement des contributions fiscales ; l'article 32 rend le service militaire obligatoire. Le travail aussi est un devoir et *« les citoyens chargés d'une fonction publique ou élus à une fonction politique ont le devoir de l'accomplir avec conscience, compétence, probité, dévouement et loyauté dans l'intérêt et le respect du bien commun.* » (art. 35 de la Constitution).

Enfin aux termes de l'article 40 *« l'Etat a le devoir d'assurer la diffusion et l'enseignement de la Constitution, de la Déclaration Universelle des Droits de l'Homme, de la Charte Africaine de 1981 ainsi que tous les instruments dûment ratifiés et relatifs aux Droits de l'Homme* ». Cette obligation d'information doit s'étendre aux programmes d'alphabétisation, de l'école jusqu'à l'université sans oublier les programmes de formation des Forces Armées et assimilées. Tout ceci bien sûr en français et dans les langues nationales afin que ces droits soient strictement respectés. Les instruments mentionnés à l'art. 40 relèvent du droit international des droits de l'homme.

PARAGRAPHE II : Le droit international des droits de l'homme

La « Charte des droits de l'homme » constituée des instruments généraux que sont la Déclaration Universelle des Droits de l'Homme (du 10 Décembre 1948), les deux Pactes de 1966 relatifs aux droits de l'homme et les Protocoles facultatifs qui se rapportent au Pacte International relatif aux droits civils et politiques, cette charte n'a été ratifiée qu'en partie par le Bénin (la Déclaration universelle, simple déclaration sous tendue par la force morale de ses principes). De nombreux instruments l'ont cependant été par le Bénin qui prend une part active à l'instar d'autres pays africains à la vie des organes institués (Commission, Comités et divers groupes de travail) dans le domaine des droits de l'homme pour en assurer la protection et la promotion.

A. Les instruments internationaux

L'idée de liberté existe dans toutes les sociétés et l'Occident fut le premier à transformer cette idée en règle de droit. *« La liberté ne peut rester dans l'univers des idées,* rappelle Yves Madiot. *Elle doit "descendre" dans celui du droit pour irriguer les rapports humains. Ce passage est particulièrement difficile et les rapports entre liberté et droit ont toujours été délicats et complexes, voire tumultueux »*[24]. La « vieille Europe » ne voulant pas mourir a ainsi enfanté la Société des Nations puis l'Organisation des Nations Unies pour la promotion de la paix. Après les atrocités de la deuxième Guerre Mondiale, la civilisation judéo-chrétienne ne partagea pas avec le reste du monde ses "acquis" en matière de droits de l'homme. La Magna Carta (1215), la Déclaration anglaise des droits de l'homme (1689), la Déclaration des Droits de Virginie (1776), la Déclaration américaine (1776) et la plus significative, la Déclaration des Droits de l'Homme et du Citoyen (1789) avec ses multiples avatars accouchèrent donc de la Déclaration Universelle des Droits de l'Homme suivie à son tour de deux Pactes internationaux, des conventions et résolutions des Nations Unies sur les Droits de l'Homme. Pour Keba Mbaye, le courant internationaliste :

> *« prétend réconcilier les différents courants en acceptant les différentes sortes de droit sans discrimination et sans préférence, et en tendant vers l'internationalisation des droits de l'homme qui doivent ainsi échapper petit à petit à la compétence nationale et en conséquence aller vers l'universalisme tout en ménageant les particularismes des*

[24] Madiot Yves, *Droits de l'Homme*, Masson, 1991, 2e éd., p. 17.

choix politiques et économiques. C'est presque une mission impossible »[25].

1 - La Charte des Nations-Unies et la Charte des Droits de l'Homme

La Charte des Nations-Unies du 26 Juin 1945, énonce entre autres buts et principes qui devaient régir l'Organisation des Nations-Unies, à l'article premier, le développement et l'encouragement du « *respect des droits de l'homme et des libertés fondamentales pour tous, sans distinction de race, de sexe, de langue ou de religion* ». L'article 13 définit l'Assemblée générale comme l'institution devant provoquer aussi des études et des recommandations en vue de « *faciliter pour tous, sans distinction de race, de sexe de langue ou de religion, la jouissance des droits de l'homme et des libertés fondamentales* ». Toutefois c'était au Conseil économique et social (chapitre IX de la Charte de l'ONU) qu'incombait la tâche de créer des Commissions pour les questions économiques et sociales, le progrès des droits de l'homme (art. 68, Charte des N. U.) et de « *faire des recommandations en vue d'assurer le respect effectif des droits de l'homme et des libertés fondamentales pour tous* » (art. 62 al.2). D'autres articles reviennent sur l'encouragement du respect des droits et libertés fondamentales pour tous ou encore font des renvois aux articles ayant déjà traité de la question des droits de l'homme (art. 55, art. 56, art. 76c., art. 83 et art. 87).

Poussé par ce dynamisme le Conseil économique et social créait dès le début de l'année 1946 une commission, la Commission des droits de l'homme ; l'Assemblée générale de l'ONU examinait à Londres en Janvier 1946 un projet de déclaration sur les dits droits. En 1947, la Commission à sa première session autorisait son Bureau à formuler un projet préliminaire sur la question, travail repris plus tard par le

---

[25] Mbaye Keba, *Les Droits de l'Homme en Afrique*, Ed. A. Pédone, 1992, p. 16.

Comité de rédaction (représentant huit Etats géographiquement choisis). A la fin de la même année ce dernier transmettait à la Commission les projets d'articles d'une déclaration internationale et d'une convention sur les droits de l'homme auxquelles il fut donné le nom de « Charte Internationale des Droits de l'Homme ». Réunie du 24 Mai au 15 Juin 1948 la Commission révisait le projet et le soumettait au Conseil économique et social. Ce dernier le transmit à l'assemblée générale qui l'adopta le 10 Décembre 1948 à Paris.

2 - Les Pactes internationaux relatifs aux Droits de l'Homme

Le projet de convention se dédoubla en deux projets de pactes qui, après de nombreuses péripéties (1949 : 18 articles élaborés par la Commission, 1951 : 14 articles sur les droits économiques, sociaux et culturels et 10 articles sur les mesures d'application de ces droits ; 1953 et 1954 : fin des travaux de la Commission et examen général des projets par l'Assemblée générale ; 1955 : troisième commission et nouvel examen article par article) aboutirent en 1966 au Pacte international relatif aux droits économiques, sociaux et culturels en même temps que le Pacte international relatif aux droits civils et politiques muni de deux Protocoles facultatifs prévoyant l'un un mécanisme international destiné aux particuliers victimes d'une violation des droits énoncés, l'autre l'abolition de la peine de mort. Les préambules des deux Pactes obligent les Etats et les individus à respecter les droits de l'homme ; les articles 1, 3 et 5 des deux Pactes, identiques, déclarent respectivement le droit à l'autodétermination, l'égalité entre l'homme et la femme, la prévision des garanties contre l'interprétation erronée des Pactes et la violation d'une liberté déclarée.

En règle générale, le Pacte relatif aux droits civils et politiques interdit des restrictions aux droits qu'il énonce sauf intervention de la loi et nécessité de sécurité nationale. Cependant les droits à la vie (art. 6), à la protection contre la torture (art. 7), contre l'esclavage ou la servitude (art. 8, al. 1 et

2), contre l'emprisonnement consécutif à l'inexécution d'une obligation contractuelle (art. 11), le droit de chacun à la personnalité juridique (art. 16), à la liberté de pensée, de conscience et de religion (art. 18) et l'interdiction de donner effet rétroactif aux lois pénales (art. 15), toutes ces libertés ou tous ces droits énumérés ci-dessus ne peuvent être suspendus ou limités en aucune circonstance, même dans des situations d'urgence (art. 4, al. 1 et 2). Quant aux autres droits mentionnés dans le Pacte ils peuvent être suspendus ou limités « *dans la stricte mesure où la situation l'exige* » et ces limitations ou suspensions doivent être signalées à l'ONU. Les droits et libertés dont il s'agit : l'arrestation ou la détention arbitraires (art. 9), le traitement avec humanité de toute personne privée de liberté (art. 10), le droit de circuler librement et du libre choix de sa résidence (art. 12), l'expulsion d'étrangers légalement établis (art. 13), les garanties judiciaires (art. 14), le droit à la vie privée, à l'honneur, à la réputation (art. 17), la liberté d'expression (art. 19), de réunion, d'association (art. 21 et 22), de mariage (art. 23), des enfants (art. 24), le droit de prendre part à la direction des affaires publiques et de voter (art. 25), l'égale protection de la loi (art. 26), la protection des minorités vivant sur le territoire des Etats parties du Pacte (art. 27) et l'interdiction de toute propagande par la loi à la guerre ou à la haine (art.20). Enfin un Comité des droits de l'homme surveille l'application des mesures d'exécution énoncées par le Pacte relatif aux droits civils et politiques.

A la différence du Pacte relatif aux droits civils et politiques, le Pacte relatif aux droits économiques, sociaux et culturels contient une disposition générale applicable à l'ensemble des droits qu'il énonce : tous les droits contenus dans ce Pacte peuvent être limités par la loi, dans la seule mesure compatible avec la nature des dits droits et exclusivement en vue de favoriser le bien-être général dans une « société démocratique ». Le droit au travail y est reconnu (art.6), de même que celui de jouir des conditions de travail justes et favorables (art. 7), le droit de former des syndicats et de s'y affilier (art. 8), le droit à la sécurité sociale et aux assurances sociales (art. 9), le droit de la famille à une protection et à une assistance (art. 10), le droit de toute personne à un niveau de vie suffisant (art. 11) et de jouir d'un parfait état de santé physique et mentale (art. 12). Quant au droit à l'éducation et à celui de participer à la vie culturelle ils sont énoncés aux articles 13 à 15 du Pacte relatif aux droits économiques, sociaux et culturels qui est entré en vigueur le 3 Janvier 1976 alors que le Pacte international relatif aux droits civils et politiques adopté par l'Assemblée générale dans la même résolution que le premier (résolution 2200 A, XXI du 16 Décembre 1966) entrait en vigueur le 23 Mars 1976. Le Bénin n'a ratifié ni l'un ni l'autre Pacte. Ceux-ci ont néanmoins exercé une profonde influence sur la Constitution du 11 Décembre 1990 au même titre que la Déclaration Universelle.

3 - La Déclaration Universelle des Droits de l'Homme

L'entrée en vigueur des Pactes donne plus de force à la Déclaration Universelle toujours montrée comme un document historique définissant de façon universelle la dignité et les valeurs humaines. Le Préambule s'appuie sur l'héritage des Déclarations antérieures, sur le fondement des droits naturels (la « *conscience de l'humanité* », les « *droits égaux et inaliénables* » de la famille humaine) et sur les buts et les principes de la Charte des Nations-Unies (le respect des droits de l'homme, « *le développement de relations amicales entre Nations* » après des actes de barbarie) en s'y référant de façon explicite. La Déclaration Universelle insiste dans son préambule sur la « positivation » des principes, c'est-à-dire leur transmutation en « *un régime de droit pour que l'homme ne soit pas contraint en suprême recours, à la révolte contre la tyrannie et l'oppression* ». Néanmoins l'Assemblée générale proclame la Déclaration comme « *l'idéal commun à atteindre par tous les peuples et toutes les nations* » de façon progressive sur les plan national et international. Cet appel a été largement suivi d'effet, attendu que de nombreuses résolutions et décisions importantes adoptées par les organismes des Nations-

Unies et en dehors du système de l'ONU (en Europe la Convention de sauvegarde des droits de l'homme et des libertés fondamentales ; en Afrique la Charte de l'OUA et la Charte africaine des droits de l'homme et des peuples ; en Amérique la Convention relative aux droits de l'homme de San José ; etc.) ont pour base et étalon la Déclaration Universelle ou l'un ou l'autre des deux Pactes internationaux. Un peu partout des tribunaux nationaux et régionaux invoquent les principes énoncés dans la Charte Internationale des Droits de l'Homme, de même que des textes internes d'ordre constitutionnel et législatif qui prévoient des mesures de protection juridique en faveur du Préambule et des articles de la Déclaration Universelle (voir par exemple le Préambule de la Constitution béninoise du 11 Décembre 1990).

La Déclaration Universelle est composée d'un préambule et d'une trentaine d'articles dont le premier énonce les postulats philosophiques et les idées fondamentales dont elle s'inspire. Si tous les hommes *« naissent libres et égaux en dignité et en droits »* (comme proclamé à l'article premier de la Déclaration des Droits de l'Homme et du Citoyen du 26 Août 1789) il est précisé que les hommes sont des êtres moraux doués de raison, contrairement aux autres créatures de la terre, ce qui doit les obliger à « *agir les uns envers les autres dans un esprit de fraternité* ». L'article 2 interdit toute distinction et toute discrimination dans la jouissance des droits de l'homme et des libertés fondamentales. L'article 3 *(« tout individu a droit à la vie, à la liberté et à la sûreté de sa personne »*) précède et introduit les articles 4 à 21 dans lesquels sont énoncés les droits civils et politiques (comparables à ceux édictés par le Pacte international relatifs aux droits civils et politiques). L'article 22 contient en substance les articles 23 à 27 lorsqu'il proclame que « *toute personne, en tant que membre de la société, a droit à la sécurité sociale ; [qu'] elle est fondée à obtenir la satisfaction des droits économiques, sociaux et culturels indispensables à sa dignité et au libre développement de sa personnalité* ». Une nuance de taille est la bienvenue « *compte tenu de l'organisation et des ressources de chaque pays* » quoi qu'un

appel fût lancé à « *l'effort national et à la coopération internationale* ». Cette seconde partie de la Déclaration Universelle rappelle également le Pacte international relatif aux droits économiques, sociaux et culturels. L'article 28 protège les droits et les libertés énoncés dans la Déclaration alors que l'article en prévoit les limitations à la condition que celles-ci ne soient pas contraires « *aux buts et aux principes des Nations-Unies* ». Quant à l'article 30 il édicte que nul ne doit tirer de la Déclaration un droit quelconque (un fil à la manière d'Ariane) pour accomplir un acte ou une activité « visant à la destruction des droits et libertés qui y sont énoncés ».

• La Charte Internationale des Droits de l'Homme a été suivie au niveau international par une multitude d'instruments relatifs à des matières spécifiques comme la Déclaration pour l'octroi de l'indépendance aux pays et aux peuples coloniaux (1960), la Convention internationale sur l'élimination de toutes les formes de discrimination raciale (1965) ... Ce qui compte avant tout ce sont les mesures prises pour la promotion et la protection des droits énoncés dans la Charte Internationale.

B. Les organes institués pour la promotion et la protection des droits de l'homme

Nombreux sont les organes compétents au plan universel dans le domaine des droits de l'homme. Le Comité pour l'élimination de la discrimination raciale est issu de la Convention internationale du 21 Décembre 1965 (art. 8) sur l'élimination de toutes les formes de discrimination raciale. La Commission de la Condition de la femme, le Comité de décolonisation, les ONG, etc. Des Comités ont été créés à partir des deux Pactes internationaux de 1966. Le Comité des droits civils et politiques, établi en 1976 comprend 18 membres élus (dont quatre africains). Le Bénin ne peut en faire partie.

1 - Les Comités et la Commission des droits de l'homme

a) *Les Comités des droits de l'homme*

Ils complètent les deux Pactes internationaux de 1966 non reconnus par la République du Bénin. Néanmoins les articles 45 à 63 de la Charte Africaine des Droits de l'Homme et des Peuples ratifiée par ce pays reprennent l'essentiel des dispositions relatives aux Comités des droits de l'homme instituées par l'Ecosoc. C'est le protocole facultatif qui habilite le Comité des droits de l'homme (Pacte international relatif aux droits civils et politiques) à recevoir et à examiner des communications émanant des particuliers victimes ou supposés tels de violations de l'un quelconque des droits énoncés dans le Pacte. Les articles 28 à 45 du Pacte définissent l'organisation, la procédure et la compétence du Comité composé d'experts reconnus pour leur autorité morale en tenant compte d'une répartition géographique équitable. Le Comité dispose d'un large pouvoir d'appréciation quant à la recevabilité des requêtes et seuls les Etats parties sont liés par la procédure. Le Comité sur les droits économiques, sociaux et culturels plus récent, a calqué son fonctionnement et son organisation sur ceux du Comité des droits de l'homme. Malgré l'autorité de leurs rapports annuels les Comités ont une action réduite par le nombre limité d'Etats qui ont adhéré aux Pactes et au Protocole facultatif contrairement à la Commission des droits de l'homme de l'ONU.

b) *La Commission des droits de l'homme de l'ONU*

Longtemps considérée comme un organe politique, la Commission des droits de l'homme comprend en réalité une double procédure. La procédure publique résulte de l'application de la résolution 1235 (XLII) du 6 Juin 1967 du Conseil économique et social et prend une coloration politique puisqu'elle dénonce la violation des droits de l'homme qui lui parviennent du monde entier. Les affaires débattues lors des sessions sont introduites ou par des Etats ou par des ONG d'où leur caractère éminemment politique et publique (les débats sont publiés). Les résolutions de la Commission doivent par la suite être entérinées par le Conseil économique et social et elle peut en outre demander au Secrétaire général une étude sur une question relative aux droits de l'homme. Toutefois une autre procédure, quasi-juridictionnelle, provient de la résolution 1503 (XLV III) du 27 Mai 1970 modifiant une prudente doctrine en faveur du respect des droits de l'homme[26].C'est le Conseil économique et social qui donna le feu vert à la Commission qui avait désormais le droit de procéder à des enquêtes (première technique) et d'entreprendre des études approfondies (deuxième technique) sur « *des situations qui révèlent de constantes et systématiques violations des droits de l'homme* ». Le contenu de ces deux techniques n'étant pas précisé, il appartient à la pratique de le faire.

Composée de quarante-trois membres dont onze africains, ceux-ci sont désignés par les Etats et élus par le Conseil économique et social, ce qui fit dire, à tort ou à raison à J. B. Marie, cité par K. Mbaye, que la Commission fait office d'assistante et de consultante auprès de l'Ecosoc. C'était probablement pour cette raison que la résolution 1/XX IV du 11 Août 1971 permit l'élaboration d'une procédure confidentielle et quasi-jurisprudentielle pour l'examen des questions. En effet depuis lors, les communications sont d'abord examinées par la Sous-Commission (par un groupe de travail de 5 membres établissant un rapport à la fin de leurs travaux) qui peut les rejeter, les maintenir en examen ou bien les renvoyer à la Commission. Le renvoi à la Commission vaut présomption de violation de droits de l'homme sur les critères de la résolution 1503. La Commission, saisie du rapport, forme un groupe de travail de cinq membres siégeant en séances non publiques. La Commission écoute le rapport du groupe à l'issue de ces séances et renvoie de nouveau l'affaire devant la Sous-Commission (complément d'informations) ou abandonne la poursuite de l'examen. Néanmoins il lui est possible à elle aussi d'entreprendre une enquête ou bien de procéder à une étude

---

[26] Mbaye Keba, *op. cit*, pp. 109s.

approfondie de l'affaire qui semble révéler des cas de violations des droits de l'homme. En publiant le nom des Etats concernés (sans en révéler les motifs) il semble que la Commission ne viole pas ainsi le principe de la confidentialité. A la fin l'affaire est déférée à l'Ecosoc et la confidentialité peut être levée.

2 - La Commission Africaine des Droits de l'Homme et des Peuples

a) *Organisation et compétence*

La deuxième partie de la Charte Africaine des Droits de l'Homme et des Peuples est consacrée à l'organe institué pour assurer la protection de droits de l'homme en Afrique (et au Bénin) : la Commission africaine des droits de l'homme et des peuples que nous nommerons ici « Commission africaine ». La première difficulté en l'absence d'une Cour africaine des droits de l'homme et des peuples fut pendant longtemps l'étendue de la mission de la Commission africaine. L'article 45 de la Charte africaine lui confie la promotion des droits de l'homme et des peuples. Aussi lui appartient-il de rassembler de la documentation, d'organiser des séminaires, des colloques et des conférences dans le domaine spécifique des droits de l'homme et des peuples, de donner des avis ou de faire des recommandations aux gouvernements africains. Elle peut élaborer des principes et des règles qui serviront de base à l'adoption de textes législatifs par les mêmes gouvernements. Cependant la Commission africaine a pour rôle essentiel de « *coopérer avec les autres institutions africaines ou internationales qui s'intéressent à la promotion et à la protection des droits de l'homme et des peuples* ». Aux termes de l'article 60 de la Charte africaine la Commission africaine doit s'inspirer du droit international des droits de l'homme (Charte des Nations-Unies et de l'OUA, Déclaration Universelle et autres instruments adoptés par les Nations-Unies et ses institutions par les pays africains dans le domaine des droits de l'homme et des peuples), c'est-à-dire avoir recours à

tous les instruments universels quant aux règles de procédure et aux droits substantiels.

Le Bénin ayant intégré la Charte africaine dans sa Constitution il en résulte que les rédacteurs de cette convention ont entendu créer à la charge des Etats africains parties à la Charte de l'OUA une obligation de rendre compte à la Commission africaine de toute violation des instruments qu'ils n'ont pas ratifiés : c'est le cas des deux Pactes internationaux de 1966. La Commission africaine couvre à l'évidence le champ des droits économiques, sociaux et culturels puis celui des droits de la troisième génération : un Etat ou un particulier peuvent demander leur sauvegarde en cas de violation. Cela nous fait toucher du doigt quelques difficultés non résolues par les rédacteurs de la Charte africaine et ceux du Règlement Intérieur de ladite Commission. La première difficulté réside dans l'imprécision ou dans l'omission des termes indispensables à la compréhension de certains articles ; et le fonctionnement de devenir parfois bancal. C'est la question de la création d'organes subsidiaires non prévue dans la Charte ou celle des délibérations de la Commission africaine : sont-elles publiques ou secrètes ? (voir K. Mbaye, op. cit., p. 224-s) Où établir le siège ? Quelle majorité requérir pour l'élection du président et celle du vice-président ? S'agit-il d'un scrutin secret ? Si quelques réponses venant de la pratique ou de nouveaux articles (art. 12.2 et 12.3 du Règlement intérieur) essayent de combler les lacunes de jeunesse, il est évident que la Commission africaine est allée loin dans certains domaines. En empruntant à la résolution 1503 certaines règles qu'elle a prolongées, la Commission africaine permet des recours individuels devant elle (art. 55) malgré une totale inféodation à la Conférence des Chefs d'Etats et de gouvernement.

En effet, le Président de la Commission africaine possède très peu de pouvoirs propres. Aux termes de l'article 44 du Règlement intérieur, tous les « pouvoirs » qui lui sont reconnus sont relatifs à la conduite des débats (ouverture et clôture des séances, maintien de l'ordre, le temps de parole, etc.). Les onze membres composant la Commission africaine « *sont élus au*

scrutin secret, par la Conférence des Chefs d'Etats et de gouvernement, sur une liste de personnes présentées, à cet effet, par les Etats parties à la présente Charte ». (art.33 de la Charte africaine). Et c'est au Secrétaire général de l'OUA qu'il appartient de dresser la liste alphabétique des personnes présentées par les Etats (deux personnes au maximum dont un national par Etat). Après la première élection un système des 4/3/4 est établi au terme duquel les sept premiers tirés au sort ont un mandat de 2 ans (pour quatre d'entre eux) et de 4 ans (pour les 3 membres). Quatre membres restants sont élus pour une période de six ans renouvelable. « Après leur élection, les membres de la Commission font la déclaration solennelle de bien et fidèlement remplir leurs fonctions en toute impartialité » (art. 38 Charte africaine). Ici encore les rédacteurs ont omis les détails de cette « déclaration solennelle », peut-être par respect aux convictions religieuses. L'article 16 du Règlement intérieur mentionne le serment, une formule qui commence par « *Je jure...* » (voir K. Mbaye, 1992). Par ailleurs, en déplaçant à Banjul en Gambie, ou en refusant d'établir le siège de la Commission à Addis-Abeba à l'instar de celui de l'OUA, n'est-on pas tombé de Charybe en Scylla ? Néanmoins la procédure devant la Commission africaine est susceptible de peu de critiques d'où l'appelation ironique de « Syndicat des Chefs d'Etat » ou (comme la Commission des droits de l'homme de l'ONU) de « Commission d'assistante et de consultant » des ci-devant Chefs d'Etat.

b) *La procédure devant la Commission africaine*

Tout dépend à vrai dire de l'organe politique que constitue la Conférence des Chefs d'Etat et de gouvernement qui est habilitée à prendre des mesures contre un Etat à la suite de violation des droits de l'homme. Il s'agit de mesures de pure forme étant entendu que l'on ne peut être à la fois juge et partie. Toutefois les communications consistent en des plaintes déposées essentiellement par des Etats parties. Celles-ci doivent remplir des conditions strictes de recevabilité afin de limiter la saisine de Commission africaine par des personnes physiques

ou par des ONG (l'art. 55 de la Charte mentionne une liste des communications à établir avant chaque session par le Secrétaire de la Commission, « *autres que celles des Etats parties à la Charte* »). L'auteur de la communication, personne physique ou ONG est tenu d'indiquer son identité (ou peut demander à garder l'anonymat), formuler les doléances en des termes mesurés et articuler des faits précis et non encore réglés par un instrument national. La communication qui doit être compatible avec la Charte de l'OUA et avec la Charte africaine des droits de l'homme et des peuples doit respecter la règle de l'épuisement des voies de recours internes. La Commission africaine se réserve le droit d'avertir l'Etat concerné et de prendre des mesures provisoires avant une décision sur le fond de l'affaire. Elle sera saisie sur la demande de sa majorité absolue (art. 55.2).

Aux termes des articles 47, 48 et 49 de la Charte africaine des droits de l'homme et des peuples lorsqu'un Etat partie « *a de bonnes raisons de croire qu'un autre Etat également partie à cette Charte a violé les dispositions de celle-ci* » il tente par voie de négociations bilatérales « *ou par toute autre procédure pacifique* » à l'en informer. Trois communications écrites seront alors adressées l'une à l'Etat accusé, et les autres au Secrétaire général de l'OUA et au Président de la Commission africaine. Au bout d'un délai de trois mois si un échec intervient la question est soumise à la Commission par l'un ou l'autre Etat (et des communications envoyées au Secrétaire général de l'OUA et au Président de la Commission). Ces communications sont enregistrées au siège de la Commission qui en contrôle les conditions de recevabilité et le respect de la règle de l'épuisement des recours internes (art. 50 de la Charte africaine). La Commission africaine après avoir tenté une solution amiable « *fondée sur le respect des droits de l'homme et des peuples* » (art. 52), établit en cas d'échec et de « *violation graves ou massives des droits de l'homme et des peuples* » (art. 58) un rapport d'abord envoyé aux Etats concernés puis à la Conférence des Chefs d'Etats et de gouvernement. Celle-ci classe l'affaire ou demande une « *étude approfondie* » à la

Commission africaine ou encore elle peut prendre une décision compatible avec la Charte africaine et le droit international. Aucun recours de type juridictionnel n'est encore prévu, ce qui ne saurait tarder au vu de l'évolution des mentalités. Une réforme du système pointe à l'horizon.

Le mérite de la Constitution béninoise du 11 Décembre 1990 est celui d'avoir eu pour rédacteur l'un de ceux qui furent à la base de l'élaboration de la Charte africaine et qui en fut le défenseur acharné, le Professeur Maurice Ahanhanzo Glélé.

CHAPITRE II - L'ORGANISATION DÉMOCRATIQUE DU POUVOIR AU BÉNIN

SECTION I : LES ORGANES POLITIQUES ISSUS DE LA CONSTITUTION DU 11 DÉCEMBRE 1990

PARAGRAPHE I : La mise en œuvre d'un Etat de Droit au Bénin

A. De la théorie de « l'Etat de Droit » à la Constitution

En droit public la notion de l'Etat de Droit est imprégnée de technicité. Il s'agit de l'association de deux termes : "Etat" et "Droit". L'Etat donne sa pleine efficacité à la règle de droit. Aussi la puissance de l'Etat s'exprime t-elle par rapport au Droit et dans le Droit par l'édiction de normes obligatoires dont la Constitution, qui détermine l'organisation et le fonctionnement du pouvoir politique. L'Etat de Droit s'exprime pour certains auteurs[1] de trois manières :

* La conception d'une hiérarchie des normes au sein de l'ordre juridique étatique. En France, par exemple, la hiérarchie n'a pas toujours été respectée. L'administration jugeait d'abord elle-même les conflits (juge et partie) puis l'exécutif a fini par être soumis à la "loi". La hiérarchie des normes veut dire que les différents organes de l'Etat sont tenus de respecter la loi et les normes supérieures. Dans le cas contraire, un recours est possible devant un juge indépendant. Ainsi il fallut différencier les normes et les articuler selon le principe hiérarchie/

[1] Chevallier Jacques, « L'Etat de Droit » in *Revue de Droit Public*, 1988, p. 369.

subordination puis institutionnaliser un contrôle juridictionnel chargé de contrôler et de garantir le respect de cet agencement. La tradition française avait fait prévaloir le légicentrisme (fondé sur le caractère sacré de la loi) sur le constitutionnalisme. Ce n'est qu'en Octobre 1958 lors de l'adoption de la Constitution de la Ve République que la suprématie de la Constitution a été affirmée en créant un contrôle de la constitutionnalité des lois.

* La soumission de l'Etat au Droit est la deuxième caractéristique de l'Etat de Droit. De l'Etat et du Droit lequel précède et prime sur l'autre ? Pour les théoriciens allemands et pour une partie de la doctrine française (dont Carré de Malberg) l'Etat est l'unique source du Droit. Statocentrisme. Le courant du "Droit objectif" fait naître la norme juridique non plus dans l'Etat mais dans un principe supérieur (Dieu, la Nature, ou la Société). L'objection à cette construction de l'esprit (cf. la proclamation de 1789 des droits "naturels", inaliénables et sacrés de l'Homme) c'est tout simplement son incompatibilité avec la dynamique sociale : la "Nature" est-elle immuable ? L'approche dualiste conduisant à un raisonnement tautologique, - la soumission de l'Etat à son propre Droit - d'autres théoriciens affirmèrent l'identité de l'Etat et du Droit. Kelsen disait que l'Etat et le Droit reposaient sur un seul et même ordre de contrainte, que l'ordre juridique devenait un Etat dès l'instant où il présentait un certain degré de centralisation. En retour l'Etat ne pouvait être pensé que comme « ordre juridique », donc tout Etat est un Etat de Droit. Le principe de soumission de l'Etat au Droit n'est donc que l'impossibilité de l'existence de l'arbitraire étatique.

* L'Etat de Droit ne peut reposer seulement sur un agencement hiérarchisé, un « ordonnancement » abstrait des normes juridiques. Ordre, autorité mais également un soubassement libéral i.e. un ensemble de valeurs et de principes qui cherchent à assurer aux citoyens des garanties effectives contre l'Etat. Plus un Etat permet la protection et la défense des Droits de l'Homme, plus l'Etat de Droit se renforce. Le but de l'Etat c'est de servir les libertés. Le pouvoir de l'Etat est ainsi limité et son rôle est strictement délimité dans la vie sociale.

« L'Etat de Droit, c'est donc aussi un Etat minimal, respectueux de l'autonomie du social et ne sortant pas du cadre de ses attributions légitimes : le principe de la liberté du commerce et de l'industrie apparaît ainsi comme un élément constitutif de l'Etat de Droit, en traduisant en termes juridiques le dogme du caractère subsidiaire de l'intervention étatique. Misant sur l'outil juridique pour réaliser en pratique cette limitation, l'Etat de Droit repose aussi sur un véritable culte du droit »[2]

D'une part les textes en vigueur doivent réguler tous les rapports sociaux ; le droit est le moyen privilégié de normalisation et d'encadrement des comportements. D'un autre côté, il opère comme référence mythique et relève d'« *un jeu de croyances plus profondes* » (p. 373). Cette « mystique de la loi » fait que l'Etat de Droit n'est pas seulement un leurre mais une réalité qui dépasse aujourd'hui les frontières nationales et s'impose depuis quelques décennies dans l'ordre international.

La Constitution béninoise du 11 Décembre 1990 organise une stricte séparation entre les pouvoirs exécutif et législatif. Le régime politique est d'essence présidentielle. Le Président de la République en est le personnage principal. Il est élu au suffrage universel direct au scrutin uninominal à deux tours (art. 42 et 43 de la Constitution) si aucun candidat n'obtient la majorité absolue au premier tour. Le Bénin s'inspire ainsi des modalités en vigueur en France, à la différence que la durée du mandat présidentiel se réduit à cinq ans renouvelable une fois. Chef suprême des Armées, le Président de la République peut prendre en Conseil des Ministres des mesures exceptionnelles lorsqu'il apparaît une menace grave - après avoir au préalable consulté le Président de l'Assemblée Nationale et le Président de la Cour Constitutionnelle - *« Sans que les droits des citoyens garantis par la Constitution soient suspendus (art. 68 al. 1er). Il dispose entre autre de l'initiative des lois concurremment avec l'Assemblée Nationale et assure leur promulgation (art. 57) ».*

---

[2] Chevallier J., *op. cit.*, p.371.

* Le pouvoir législatif appartient au Parlement constitué d'une assemblée unique (art. 79) dont les membres sont élus au suffrage universel direct. Chaque député est le représentant de la Nation toute entière et (ré)éligible par un scrutin de liste départemental à la proportionnelle. La durée du mandat est de quatre ans et il est nul lorsqu'il est impératif. Conformément à la Constitution française l'art. 98 énumère les matières qui sont du domaine de la loi et l'art. 100 stipule que *« les matières autres que celles qui sont du domaine de la loi ont un caractère réglementaire »*. Toutefois, l'assemblée peut autoriser (à la majorité des deux tiers de ses membres) le gouvernement *« à prendre par ordonnance pendant un délai limité des mesures qui sont normalement du domaine de la loi »*. Enfin le parlement peut contrôler l'action gouvernementale et pour ce faire, il dispose de moyens donnés par l'art. 113 de la Constitution : pouvoir d'interpellation, questions écrites, questions orales avec ou sans débat et la mise en place d'une commission parlementaire d'enquête.

* Le pouvoir judiciaire est, selon l'art. 125, indépendant des autres pouvoirs et exercé par des magistrats nommés par le Président de la République sur proposition du ministre de la Justice après avis du Conseil Supérieur de la Magistrature. Le Titre VI de la Constitution est consacré à la Cour Suprême (la plus haute juridiction de l'Etat en matière administrative, judiciaire et financière, exerce une compétence politique en contentieux des élections locales) et à la Haute Cour de Justice compétente pour juger le Président de la République et les membres du gouvernement.

La Cour Constitutionnelle est traitée dans le Titre V de la Constitution béninoise. Elle est composée de sept membres (quatre sont nommés par l'Assemblée Nationale et le reste par le Président de la République) pour une période de cinq ans. Elle est juge de la constitutionnalité des lois avant promulgation (en plus des actes réglementaires pouvant porter atteinte aux libertés fondamentales et les règlements intérieurs des principaux organes de l'Etat) et juge des élections puisqu'elle veille sur la régularité des votes, présidentielles et législatives.

La Cour *« garantit les droits fondamentaux de la personne humaine et les libertés publiques »* avec des conditions de saisine beaucoup plus larges qu'en France. En effet, avant promulgation le Président de la République et/ou tout membre de l'Assemblée Nationale peut la saisir mais également après promulgation, par tout citoyen soit directement, soit en vertu de la procédure de l'exception d'inconstitutionnalité (art. 122 de la Constitution).

* Existe également le Conseil Economique et Social (Titre VII) qui donne un avis obligatoire sur les projets de loi de caractère économique et social ou sur les textes qui lui sont soumis ou encore à son initiative sur les réformes d'ordre économique et social. Le Titre VIII mentionne la Haute Autorité de l'Audio-Visuel et de la Communication chargée de veiller au respect de la déontologie en matière d'information et à l'accès équitable des partis, des associations et des citoyens aux moyens de communication. (art. 142 al.2).

B. Critique de la pratique de « l'Etat de Droit » au Bénin

L'Etat est-il soumis au Droit au Bénin ? Si l'on considère la conception purement formelle de la doctrine juridique de l'Etat de Droit, la justice constitutionnelle à l'œuvre répond aux préoccupations modernes de la soumission de l'Etat au Droit. N'est-elle pas selon L. Favoreu *« la condition nécessaire à la réalisation et au maintien de l'Etat de Droit »* ? La Constitution est respectée sous l'œil vigilant de la Cour Constitutionnelle et les organes de l'administration d'Etat respectent les lois adoptées par l'Assemblée Nationale. Mais combien de temps prendra le processus d'acculturation visant à donner aux Béninois à la fois la culture et le réflexe démocratiques (à l'occidental) ? Combien de temps durera encore la garantie des libertés fondamentales instituées après la Conférence Nationale en l'absence d'une *« pédagogie appropriée à la diffusion d'une culture démocratique conciliant les dynamiques traditionnelles et les exigences de la modernité* »[3]. Ce qui compte plus que tout au Bénin : que les hommes forgent à leur rythme et à leur capacité leur conception de l'« Etat de Droit ». L'Etat de Droit en Allemagne (à la fois considéré comme une notion formelle et comme une notion substantielle) correspond à la théorie française qui a évolué depuis Carré de Malberg et qui n'est que l'aboutissement d'une longue genèse de rapports Droit-Etat. Plusieurs auteurs[4] (Leisner N. : *L'Etat de Droit : une contradiction* in Melanges Eisenmann, 1975, p. 65-s) analysent les contradictions et les impasses théoriques auxquelles se heurte la théorie de l'Etat de Droit. Quelles doivent être les valeurs propres à l'« *Etat négro-africain de Droit* » ?

> *« Il n'y a pas, dans l'Etat de Droit démocratique, de modèle ; il y a des principes, ce qui n'est pas la même chose. Il n'y a pas, pour parvenir à l'Etat de Droit démocratique, de recettes, il y a des expériences, avec des conséquences que l'histoire a permis de dégager »*[5].

A ce tour d'horizon (qui ne peut être exhaustif, eu égard à l'amplitude de la question des droits de l'homme), il faut réserver une place particulière aux analyses du philosophe du droit Michel Troper et à celles de l'anthropologie du droit représentée par Etienne Le Roy.

Dans un article publié par la Revue *Droits*[6], M. Troper relève les ambiguïtés et les confusions de la doctrine du *Rechtsstaat*, reprise pour la première fois par Carré de Malberg sous sa dénomination *d'Etat de droit,* qui a fait fortune en France. Les racines de l'Etat de Droit remontent à l'Etat de justice c'est-à-dire à la période de la Monarchie Absolue. Le rôle du roi était de confirmer et de garantir l'application des

---

[3] Conac Gérard (dir) : *L'Afrique en transition vers le pluralisme politique*, op. cit, p. 6.

[4] Leisner N.: « L'Etat de Droit : Une contradiction », in *Mélanges Eisenmann*, 1975, p. 65s.

[5] Badinter Robert: « Quelques réflexions sur l'Etat de Droit en Afrique », *op. cit*, p. 9.

[6] Troper Michel, « Le concept de l'Etat de Droit » in *Droits*, Revue française de théorie juridique, Volume 15, 1992, pp. 51-63.

coutumes (la fameuse icône de Saint-Louis sous son chêne, en train de rendre la justice).

Le pouvoir pour le roi de légiférer, va être reconnu très lentement. Le souverain a finalement acquis une autorité sans partage en créant et en modifiant les coutumes existantes (XIV-XVIèmes siècles). Néanmoins il n'existait ni différenciation, ni hiérarchie dans l'ordre des coutumes. Ce pouvoir normatif royal était quand même limité par deux types de règles : d'une part il se heurtait aux coutumes des corporations, à celles des Seigneurs et de l'Eglise puis, d'autre part le roi devait respecter les lois fondamentales du Royaume (par exemple la loi salique qui interdisait que la succession du trône soit dévolue à une reine).

Le droit politique moderne était ainsi en germe dans les lois fondamentales du Royaume. Au XVIIIe siècle, en proclamant qu'il n'y avait pas d'autorité supérieure à la loi, la Révolution française ne faisait que prolonger un processus multiséculaire. Celle-ci limita la puissance de l'administration : le droit va lui permettre d'agir mais, en pesant sur elle et en l'obligeant à respecter le droit et les sanctions d'un juge indépendant. On s'acheminait vers la fin de l'Etat de police ou Etat administratif, celui du « *bon plaisir du Prince* » et des lettres de cachets.

• L'Etat légal surgit à l'avènement de la Révolution. Il fallait, sous les lumières, construire un ensemble de règles cohérentes et hiérarchisées. L'Assemblée Nationale proclama « *les droits naturels, inaliénables et sacrés de l'Homme* » dans la Déclaration des Droits de l'Homme et du Citoyen du 26 Août 1789. L'objet de la constitution (et des constitutions) c'était d'assurer la garantie de la protection des droits de l'homme et de réaliser le principe de la séparation des pouvoirs enseigné par Locke et Montesquieu. Les actes pris par l'Exécutif, privés de pouvoir normatif, se devaient d'être en conformité avec la loi. Les juges ne pouvaient pas non plus, ni s'immiscer dans l'exercice du pouvoir législatif, ni suspendre l'exécution des lois.

• L'Etat légal ou la prééminence de la loi, n'était que la face de la logique du gouvernement représentatif. Seuls les représentants du peuple étaient habilités à exprimer la volonté de la Nation. Ce légicentrisme, fondé sur le caractère sacré de la loi, échappant à tout contrôle juridictionnel, a marqué les institutions françaises et celles des Territoires d'Outre-mer. Progressivement, les constitutions redonnèrent à l'Exécutif un pouvoir normatif qui lui avait été refusé en 1791. Acquis dès le Directoire, le pouvoir réglementaire sera confirmé par la Constitution de l'An VIII (Art. 44).

Les actes émanant du pouvoir réglementaire vont, eux, être contrôlés et pourront être éventuellement annulés par le juge administratif (méfiance des révolutionnaires à l'égard des juges civils). De même, l'autorité réglementaire ne pouvait entreprendre une action ou prendre une décision qu'à la suite d'une loi. Il existe depuis, des mécanismes pour retirer les normes non conformes de l'ordonnancement juridique : c'est le contrôle juridictionnel dans la hiérarchie des normes. Pour réaliser l'Etat de Droit, l'administration a construit un ordre juridictionnel en son sein. Prosper Weil parle d'une « *préhistoire du droit administratif* », période au cours de laquelle se mettront en place les bases qui ont permis une différenciation des fonctions.

• Le principe de la juridiction « retenue » (théorie du ministre-juge) a permis au Conseil d'Etat de se spécialiser progressivement dans l'examen des litiges, se développant à l'abri de cette justice, soumettant de plus en plus l'administration au respect de la légalité. (A l'origine il était destiné à préparer les projets de loi du gouvernement et à servir d'organe consultatif). En 1812 apparaît la notion de recours pour excès de pouvoir. Par la loi du 24 Mai 1872 le Conseil d'Etat devint une juridiction indépendante et reçut enfin le pouvoir de justice « déléguée » qui lui permettait de prendre des décisions contentieuses en son propre nom[7]. Le Conseil d'Etat devenait le gardien de la hiérarchie des normes contre les emprises du gouvernement et de l'administration. La loi

---

[7] Voir l'arrêt Cadot, C.E. 13 Décembre 1889, Rec. 1148 M. Long et alii, *Les grands Arrêts de la jurisprudence administrative*, 7e éd., p. 27s.

échappait toujours à tout contrôle juridictionnel, en contradiction avec la définition de l'Etat de droit, Etat dans lequel aucun pouvoir n'est souverain et dans lequel tout pouvoir doit être contrôlé.

• La théorie de l'Etat de droit, déjà construite pendant la phase de l'Etat légal a été approfondie depuis la Ve République. Après le 28 Octobre 1958, la primauté de la constitution sur la loi a été reconnue et la hiérarchie des normes affirme la subordination de la loi à la Constitution. Une puissance législative illimitée est reconnue dangereuse pour les libertés individuelles et les droits de l'homme en particulier. L'introduction d'un contrôle de constitutionnalité des lois par le Conseil Constitutionnel suffit-il cependant à dire qu'il y a un Etat de Droit ? M. Troper souligne qu'il y a lieu d'« *examiner non plus ce qu'est l'Etat de droit, ni ce que l'on entend habituellement par cette expression, mais ce qu'on peut en comprendre, et l'usage qu'on peut en faire* »[8].

On en conclut avec lui, à « *l'Etat de droit impossible* », à moins de changer « *notre conception classique de la démocratie, comme gouvernement du peuple souverain* » si l'on veut suivre la théorie jusnaturaliste d'un Etat soumis à un droit naturel supérieur. Les lois doivent être interprétées par des hommes, ce qui implique des décisions, c'est-à-dire un Etat non pas soumis au droit, mais au juge. Quant à la variante « positiviste »[9] - celle préconisée par Jacques Chevallier décrite à la page 77 et reprise par la Constitution béninoise - M. Troper observe que :

> *« l'idée d'un Etat de droit, dans lequel, du seul fait de la hiérarchie des normes, on serait toujours soumis directement ou indirectement à la loi, est proprement irréalisable, »*[10]

quelles que soient les qualités de la loi et les types de relations de subordination entre les normes. Dans une relation dynamique (celle décrite par Kelsen et reprise par M. Troper) c'est-à-dire

[8] Troper M., op. cit., p. 55.
[9] Chevallier J., « L'Etat de Droit » in *Revue de Droit Public*, 1988, p. 369.
[10] Troper M., op. cit., p. 61.

celle d'un rapport de délégation de la norme supérieure à l'autorité subordonnée,

> *« il n'existe évidemment aucune raison de dire qu'en obéissant à cette autorité subordonnée, j'obéirai encore à la loi. »*[11]

Dans un rapport statique de l'Etat de droit, le contenu de la norme inférieure n'apparaît pas forcément comme la déduction du contenu de la norme supérieure.

> *« Il est à peine besoin de souligner que l'institution d'un contrôle juridictionnel sur les actes administratifs et même celle d'un contrôle de constitutionnalité, dont on imagine parfois qu'ils pourraient renforcer l'Etat de droit et assurer le règne de la loi, ne constituent pas non plus des garanties. Dans le premier cas, le juge peut bien contrôler qu'une décision administrative a été correctement subsumée sous une règle générale de forme législative. Il ne pourra évidement jamais faire réduire cette décision à la conclusion d'un syllogisme pratique. Quant au juge constitutionnel, même si l'on admet qu'il peut contrôler la compatibilité de la loi avec la constitution, il ne peut faire en sorte que la loi soit déduite de cette constitution. De tels contrôles ne permettent donc pas de garantir la liberté politique. »*[12]

Il faut bien sûr faire une distinction entre liberté politique c'est-à-dire celle qui permet une garantie de généralité par la séparation des pouvoirs, puis par la technique de la hiérarchie des normes et les libertés individuelles. L'Etat de droit ne réussit pas encore à garantir la liberté politique par les contrôles juridictionnel et constitutionnel. M. Troper en conclut que le contrôle de constitutionnalité est « *un moyen séparé* » de garantir les libertés individuelles et les droits fondamentaux.

• Pour ces raisons, M. Etienne Le Roy met en garde les Etats Africains qui, par mimétisme - (héritage des temps de la colonie et de la néo-colonie) -, dotent leurs constitutions des

---

[11] Ibidem.

[12] Troper M., op. cit., p. 62.

techniques de séparation des pouvoirs, sous le couvert de la liberté politique construite par l'occident chrétien « *sur le modèle de l'Eglise et du Dieu catholique de la Contre-Réforme* »[13]. En France et ailleurs, la solution mise en œuvre par chaque société afin que « *le pouvoir arrête le pouvoir* » (Montesquieu), réside plutôt dans la structure des conceptions du visible et de l'invisible, plutôt que dans le discours constitutionnel. Par ailleurs il lance un appel aux Africains pour qu'ils traduisent « *dans le langage du Droit les valeurs, attentes et représentations effectivement poursuivies par le plus grand nombre, et non seulement par les élites policées et occidentalisées.* »[14]

- Le droit positif, nous dit E. Le Roy, ne peut par lui-même, garantir l'Etat de Droit en Afrique. Comment mettre en place à l'heure actuelle « *des contre-pouvoirs qui n'appartiennent pas au système étatique lui-même tout en exprimant l'ensemble des valeurs attendues ou poursuivies par la société* » ? La réponse ne peut venir que de l'Afrique elle-même, « *d'autant plus facilement que la solution - structurelle - y existait avant la modernité coloniale* », reconnaît l'éminent africaniste.

- Pour répondre à l'appel de M. Le Roy, il faut peut-être avant tout, commencer par recueillir « *tous les mécanismes juridiques qu'offre le droit constitutionnel et qui peuvent fonder les libertés publiques* »[15]. Construire une propédeutique des droits de l'homme au Bénin et en Afrique, c'est faire l'inventaire des pouvoirs et des forces sociales qui permettront de contraindre l'Etat, tout en proposant de nouvelles valeurs. C'est aux dires de A. Birh, l'effort d'élaborer, de proposer ou d'imposer aux individus et aux groupes, un système de références (idées, normes, valeurs, idéaux) qui donnerait un sens stable et cohérent à leur existence ; c'est : « *participer à la production, réelle ou imaginaire, du monde en le rendant*

---

[13] Le Roy Etienne, « *Problèmes de légitimité dans les théories contemporaines de l'Etat de Droit en France et en Afrique* »
[14] Ibidem p. 47.
[15] Le Roy E., op. cit., p. 51.

subjectivement vivable et habitable. »[16] Nous tenterons cet effort dans une seconde partie de l'ouvrage. Pour l'instant, l'analyse de ces mécanismes et de ces techniques juridiques dont nous faisions état ci-dessus s'impose.

Après avoir énuméré les différentes sortes possibles d'Etat de Droit, Maurice Ahanhanzo Glèlè se voulant porte-parole des Béninois, le Président de la Commission constitutionnelle fait le choix de l'Etat de Droit de type libéral : pluralisme intégral et les droits de l'homme garantis par l'Etat malgré le manque de moyens (à titre d'exemple, l'inexistence de machine à écrire et de personnels qualifiés entraîne des garde-à-vue de plusieurs mois). On pourrait s'étonner de ces faits « anodins » mais pourquoi des candidats déversant des flots d'argent pour s'acheter des électeurs (on n'ose plus demander l'origine de ces fonds) n'investiraient-ils pas dans l'érection d'un Etat de Droit ? Il nous semble urgent au Bénin et peut-être un peu partout en Afrique, d'interroger la relation Etat-Citoyen avant d'aller plus loin dans cette construction que nous appelons de nos vœux les plus ardents. La démocratie suppose le respect du pluralisme (pas trop difficile à obtenir dans nos sociétés traditionnelles) mais également la participation plus directe des citoyens (la tare des sociétés africaines).

La victoire de la Conférence Nationale de Février 1990 au Bénin tient en grande partie à la représentativité de toutes les couches sociales baptisées « Forces vives de la Nation ». Les plus gros contingents furent les paysans et les artisans (86 délégués sur un total de 524) et les associations de développement (70 délégués). Hormis les cadres de l'Administration (46 délégués), les syndicats et organisation assimilées (34 délégués) et ceux nommés « sensibilités politiques » (117 délégués) ont drainé dans la capitale ceux qui ont toujours été tenus à l'écart de la construction politique. Si, pour des raisons évidentes de compétence, la Commission constitutionnelle fut essentiellement composée de juristes

---

[16] Birh A., cité par E. Le Roy, op. cit., p. 53 : « crise de sens et tentation autoritaire », *Le Monde Diplomatique*, Mai 1992.

chevronnés formés en Occident, l'ensemble du pays les trouvait légitimes (pour des raisons diffuses également) puisqu'à leurs côtés pour la première fois dans l'histoire, ils avaient consenti à travailler ensemble avec les « sans-diplômes », « *avec des groupes qui veulent être reconnus en tant que groupes et influencer la décision* »[17]. La citoyenneté réduite au droit de vote est une citoyenneté limitée. L'imagination des élites béninoises doit se mettre au travail, à la recherche d'une « nouvelle citoyenneté » élargie et africaine. Les sociétés civiles paysannes et urbaines capables de se prendre en main face à l'Etat, dirigées par cette "élite" qui ne doit plus attendre pour faire don d'une machine à écrire évitant des garde-à-vue interminables, prendre pour soi les constructions des routes comme naguère ces Américains vantés par A. de Tocqueville, réhabiliter les quartiers, etc. Dans un article célèbre « *Nationalité et Citoyenneté en droit français* » François Borella définit la citoyenneté comme une appartenance juridique au peuple souverain dans l'Etat, par la qualité de membre actif de la société politique. C'est le statut juridique qui détermine le peuple souverain dans l'Etat en fixant les droits et les libertés de participation à la formation et à l'exercice de la volonté collective. La citoyenneté proprement dite existe si existent la démocratie et les libertés politiques[18].

L'Etat de Droit, « *revendication universelle et éminemment subversive* » (Jean-Louis Autin, 1987), relève de la modernité, en tant qu'ensemble de valeurs et de principes quasi-incontournables (respect de l'individu, des libertés, séparation des pouvoirs, etc.) et peut permettre aux Etats en développement de se fixer un idéal politique à construire après des décennies de Parti Unique, d'autoritarisme ou de totalitarisme. C'est en cela que J. L. Autin évoque l'idée de mythe, croyance absolue en un objet (l'Etat, par exemple) sacralisé, investi d'une valeur magique. Comment construire un

[17] Alliot Michel , « Démocratie et Pluralisme » in *L'Afrique en transition*, op. cit, p.123.
[18] Borella F., « Nationalité et citoyenneté en droit français » in *L'Etat de Droit* sous la direction de Dominique Colas, PUF, 1987.

Etat de Droit à partir de la conception de l'Etat qu'ont les Béninois sans se faire une représentation idéalisée de la réalité et sans aboutir à des résultats illogiques ?

Concilier « *la démocratie naturelle* » africaine avec « *la démocratie organisée* » de l'Occident, selon les mots de M. Alliot. Si l'Etat est un artifice intellectuel qui rend acceptable le pouvoir (Georges Burdeau, 1970), les Etats modernes africains sont en train de bâtir une nouvelle croyance qui prend progressivement la place de l'ancienne en faisant une grande place à l'individu et aux libertés tel que le conçoit l'Occident. C'est un Etat de Droit ambigu pour qui a les yeux rivés sur la réussite économique de l'Occident. Est-ce le développement économique qui a permis l'Etat ? (cf. les collectivités de paysans à la base du développement des régions du Nil et de l'Euphrate) ou bien l'Etat prédateur qui distribue des richesses à une majorité en excluant d'autres bénéficiaires ? L'hypothèse de l'Etat fonctionnel dans laquelle des sociétés industrielles évoluent et se contrôlent par elles-mêmes, où les techniques sont assez puissantes pour subordonner la finalité du pouvoir à leur service doit faire réfléchir les dirigeants politiques africains. Loin de faire le jeu des rivalités des forces politiques, l'Etat fonctionnel devient l'instrument par lequel la société assure sa régulation conformément aux objectifs de développement, de croissance et d'expansion (Burdeau). Un Etat qui privilégie les activités gestionnaires au détriment de la lutte politique c'est le souhait de ces larges « masses » qui préfèrent se diriger vers leurs activités productrices plutôt que de répondre à des questionnaires sur les droits de l'homme. Cependant l'Etat fonctionnel ne laisse pas de côté l'autorité régulatrice, tant s'en faut. Celle-ci repose à la fois sur sa fonction normative et une fonction de gestion de la société à gérer la vie dans toutes sa richesse, la vie organique avec sa logique plurale.

PARAGRAPHE II : La séparation des pouvoirs

L'intérêt des questions institutionnelles est primordial dans l'avènement, la consolidation et la régulation des aspects de la vie quotidienne d'un Etat qui se qualifie d'Etat de Droit.

« Les institutions conditionnent l'ensemble de la vie politique d'un Etat. Ce fait s'avère d'une importance beaucoup plus grande encore pour une démocratie naissante, où les réflexes et les automatismes ne sont pas encore acquis ; tandis que les démagogues, les aventuriers de tout poil sont aux aguets, attendant la première occasion pour restaurer un système dictatorial... »[19]

Au Bénin la Constitution institue une stricte séparation entre le pouvoir exécutif et le pouvoir législatif.

A. Le pouvoir législatif au Bénin

Un parlement fort, autonome par rapport à l'exécutif et ayant un domaine d'attribution clairement délimité, est une condition fondamentale pour le fonctionnement régulier d'une démocratie. Le mode de scrutin proportionnel doit être revu pour un fonctionnement normal de notre institution.

1 - Le mode de scrutin

Issus du suffrage universel direct les députés béninois sont éligibles et rééligibles par un scrutin de liste départemental, à la proportionnelle pour un mandat de quatre années. Nous pensons comme M. Jean Baechler que les procédures électorales ne sont pas indifférentes à la démocratie. Elles servent (doivent servir) à choisir les dirigeants compétents, à leur donner les moyens d'agir efficacement et à assurer la stabilité dans la transmission du pouvoir à une autre équipe.

---

[19] Banock Michel, *Le processus de démocratisation en Afrique, le cas camerounais*, Paris, Ed. L'Harmattan 1992, 252 p.

« Deux grands modes de scrutin sont possibles. Le scrutin majoritaire déclare élu(s) celui ou ceux qui ont obtenu la majorité dans une circonscription donnée. Le scrutin proportionnel distribue les sièges en fonction du pourcentage des voix obtenues par plusieurs listes concurrentes de candidats. Chaque mode peut connaître de nombreuses variations, qui n'effacent pas ce partage fondamental. L'efficacité et la stabilité exigent de choisir le scrutin majoritaire à un tour. Le scrutin proportionnel incite à multiplier les partis,. empêche l'émergence de majorités claires, pousse à des tractations entre appareils des partis pour former des majorités toujours instables, donne à des minorités de blocage ou d'appoint un pouvoir exorbitant de négociation, et ainsi de suite. Le scrutin majoritaire à un tour conduit mécaniquement à la définition de deux grands partis, conduit chacun à se définir au centre et à éviter l'extrémisme, dégage une majorité claire, définit une opposition cohérente capable de prendre les rênes du pouvoir à tout moment, et ainsi de suite. On en saurait soulever l'objection que le scrutin proportionnel est plus "juste". Un scrutin n'est pas un sondage d'opinion, il est chargé de procurer aux citoyens des dirigeants compétents, mis en situation d'agir efficacement, sans compromettre la stabilité des institutions. En scrutin majoritaire, les idéologies secondaires et évoluant vers les extrêmes ne sont pas ignorées. Pour peu qu'elles ne soient pas antidémocratiques, elles se retrouvent à l'intérieur des deux grands partis sous la forme de "courants". comme, en effet, il suffit d'une voix de majorité pour l'emporter, aucun parti ne peut se permettre de négliger un courant d'opinion un peu consistant dans l'électorat (. . .) En Afrique, étant donné les partages ethniques régnant actuellement, ce serait folie que de recourir au scrutin proportionnel ».[20]

---

[20] Baechler Jean, « Des institutions démocratiques pour l'Afrique » in *Revue Juridique et Politique*, Indépendance et coopération, 1992, pp. 174-175.

Nous avons choisi la longue citation de Baechler par souci d'honnêteté intellectuelle. Le Parlement béninois s'empêtre dans les maux décrits ci-dessus. Quatre-vingts députés siègent à l'Assemblée, répartis entre une trentaine de partis politiques. Si l'une des conditions essentielles pour le fonctionnement régulier du système démocratique réside dans la nécessité pour les différents pouvoirs de s'équilibrer, on peut en effet redouter la paralysie due à l'émiettement de la représentation politique à l'Assemblée. Nous pensons que la majorité des Béninois sont agacés de suivre l'incapacité de la classe politique à trouver une majorité ou une coalition stable au Parlement. Aujourd'hui il est prévu que par référendum, les citoyens approuveraient le changement de scrutin proportionnel intervenu par le biais d'une révision constitutionnelle, à défaut d'approbation à la majorité des quatre cinquièmes du Parlement (art. 155 de la Constitution). Néanmoins l'Assemblée béninoise n'est pas encore inféodée à l'exécutif.

2 - Le contrôle de l'action gouvernementale

La Constitution béninoise se détache de la Constitution française de la Ve République par l'absence de la possibilité donnée au Président de la République de dissoudre l'Assemblée Nationale et du droit symétrique de l'Assemblée de renverser le gouvernement. Ainsi, lesté de ces deux prérogatives (art. 103), le régime politique béninois rentre résolument dans la catégorie du système purement présidentiel. Comme dans les régimes présidentiels il n'y a pas de Premier Ministre à proprement parler dans la constitution (il est envisagée la possibilité d'un grand ministère d'Etat dans le cadre d'une éventuelle évolution semi-présidentielle). A vrai dire l'institution de la fonction de Premier Ministre contribue à l'affaiblissement du pouvoir législatif dans le cas où il appartient à la même formation politique majoritaire à l'Assemblée celle du Président de la République. Dans le cas contraire la situation pourrait devenir très difficile à gérer pour un pays comme le Bénin. Les interpellations conduisent aujourd'hui à des recommandations et les Commissions parlementaires sont sans conséquence sur le gouvernement.

On ne peut pour le moment reprocher une quelconque inféodation du Parlement à l'exécutif béninois. Bien au contraire l'Assemblée Nationale veille à la transparence d'une presse libre et à son rôle de contrôle du gouvernement, du moins en ce qui concerne l'opposition, prompte à relever et à exploiter la moindre incartade des dirigeants politiques (cf. l'évacuation sanitaire de Mme Rosine Soglo en France alors qu'elle était encore la Première Dame du pays). Ce souci de transparence, nous l'espérons, réduira les malversations même si la perfection n'est pas de ce monde. De plus il faudra veiller à la faculté d'initiative et à la liberté de choix du député vis-à-vis de son parti car il a davantage de comptes à rendre à ses électeurs qu'à son parti politique. L'Assemblée légifère dans les matières limitativement énumérées à l'article 98 de la Constitution. Aux termes de l'article 73 la responsabilité personnelle du Chef de l'Etat peut être déclenchée (outrage à l'Assemblée, haute trahison, atteinte à l'honneur et à la probité). Le Président de la République peut être poursuivi devant la Haute Cour de Justice. L'initiative parlementaire en matière législative est quasi-inexistante. L'Assemblée Nationale se contentant le plus souvent d' « habiller » les textes produits par l'Exécutif (art. 57) et de légiférer lors des votes du budget. De grands débats ont néanmoins lieu essentiellement en matière économique et financière (la question des privatisations, les conditions des Programmes d'Ajustement Structurel, la dévaluation du franc CFA ...). Les analystes de la vie politique comme GERDDÈS AFRIQUE recommandent au Parlement béninois d'utiliser de manière fréquente les moyens d'informations qu'il possède à savoir les questions écrites et orales, les communications de pièces et les communications orales du gouvernement afin d'éviter des blocages et des incompréhensions entre les deux organes politiques. Le pouvoir exécutif est, somme toute peu contrôlé par l'Assemblée.

B. Le pouvoir exécutif au Bénin

L'une des préoccupations avouées du Constituant est la réponse à la question : *« Comment éviter un coup d'Etat militaire ? ».* L'article 64 de la Constitution exige des militaires et assimilés, de donner au préalable leur démission en vue de postuler aux fonctions de Président de la République. Désormais, tout membre des Forces Armées et de Sécurité Publique doit accéder à la magistrature suprême par voie démocratique et pacifique. Si le soldat ou l'officier militaire passait outre, sa tentative de renversement du régime légal *« Sera considérée comme une forfaiture et un crime contre la Nation et l'Etat et sera sanctionnée conformément à la loi ».* De plus, tout Béninois a un devoir de désobéissance à l'autorité illégitime et *« tout membre d'un organe constitutionnel a le droit et le devoir de faire appel à tous les moyens pour rétablir la légitimité constitutionnelle, y compris le recours aux accords de coopération militaire ou de défense existants ».* (art. 66 de la Constitution). Dans ce cas le Président de la République a le droit de faire appel à des forces armées ou de police étrangères, même si cela n'avait pas été prévu dans les accords de coopération. (art. 67 de la Constitution).

La tendance à la personnalisation autoritariste du pouvoir se heurte à des procédures prévues aux articles 73 à 78 de la Constitution qui prévoient les cas dans lesquels il peut être mis fin aux fonctions du Président élu : l'outrage à l'Assemblée Nationale - par ex. lorsque le Président n'a pas répondu dans un délai de trente jours à une question du Parlement sur l'activité gouvernementale - La procédure de l'article 76 de la Constitution

> *« est conçue comme ayant une valeur pédagogique, capable d'arrêter le Président dès le début sur le chemin de quelque velléité autoritaire que ce soit »*[21] .

---

[21] Cabanis A. et Martin M. L. : Note sur la Constitution béninoise du 2 Décembre 1990.

Hormis la notion d'outrage à l'Assemblée, la Constitution prévoit d'autres cas répréhensibles d'autoritarisme présidentiel : la haute trahison vise la violation des droits de l'homme, la cession d'une partie du territoire, l'atteinte aux règles du maintien d'un environnement sain (allusion faite au contrat d'enfouissement des déchets toxiques conclu entre le gouvernement de Mathieu Kérékou et les usines occidentales dénoncé en son temps par *Le Canard Enchaîné* et les journaux locaux) et les atteintes à l'honneur et à la probité. Par ailleurs l'article 44 de la Constitution énumère la « bonne moralité » et « une grande probité » parmi les conditions fixées pour être candidat à la Présidence de la République. L'art. 75 explicite l'atteinte à l'honneur et à la probité : un comportement personnel contraire aux bonnes mœurs et/ou le fait d'enrichissement illicite, que l'on soit président ou membre de l'exécutif.[22]

Ainsi le Président de la République du Bénin, aux termes des articles 41 à 78 de la Constitution détient le pouvoir exécutif. C'est lui le chef du gouvernement ayant pour mission de déterminer et de conduire la politique de la Nation. Il est élu au suffrage universel, incarne l'Unité Nationale, veille au respect de la Constitution. De manière classique il signe les accords et les traités internationaux, fixe les objectifs politiques, économiques et sociaux puis les moyens à utiliser pour y parvenir. Il travaille en étroite collaboration avec le gouvernement qui a des tâches de prévision, de préparation et d'exécution.

Le pouvoir réglementaire est également dévolu à l'Exécutif. L'article 100 de la Constitution énonce que « *les matières autres que celles, qui sont du domaine de la loi ont un caractère réglementaire* ». Quant à l'article 38, il reconnaît et consacre l'extension du pouvoir réglementaire tandis que l'article 57 énonce que le Président de la République a

---

[22] Ces articles de la Constitution n'ayant jamais été violés, de manière flagrante, pouvons-nous pour autant en conclure à « l'honneur et à la probité » des membres de l'Exécutif béninois depuis 1991 ? Encore un exemple d'écart entre la norme et la réalité, cause de désaffection du plus grand nombre au droit enseigné dans les Facultés.

l'initiative des lois concurremment avec le Parlement, possède un droit de veto vis-à-vis des lois votées par l'Assemblée Nationale (il peut exiger une seconde délibération de tout ou partie de la loi avant promulgation). Le président de la République peut légiférer de manière ponctuelle par voie d'ordonnances et par délégation de l'Assemblée Nationale sur des matières qui sont normalement du domaine de la loi.

Les articles 68 et 69 de la Constitution béninoise du 11 Décembre 1990 autorisent le Président de la République à utiliser des pouvoirs exceptionnels en période de crise (pleins pouvoirs) ; il peut décréter l'Etat de siège et l'Etat d'urgence pour 15 jours après avis de l'Assemblée. Au titre de ses nombreux pouvoirs il faut mentionner la nomination de certains membres des organes prévus pour le contrôler : désigner trois des sept membres de la Cour Constitutionnelle (après avis du Président de l'Assemblée), le Président de la Cour Suprême et celui de la Haute Autorité de l'Audiovisuel et de la Communication. Enfin il peut user du référendum après avoir consulté le Président de l'Assemblée Nationale et celui de la Cour Constitutionnelle en matière des droits de l'homme, maître de l'organisation des pouvoirs publics et de l'intégration régionale (art. 58). Si le Parlement béninois fait figure de laissé-pour-compte dans ses rapports avec l'Exécutif il n'en est pas de même de l'autorité judiciaire.

SECTION II : LES ORGANES JUDICIAIRES AU BÉNIN

PARAGRAPHE I : L'approche institutionnelle

A. L'indépendance de la justice au Bénin

Aux termes de l'article 125 de la Constitution *« Le Pouvoir Judiciaire est indépendant du Pouvoir Législatif et du Pouvoir Exécutif ».* Ne nous voilons pas la face : le Bénin a hérité de la France la tendance jacobine de gouvernement avec sa structure hiérarchique inquisitoriale. Les magistrats du Parquet sont des fonctionnaires soumis à l'autorité hiérarchique, dominée au sommet par le Garde des Sceaux. La critique française concerne également le Bénin et, n'en déplaise au constituant, mieux vaut en l'état actuel des choses admettre une "autorité" qu'un "pouvoir" judiciaire.

Le rôle du juge est la figure centrale de l'Etat de Droit qui à son tour met une confiance absolue dans le droit (le culte du droit). Selon Jacques Chevallier, la fonction du juge serait de garantir le respect de l'ordonnancement juridique, fonction "objective", excluant toute marge de libre détermination. Or l'Etat de Droit s'appuie sur "un jeu de croyances plus profondes", un investissement symbolique, "une mystique de la loi". Pour que cet effet symbolique soit obtenu, encore faut-il que :

> *« l'Etat ne soit pas partie prenante en apparence dans la décision judiciaire, que celle-ci apparaisse régner seule »*[23].

[23] G Duprat.; Justice et Participation in *L'Etat de Droit*, cité par J. Chevallier, note p. 373.

L'indépendance du juge, dit J. Chevallier :

« ne ferait que témoigner de la transcendance du droit par rapport au politique ».

Pour ce faire, certains auteurs francophones militent pour l'avènement d'une formule qui ferait que le judiciaire détienne lui aussi sa légitimité de la souveraineté populaire à l'instar des pays anglo-saxons.

« Il s'agit là d'abord d'une considération de principe, qui découle de l'exigence d'égalité entre les trois pouvoirs, parmi lesquels ne devrait régner de prééminence autre que protocolaire »[24].

Parmi les solutions, M. Banock propose de concevoir des élections soit au niveau départemental soit au niveau de la Cour d'Appel. Le Président ou le Procureur ainsi désigné directement par le peuple pourrait à son tour constituer un collège électoral. Une autre solution serait encore de concevoir une formule où ce seraient les membres de l'organe suprême qui feraient directement l'objet d'une élection au suffrage universel. Les juges élus ont une fâcheuse propension à suivre les électeurs plutôt que la règle de droit, si bien que l'on peut douter des résultats d'un tel changement dans les mœurs judiciaires.

Interrogé à ce sujet par le journal « La Croix du Bénin »[25], le Professeur Th. Holo de l'Université Nationale du Bénin évoque une fonction judiciaire « *dont on veut organiser l'indépendance* » et il regrette la confusion pouvoir judiciaire/pouvoir exécutif et la tendance qu'ont certains citoyens à s'adresser au Président de la République « *en oubliant les tribunaux dont la fonction essentielle est de trancher les litiges sur la base du droit applicable dans notre pays* » ; pour M. Holo, « *la justice même au niveau du citoyen ordinaire en tant que Pouvoir indépendant du législatif et de l'exécutif n'est pas encore devenue une réalité évidente et quotidienne* ».

---

[24] Banock M., *op. cit.*, p. 178.

[25] « *La Croix du Bénin* » du 29 Novembre 1996 : « Pour une réelle indépendance de la justice au Bénin », p. 6-7.

L'activité du « juge » à vrai dire s'étale sur les trois pouvoirs, la séparation des pouvoirs étant très peu respectée dans la majorité des pays du monde. Le juge régule l'action administrative (empiète le domaine de l'exécutif) et son rôle de créateur de droit est reconnu dans les pays de séparation classique (le domaine reconnu au législatif). Comme le disait M. Alliot cette séparation n'existe que dans l'esprit des professeurs de Droit et dans celui des bons élèves qui les ont écoutés[26]. Les mécanismes traditionnels (classiques) ne répondent plus à la création du droit ; d'où la triple interrogation : comment juger ? Qui (quoi) juger ? Qui (avec qui) juge ?

A la première question « comment juger » au Bénin et en Afrique, on peut apporter les modèles clefs en main de l'Occident, que l'on appartienne au système de la Common Law ou au système naguère appelé « romano-germanique ». Seulement il faut savoir que ces systèmes sont eux-mêmes en crise et qu'un rapprochement est en train de s'opérer dans l'arène du Droit communautaire, de la Convention européenne de sauvegarde des droits de l'homme et de la Cour afférente. Néanmoins cette efficacité technique reprise ça et là peut modifier la culture au cas par cas. La compétence institutionnelle enracinée dans l'Etat (alors qu'elle était enracinée dans le cosmos) ne suffit pas à éclairer la fonction de juger.

« Qui juger » ? La société avant les parties en litige, répondent les anthropologues du Droit (M. Alliot, A. Garapon, E. Le Roy). Le juge est à la fois un arbitre, un entraîneur et un pacificateur c'est-à-dire le faiseur de paix (les juges de paix). Le Bénin et l'Afrique possèdent des sociétés dotées d'une culture de la paix, une paix toujours en mouvement. Le droit aux dires de M. Hauriou (cités par E. Le Roy), « *constate les armistices sociaux* ». Selon les conflits on mettait en œuvre tel ou tel rituel dans les sociétés traditionnelles. H. Legré y distingue les

[26] Colloque sur la fonction du juge in *Le juge : une figure d'autorité,* ed. L'Harmattan, 1996, 685 p.

conflits sanguins, les conflits terriens et les conflits entre deux communautés militairement puissantes. Aux premiers (les conflits sanguins) les juges entraient dans une symbolique avec un ensemble de rituels (bouc, plantes de purification, cercle de famille, père fondateur). Quant aux conflits terriens ils étaient réglés par des chefs de famille et leurs rituels variaient. Enfin dans les conflits entre communautés intervenaient le juge qui était un « allié à plaisanterie » dont la fonction avant tout consistait à détendre et à amortir la tension entre les parties en usant des moqueries et des insultes. Quand le juge ne peut rien faire devant l'inconnu il faisait appel aux ordalies (place de l'invisible et du sacré).

« Qui juge » ? et « avec qui juger » ? L'immensité et le poids de la fonction judiciaire entraînent le désarroi des juges. Ici entre en jeu la compétence personnelle du juge (il apprend à agir sur le cosmos), la formation, l'âge, la moralité etc. La loi ne suffit plus. Le droit ne s'épuise pas seulement en des règles, le juge construit la société et l'ouvre sur la vie (la place des rites et des paroles est analysée par A. Garapon, *Bien juger*, 1996)[27]. Le juge lie la société d'une façon nouvelle en tenant compte de l'actualité (M. Alliot) et de l'avenir dans les limites imparties à sa mission. Ce faisant, le judiciaire renvoie en même temps la société à sa propre image tout en reflétant celle de la fonction du juge. D. de Béchillon parle en ce sens d'une position habermatienne : le juge effectuant un travail communicationnel entre lui et le procès.

Les éléments d'indépendance du pouvoir judiciaire (le principe de l'inamovibilité des magistrats du siège article 126 ; le Conseil Supérieur de la Magistrature article 128) doivent donc s'analyser par rapport aux logiques à l'œuvre dans chaque civilisation, par rapport à la problématique : au nom de quoi va-t-on juger ? qui doit transparaître dans les décisions de la Cour Suprême et des juridictions supérieures.

---

[27] Garapon A., *Bien juger : essai sur le rituel judiciaire*, Ed. Odile Jacob, Coll. « Opus », 1997, p. 230.

B. La Cour Suprême et la Haute Cour de Justice

1 - La Cour Suprême

Le président de la Cour Suprême nommé par le Président de la République après avis du Bureau de l'Assemblée Nationale, inamovible pendant un mandat d'une durée de cinq années renouvelable une seule fois (art. 133 Const.) est le premier vice-président du Conseil Supérieur de la Magistrature (le Ministre de la Justice, Garde des sceaux n'en est que son second vice-président). Le Parquet Général près la Cour Suprême du Bénin se compose d'un Procureur Général, des Avocats Généraux et des Substituts dont la mission est de présenter des conclusions écrites à l'occasion des affaires en instance d'être jugées par l'une quelconque des Chambres de la Cour.

Aux termes de l'article 131 de la Constitution, la Cour Suprême est la plus haute juridiction en matière administrative, judiciaire, en matière des comptes de l'Etat et des contentieux des élections locales. La loi n° 61-42 du 18 Octobre 1961 organisant la Cour Suprême a été modifiée par l'Ordonnance n° 21/PR du 26 Avril 1966 puis par la loi n° 90-012 du 1er Juin 1990. La Chambre administrative possède une double compétence, juridictionnelle et consultative. Relèvent du contentieux administratif les recours en annulation pour excès de pouvoir, les recours en interprétation et en appréciation de légalité, les litiges de plein contentieux, le contentieux fiscal et les réclamations des particuliers contre les dommages causés par le fait personnel des entrepreneurs concessionnaires et régisseurs de l'administration.

La Chambre judiciaire est formée d'un président et d'au moins deux Conseillers (à l'instar des deux autres Chambres). Les Conseillers de la Cour Suprême peuvent indifféremment siéger dans chaque Chambre de la Cour. La saisine de la Chambre Judiciaire s'opère par une déclaration de pourvoi (au Greffe de la juridiction ayant rendu la décision attaquée). L'article 132 de la Constitution permet au Gouvernement de consulter la Cour Suprême « *plus généralement sur toutes les matières administratives et juridictionnelles* ». Celle-ci peut « *à la demande du Chef de l'Etat, être chargée de la rédaction et de la modification de tous les textes législatifs et réglementaires, préalablement à leur examen par l'Assemblée Nationale* ». (art. 132, al. 2).

Quant à la Chambre des Comptes elle est appelée à exercer son contrôle (ès finances publiques) sur les comptables et sur les ordonnateurs. Elle procède à des enquêtes, des auditions au besoin. Sa procédure, écrite, est adressée aux autorités compétentes (Ministre, Président de la Chambre, autorités sous tutelle des Ministres) par des communications (références et notes). Malheureusement depuis sa création en 1959 ce dispositif a très peu fonctionné (inexistence de personnel et de moyens matériels, et d'autres insuffisances). Depuis la Conférence Nationale, elle a connu un début de concrétisation permettant à l'Exécutif d'améliorer la situation des affaires financières et à l'Assemblée Nationale de faire face efficacement à ses responsabilités de contrôle.

2 - La Haute Cour de Justice

La Haute Cour de Justice complète la Cour Suprême dans la titre VI de la Constitution, consacré au Pouvoir Judiciaire. Prévue par la constitution, la Haute Cour de Justice n'est pas un organe permanent. Pour les délits ordinaires, les membres de l'Exécutif relèvent des tribunaux de droit commun (art. 136, al. 2). Elle est donc constituée pour juger le Président de la République ou les membres du Gouvernement pour les fautes commises à l'occasion ou dans l'exercice de leurs fonctions et leurs complices en cas de complot contre la sûreté de l'Etat (art. 136 premier alinéa). Sa composition est à la fois politique et judiciaire : six députés élus par l'Assemblée Nationale, les membres de la Cour Constitutionnelle amputés de leur Président et le Président de la Cour Suprême (art. 135) qui se réunissent pour élire le Président de la Haute Cour de Justice.

La Haute Cour de Justice a eu pour louable vocation d'établir la parité entre les pouvoirs de l'Exécutif (exorbitants) et du Législatif. En effet, elle transforme de paisibles députés en juges, détenant à la fois la décision de poursuivre et de mettre en ... accusation les membres de l'Exécutif. L'activité du juge s'étend à tous les pouvoirs (le mythe de la séparation des pouvoirs). L'alinéa 3 de l'article 135 prévoit que les règles du fonctionnement et de procédure seront édictées par une loi organique. C'est chose faite depuis la loi n° 93-013 qui suscita de nombreuses critiques (voir l'article de M. André Aïmabou dans le journal *La Croix du Bénin* du 13 Décembre 1996 : « Scolies sur la Haute Cour de Justice »)[28]. On alla jusqu'à parler d'hérésie, d'atteinte au droit de la défense mais la réalité c'est l'existence de l'article 137 al. 2 de la Constitution qui prévoit une mise en accusation votée à la majorité des deux tiers des députés de l'Assemblée Nationale et à l'al. 3 une instruction menée par des magistrats de la Chambre d'Accusation. Nous y reviendrons en étudiant les décisions DCC 14-93 et DCC 95-020 de la Cour Constitutionnelle.

Quant au juge constitutionnel, il tire son autorité de la Constitution. Cette figure nouvelle (en France et par conséquent au Bénin) fait de plus en plus appel à l'imaginaire (A. Garapon). Quoi qu'il en soit la création de la Cour Constitutionnelle corrige une grande partie des critiques adressées à l'indépendance du pouvoir judiciaire puisqu'elle en est l'organe régulateur. Contrairement au modèle américain qui confie la justice constitutionnelle à l'ensemble de l'appareil judiciaire (Cour Suprême), se prononçant à tous ses niveaux sur la constitutionnalité de la loi, le modèle européen dont est issu le droit béninois moderne (« la famille romano-germanique » si cette appellation a encore un sens aujourd'hui) confie le contentieux constitutionnel à une Cour ou à un Conseil Constitutionnel.

[28] *La Croix du Bénin*, N° du 13 Décembre 1986.

PARAGRAPHE II : La Cour Constitutionnelle et le contrôle de la constitutionnalité au Bénin

C'est donc le Titre V qui organise la Cour Constitutionnelle et ses pouvoirs dans la Constitution Béninoise. Le dernier alinéa de l'article 115 renvoie l'organisation et le fonctionnement de la Cour et la procédure suivie (délais pour sa saisine, immunités, régime disciplinaire et de ses membres ...) à une loi organique que nous approfondirons dans la dernière partie. En attendant il s'agit de traiter des attributions de la saisine et de l'autorité de cette Cour jusqu'alors inexistante en République du Bénin.

La dynamique constitutionnelle innove au Bénin avec cette institution dont les contours sont délimités avec finesse, hissant le constituant béninois au rang des bâtisseurs modernes. En Europe, d'où ce mécanisme a été importé, l'intensité d'un contrôle varie selon le pays. Elle est par exemple absente en Grande Bretagne où l'indépendance du juge judiciaire est complète.

Par contre la France connaît un contrôle préalable de constitutionnalité dont l'histoire commence avec une insuffisante garantie des principes constitutionnels (jusqu'en 1958 le contrôle de constitutionnalité des lois était inexistant dans l'hexagone). Sur le plan théorique l'Etat légal s'est, avec le Conseil Constitutionnel transformé, en un Etat de Droit. Le contrôle s'est élargi avec l'extension de la saisine : de neuf membres à soixante membres. Pour les lois organiques et les règlements des deux chambres du Parlement français, le contrôle en était obligatoire tandis qu'il était facultatif pour les lois référendaires, les lois de ratification ou celles autorisant le gouvernement à édicter des ordonnances. Avec la décision 187-DC du 25 Janvier 1985 (Etat d'urgence en Nouvelle Calédonie)[29] le Conseil Constitutionnel admet qu'on peut mettre en cause des lois ou des dispositions législatives déjà promulguées alors que pour la jurisprudence antérieure (cf.

[29] Favoreu L., Philip L., *Les grandes décisions du Conseil Constitutionnel*, Paris, Dalloz-Sirey, 1993, 7e éd., 929 p.

Monopole de la Radio-Télévision 27-7-78)[30] la constitutionnalité des lois déjà promulguées *« ne peut être mise en cause même par voie d'exception ».* Enfin le bloc de constitutionnalité s'est enrichi et comprend aujourd'hui les « Principes Fondamentaux », les *« principes particulièrement nécessaires à notre temps »*, les « *principes ou règles de valeur constitutionnelle, le texte de la Constitution de 1958* » et les « *objectifs de valeur constitutionnelle* » en cas de droits antinomiques (cf. loi de 1981 : Sécurité et Liberté). Au Bénin, la situation de la Cour Constitutionnelle se différencie quelque peu de celle de sa « grande sœur » française.

A. Les attributions de la Cour Constitutionnelle au Bénin

Au Bénin, l'article 117 de la Constitution distingue d'une part les compétences générales et d'autre part les compétences spéciales attribuées à la Cour Constitutionnelle.

1 - Les matières sur lesquelles la Cour statue obligatoirement :

a) *La constitutionnalité des lois organiques et générales « avant leur promulgation » :* cette disposition rejoint celle du Conseil Constitutionnel français et se distingue du contrôle a posteriori qui se pratique soit par un organe spécialisé (par voie d'action ou par voie d'exception), soit par un juge ordinaire (ex. : Danemark) soit encore du contrôle a posteriori mixte (cf. Grèce, Irlande et Portugal). En Allemagne les décisions d'annulation peuvent être rétrospectives et entraîner souvent des gênes techniques. On distingue dans ce cas une « *interprétation conforme* » où la loi est rectifiée et les bavures en sont gommées, une « *déclaration de l'inconstitutionnalité sans annulation* » où l'on voit la Cour Constitutionnelle donner une injonction pour la modification de la disposition

[30] Ibidem.

inconstitutionnelle et enfin la technique de l'« *annulation différée* » qui peut être assortie ou non d'un délai.

b) *Les règlements intérieurs de L'assemblée Nationale,* de la Haute Autorité de l'Audio-Visuel et de la Communication, du Conseil Economique et Social *« avant leur mise en application »* et quant à leur conformité à la Constitution. Le juge constitutionnel a un pouvoir d'interprétation et d'injonction et toute interprétation des règlements intérieurs (et des textes en général) autre que celle qu'il donne serait contraire à la Constitution. Il déclare les dispositions conformes ou non à la Constitution ; il peut parfois adopter une solution intermédiaire qui consiste à les déclarer conformes sous certaines réserves (cf. décision 127-DC des 19 et 20 Janvier 1981 du Conseil Constitutionnel français)[31]

c) *La constitutionnalité des lois et actes réglementaires* censés porter atteinte aux droits de l'homme (violation des droits de la personne humaine). cf. décisions du 16-7-1971 (liberté d'association), du 15-1-1975 (loi IVG) et du 23-11-1977 (liberté d'enseignement) du Conseil Constitutionnel en France.

d) *Les conflits d'attribution entre les institutions de l'Etat,* c'est l'exemple de la décision *DCC 14-94 du 23-5-1994* de la Cour Constitutionnelle béninoise relative à la nomination de Monsieur Yves D. Yehouessi en qualité de Président de la Cour Suprême.

e) *La Cour Constitutionnelle est juge de l'élection présidentielle :* elle examine les réclamations, statue sur les irrégularités et proclame les résultats. Il en est de même pour la régularité et les résultats du référendum et des élections législatives.

---

[31] Favoreu L., Philip L., *Les grandes décisions du Conseil Constitutionnel*, Paris, Dalloz-Sirey, 1993, 7e éd., 929 p.

* Elle fait de droit partie de la Haute Cour de Justice à l'exception de son Président (art. 135 al. 1 de la Constitution et art. 117 in fine).

2 - Les attributions spéciales de la Cour Constitutionnelle

a) *Dans les rapports avec l'Exécutif*

Que ce soit par le biais de son Président ou par l'intermédiaire de la Cour elle-même, la Constitution du 11 Décembre 1990 accorde à l'institution de larges pouvoirs en cas de vacance de la Présidence de la République. Saisie par l'Assemblée Nationale la Cour *« constate et déclare la vacance de la Présidence de la République »*. Aux termes de l'article 50 al.-3 le Président de la Cour Constitutionnelle n'assure l'intérim du Président de la République que si celui-ci est mis en accusation devant la Haute Cour de Justice.

La cour est gardienne des biens appartenant au domaine de l'Etat puisqu'il lui appartient de donner son *« autorisation préalable (. . .) dans les conditions fixées par la loi »* à l'acquisition ou le bail desdits biens par le Président de la République et les membres du gouvernement (art. 52). Enfin dans ses rapports vis-à-vis de l'exécutif, la Cour donne un avis sur les ordonnances avant qu'elles ne soit prises en conseil des ministres. De même elle joue un rôle d'arbitre lorsqu'elle est saisie par l'assemblée en cas de contestation entre cette dernière et l'exécutif quant aux propositions, projets et amendements (art. 104 al. 4) qui ne sont pas normalement du domaine de la loi (délégation de l'art. 102 remise en cause).

b) *Dans les rapports avec l'Assemblée Nationale*

La Cour Constitutionnelle peut s'allier à l'Assemblée Nationale pour contrecarrer les pouvoirs parfois exorbitants accordés au Président de la République. C'est le cas, prévu à l'art 57 de la Constitution, du refus de ce dernier de promulguer une loi votée après une seconde délibération par l'assemblée. Saisie par la Président de l'Assemblée Nationale, la Cour *« déclare la loi exécutoire si elle est conforme à la*

Constitution ». Nous avons déjà signalé le cas de l'outrage à l'Assemblée lorsque, sur des questions posées par elle sur l'activité gouvernementale, le Président de la République s'enferme dans un mutisme. Passé un délai de 30 jours le Président de l'Assemblée saisit la Cour Constitutionnelle qui statue dans les 3 jours. Jusqu'à la fin de la session en cours, si la décision de la Cour est restée sans suite, le Président de la République est alors déféré devant la Haute Cour de Justice pour outrage à l'Assemblée Nationale. (art 77 de la Constitution).

Cependant l'Assemblée Nationale est elle aussi tenue à des obligations notamment à la probité et au respect des bonnes mœurs par ses membres. L'article 86 interdit au Parlement de tenir ses séances dans un lieu différent que celui où se déroulent ses sessions sauf cas de force majeure *« dûment constaté par la Cour Constitutionnelle »* qui, ne l'oublions pas, statue souverainement sur la validité de l'élection des députés. Ces derniers ne sont pas au Bénin les seules personnes auxquelles incombe la saisine de la Cour Constitutionnelle.

B. Saisine et Autorité de la Cour Constitutionnelle

1 - Saisine de la Cour Constitutionnelle

Si la Cour Constitutionnelle Béninoise évoque le Conseil Constitutionnel français par sa composition (des garanties supplémentaires de compétence juridique du côté béninois[32]), force est d'observer - et cela est à son honneur - que les conditions de saisine sont beaucoup plus larges qu'en France. M. François Mitterrand rappelait à chaque occasion son désir d'étendre la saisine en France à tous les citoyens. Au Bénin la chose est faite et témoigne d'un surcroît de précaution. En effet, avant promulgation de la loi, le Président de la République béninoise ou tout membre de l'Assemblée Nationale est

[32] L'article 115 de la Constitution béninoise du 11 Février 1990 énonce des conditions de compétence professionnelle : 15 ans de pratique ou d'enseignement du Droit pour 5 des 7 membres.

compétent pour saisir la Cour afin de l'obliger à statuer dans un délai de quinze jours sur la constitutionnalité d'une loi ou d'un texte réglementaire censé porter atteinte aux *« droits fondamentaux de la personne humaine et aux libertés publiques en général »*. S'il y a urgence, et à la demande du Gouvernement, le délai est de huit jours (art. 120). La Cour se prononce également d'office sur la constitutionnalité de pareils textes.

Après promulgation de la loi, *« tout citoyen peut saisir la Cour Constitutionnelle sur la constitutionnalité des lois, soit directement, soit par la procédure de l'exception d'inconstitutionnalité » (art. 122)* et sa décision doit cette fois-ci intervenir dans un délai de 30 jours et s'imposer aux pouvoirs publics et à toutes les autorités administratives et judiciaires.

2 - L'Autorité de la Cour Constitutionnelle

Quelle autorité donner à une interprétation de la Cour ? Si telle ou telle disposition est jugée non conforme à la Constitution, le juge est tenu par la décision de la Cour Constitutionnelle si la juridiction statue sur le même texte. S'il ne s'agit que d'une affaire similaire, les décisions de la Cour n'ont qu'une portée limitée à l'affaire sur laquelle elle s'est prononcée.

En pratique l'autorité de la Cour Constitutionnelle va de soi quand il s'agit du législateur mais elle n'a aucun moyen d'imposer ses décisions aux juridictions. Seul suffit le respect du droit inhérent à toute institution démocratique. Néanmoins la coopération des juridictions est nécessaire, dans le cas contraire la règle sera cassée par la Cour Suprême.

En France le débat sur la justice constitutionnelle a eu lieu lors de la loi de Nationalisation (cf. 81-132-DC et 82-139-DC des 16 Janvier et 11 Février 1982.) C'est le 18e considérant qui énonce la règle selon laquelle la Constitution confie à la loi la fixation de règles ou la détermination de principes et ceci *« ne saurait dispenser le législateur, dans l'exercice de sa compétence, du respect des principes et des règles de valeur constitutionnelles qui s'imposent à tous les organes de l'Etat ».*[33]

Le Conseil Constitutionnel a toujours été mis en cause en France lorsque ses décisions ne vont pas dans le sens souhaité par le pouvoir public. La stratégie serait alors d'assimiler le juge constitutionnel à un militant politique pour ensuite contester sa légitimité ou encore d'attaquer la composition de ses membres. C'est ce qui a commencé par être fait au Bénin à travers l'analyse des décisions de la Cour Constitutionnelle. Avec MM. Duverger et Robert convenons que la Cour est un "contrepoids" nécessaire au bon fonctionnement du système.

L'histoire de la Cour Constitutionnelle a commencé au Bénin avec le Haut Conseil de la République qui a vu le jour pendant la Conférence Nationale. Il était composé d'anciens Présidents de la République, des membres du Présidium de la Conférence, des Présidents des commissions et d'un représentant choisi par les délégués de chaque province. Sa mission fut celle de contrôler le suivi des décisions de la Conférence Nationale, d'exercer la fonction législative, de contrôler l'exécutif et d'assurer la défense et la promotion des droits de l'homme jusqu'à la mise en place de la Cour Constitutionnelle. L'art. 159 al. 3 de la Constitution du 11 Décembre 1990 lui confie « *les attributions dévolues* » à la Cour Constitutionnelle jusqu'à l'installation de cette dernière. Toutefois la lenteur de son installation a montré la crainte qu'elle inspirait « ab ovo » à l'Exécutif. La Constitution en son article 114 énonce :

> *« La Cour Constitutionnelle est la plus haute juridiction de l'Etat en matière constitutionnelle. Elle est juge de la constitutionnalité de la loi et elle garantit les droits fondamentaux de la personne humaine et les libertés publiques. (Souligné par nous). Elle est l'organe régulateur du fonctionnement des institutions et de l'activité des pouvoirs publics ».*

---

[33] cf. Les Grandes Décisions du Conseil Constitutionnel, 237 p.

Aujourd'hui la Cour Constitutionnelle béninoise impose le respect au-delà des frontières nationales. L'indépendance totale de la Cour malgré les pressions morales et physiques lui donne une aura que lui envient bien des hautes juridictions africaines. Des décisions législatives et de nombreuses activités normatives menées par voie réglementaire auraient eu des incidences négatives sur les libertés publiques et les droits de l'homme, n'eût été la sagesse de la Cour Constitutionnelle qui sut trancher en toute impartialité en faveur des droits et des libertés des citoyens. Elle a su s'imposer par la valeur de ses décisions, mais les citoyens Béninois n'usent pas souvent de leur droit de saisine ce qui montre soit que cette institution est en avance sur son temps soit le peu d'intérêt accordé à toute « agitation » autour des droits de l'homme, l'homme béninois se suffisant du minimum de « démocratie naturelle ». L'avenir nous répondra.

Autrement, à l'heure actuelle la Cour aurait tendance à s'enfermer dans sa fonction d'arbitre des conflits de compétence entre les organes de l'Etat. Son œuvre s'étend également au contrôle de la régularité et du contentieux des élections législatives et présidentielles. Depuis celles de Mars 1995 (élections législatives) et un an plus tard aux élections présidentielles ceux qui doutaient de son efficacité ont changé d'opinion. Contre toute attente la Cour avait invalidé et annulé les résultats du scrutin des législatives de la circonscription de Cotonou, de la troisième circonscription du Borgou (Nord-Est du pays) avant de se saisir du contentieux proprement dit. Un des membres de la Cour, M. Glèlè Ahanhanzo Maurice a vu sa maison criblée de balles et des menaces de mort de la Présidente et des autres membres de la Cour ne les ont pas empêché de dire le droit, tirant leur autorité à la fois de la Constitution du 11 Décembre 1990 et de leur compétence personnelle. Dans la troisième partie nous analyserons de nombreuses décisions de cette Cour Constitutionnelle.

CHAPITRE III - ÉLÉMENTS DE CONTRAINTE CONJONCTURELLE AU BÉNIN

Un projet de la Cour Africaine des droits de l'homme vient de voir le jour et tendrait à se substituer à la Commission africaine trop inféodée à la Conférence des Chefs d'Etat et de Gouvernement d'Afrique. Avant d'étudier les grandes lignes de cette nouvelle Cour des droits de l'homme (en dépit de tout ce qui avait été dit sur la tradition plutôt conciliatoire que revendicatoire des populations d'Afrique) qu'il nous soit permis de poser les cadres de l'applicabilité des droits de l'homme dans les institutions béninoises d'aujourd'hui. L'applicabilité directe s'entend comme la possibilité donnée et reconnue effectivement à une personne de faire valoir devant une juridiction étatique le droit que lui confère la convention.

SECTION I : L'APPLICABILITÉ DE LA CONVENTION AFRICAINE DES DROITS DE L'HOMME ET DES PEUPLES (CADHP) DANS L'ORDRE JURIDIQUE INTERNE BÉNINOIS

Les droits de l'homme, de nature conventionnelle, tendent à devenir la norme fondamentale constitutive de nombreux Etats modernes principalement ceux qui ont ratifié la Charte de l'ONU et les deux Pactes de 1966. En Afrique, la Charte Africaine prend la même voie pour s'imposer dans les ordres juridiques internes c'est-à-dire dans des ordres juridiques objectifs. La nature conventionnelle s'efface en quelque sorte. La nature des droits de l'homme est d'abord de nature subjective c'est-à-dire que ces droits ne découlent pas d'une attribution par un Etat mais simplement de la nature des sujets sources du droit. Ceux-ci n'ont pas besoin d'un acte objectif, ils ont des droits du fait qu'ils sont des hommes. On parle alors de subjectivisme juridique.

Le concept change dès lors que nous entrons dans un ordre juridique international où les sujets sont des Etats. Ces règles s'imposent de l'extérieur aux Etats qui n'ont pas à les définir. On parle alors des droits de l'homme comme un droit objectif mais d'une objectivité relative puisque servant une finalité avec des implications précises. La convention africaine s'applique aux Etats en tant qu'ils sont garants et acteurs au sein de l'ordre juridique national, la garantie supranationale n'étant que supplémentaire. L'application interne s'avère primordiale alors que l'application internationale n'est que subsidiaire. Nous étudierons donc le rôle de la Cour Constitutionnelle et l'attitude des juges judiciaire et administratif face à la Convention Africaine des Droits de l'Homme et des Peuples.

PARAGRAPHE I : La Cour Constitutionnelle et la Charte Africaine

Il s'agit avant tout d'insérer des règles conventionnelles dans l'ordre interne puis de les appliquer. Des difficultés apparaissent pour la définition des critères distinctifs (critère rédactionnel et critère de l'autosuffisance) et lors de l'application des règles protectrices des droits de l'homme (difficultés d'interprétation, hiérarchie des normes, modalités d'application). Pour examiner la Cour Constitutionnelle dans ses activités (juge de la conformité, de la constitutionnalité et du contentieux électoral), il convient d'établir des règles précises.

A. Les règles générales

Ces règles sont clairement étudiées par Pierre Mayer dans un article fort bien documenté paru en 1996 dans l'ouvrage collectif *Liberté et Droits fondamentaux*[34]. La modalité technique le mieux utilisée étant l 'applicabilité directe, encore appelée effet direct ou self-executing.

1 - Effet direct ou self-executing

Cette règle s'articule soit autour de la substance de la Convention (c'est-à-dire son contenu) soit en examinant la nature du droit en cause. Néanmoins d'une manière générale une convention est dite self-executing ou autoexécutoire lorsqu'elle crée des règles au niveau international d'où découlent des obligations ou simplement lorsque le droit constitutionnel des Etats parties à la convention l'admet comme telle. A cet effet, il convient de distinguer dans l'ordre international des Etats monistes dans lesquels les traités sont self-executing (c'est le cas de l'article 55 de la Constitution française ou de l'art 147 de la Constitution du Bénin) et les

[34] Mayer Pierre, « L'applicabilité directe des conventions internationales relatives aux droits de l'homme » in *Liberté et Droits fondamentaux*, Paris, Ed. du Seuil, Coll. Points, 1996, pp. 250-265.

Etats dualistes qui exigent le vote d'une loi reprenant matériellement des règles énoncées dans les traités qu'ils ont signé et ratifié. Le juge applique dans ce dernier cas les règles et non le traité. La différence est toutefois ténue entre ces deux catégories d'Etats. Si le premier juge est directement confronté au traité comme c'est le cas en France, le vote d'une loi peut s'avérer obligatoire pour la ratification des traités. C'est le cas de ceux relatifs aux droits de l'homme.

Au Bénin par contre le juge est seul face au traité. Ce dernier créant des obligations entre les Etats parties, la question de son invocabilité directe par les individus peut se poser. D'où des ambiguïtés qu'il convient de lever : Quand est-ce qu'une convention est directement applicable en droit interne et quand est-ce qu'elle ne l'est pas ? Il faut recourir d'une part à la substance du traité et d'autre part à sa nature. Lorsque le texte est précis, c'est le critère rédactionnel qui émerge : il est suffisamment clair pour être appliqué par lui-même directement. C'est le cas des traités qui mentionnent des obligations à la charge des Etats (les Etats s'engagent à, les Etats garantissent, les Etats veillent à ...). Dans ces exemples la convention n'est pas self-executing, les signataires s'étant engagés à établir une norme qui servirait à introduire le texte de la Convention. A contrario lorsqu'aucun article n'appelle aucune intervention étatique pour s'appliquer, le traité est self-executing (ou encore lorsque de manière claire il y est écrit que « *les parties contractantes reconnaissent à toute personne* ... »).

Un autre critère appelé critère de l'autosuffisance est reconnu lorsque les propositions sont trop vagues pour se suffire à elles-mêmes, par exemple quand il est question d'un objectif à atteindre par les Etats qui légifèrent. Parfois les règles de droit interne sont plus précises que celles du traité : celui-ci n'est pas auto-exécutoire car il ne saurait être question de substituer des règles vagues à des obligations précises. Le critère rédactionnel peut fort bien se combiner avec le critère de l'autosuffisance et il peut se révéler qu'une partie de la convention bénéficie de l'effet direct alors que les autres parties n'en bénéficient point. C'est le cas de la troisième partie du

Pacte des Nations Unies relatif aux droits civils et politiques. Enfin un traité peut obliger l'Etat à légiférer dans un certain sens. Si le texte ainsi rédigé est contraire à l'engagement international il est annulable en intégralité (à titre principal) ou en partie (voie d'exception à l'application).

2 - La règle de non-réciprocité et la formalisation des libertés

En droit international classique l'effectivité d'une norme est tributaire de l'attitude des Etats. Lorsqu'une partie n'exécute pas ses obligations, l'autre partie s'exonère : c'est l'exception de non-réciprocité. Cette règle s'applique dans des limites étroites, c'est-à-dire lorsque la violation est substantielle. Néanmoins elle n'est pas invocable en matière de droit humanitaire. La règle de non-réciprocité est absolue et générale dans les conventions relatives aux droits de l'homme. Le caractère objectif de ces droits oblige un Etat partie au traité à respecter les droits d'une personne soumise à sa juridiction dans l'hypothèse même où cette personne ne les respecte pas (ainsi le fallacieux argument où on ne respecte pas les droits de l'homme-terroriste ou de l'homme-étranger qui n'avait pas tenu ses engagements). Ensuite la règle de non-réciprocité s'étend à toute personne étrangère ressortissant d'un Etat partie ou non à la convention. Des instruments internationaux prévoient parfois des limites à cette règle de non-réciprocité (voir par exemple l'article 46 paragraphe 2 de la Convention européenne de sauvegarde des droits de l'homme et les conventions fiscales).

En ce qui concerne la Convention africaine des droits de l'homme et des peuples proprement dite si elle se réfère à des *« valeurs positives de civilisation africaine »*, ce standard minimum commun est loin d'être défini et notre contribution dans la seconde partie de ce travail consistera à en dégager quelques lignes. Ce qui comptait avant tout aux yeux des rédacteurs de la Charte de Banjul c'était probablement la formalisation des droits et libertés conformément à ce qui s'était fait en Amérique et en Europe. Cette formalisation

« s'étofferait » avec l'établissement de la Cour Africaine des Droits de l'Homme et des Peuples (voir les projets plus loin) qui dégagerait un corpus de règle, plus précis. C'est déjà le cas de la Cour européenne de Strasbourg dont le but est de « *développer des normes communes* » (arrêt Cossey 25.9.90) aidée par une jurisprudence constructive à interprétation dynamique et extensive dans laquelle quatre techniques se dégagent :

– *La technique de l'interprétation par ricochet :* Elle permet de consacrer les droits qui n'apparaissent pas dans la Convention : le droit des détenus (la Cour se réfère à l'article 3 de la CEDH), celui des étrangers (expulsion, extradition) etc.

– *La technique des concepts autonomes :*

Ce sont des concepts rencontrés dans les droits nationaux qui pourraient avoir des sens différents dans d'autres Etats parties à la Convention. De part leur autonomie par rapport au droit international, la Cour se réfère à une interprétation très extensive (ex. le procès équitable, la matière pénale ...). Ce problème verra le jour dès l'instauration de la Cour Africaine compte tenu de la diversité des sources matérielles des droits de l'Afrique (droit musulman, Common Law, droit d'origine latine).

– *La technique de l'utilisation maximum des garanties procédurales :* Ce sont les articles 6 et 7 de la Charte Africaine et leur équivalent l'article 6 de la CEDH qui prévoit des garanties en cas d'arrestation ou de détention.

1. « *Toute personne a droit à ce que sa cause soit entendue équitablement, publiquement et dans un délai raisonnable, par un tribunal indépendant et impartial (...).*

2. *Toute personne accusée d'une infraction est présumé innocente* », etc.

et tous les droits procéduraux sont passés au crible de ces articles : à savoir le droit d'être informé de la nature et de la cause de l'accusation, le droit à un avocat, celui d'interroger ou de faire interroger les témoins et le droit à un interprète.

– *La technique de la reconnaissance d'obligations positives à la charge des Etats*

C'est le cas des droits-créances à la charge des Etats mais droits non encore reconnus dans les ordres internes. Il faut reconnaître que les conventions relatives aux droits de l'homme ne reconnaissent que les droits-attributs ou droits-autonomie. Par cette technique la Cour permet aux Etats d'évoluer vers un véritable Etat de droit en les obligeant à prévoir par exemple des statuts de l'enfant né hors mariage, l'organisation de l'assistance judiciaire, le bon déroulement d'une manifestation licite, etc.

Cette formalisation des droits et libertés s'avérerait inutile si la Cour ne disposait pas de moyen de sanction.

3 - La règle de la sanction et la réaction des Etats

Avant d'aborder l'étude de la future Cour africaine des droits de l'homme et des peuples (cf. section 2 du présent chapitre), il convient d'analyser les règles positives générales applicables à la sanction. Comment les organes internationaux prononcent-ils les sanctions ? Les Etats sont-ils liés en droit ou en fait seulement vis-à-vis de celles-ci ?

La décision juridictionnelle d'une Cour des droits de l'homme est obligatoire, à portée soit déclaratoire soit exécutoire. La portée est déclaratoire lorsque les arrêts de la Cour ne prétendent pas modifier les ordres juridiques nationaux. Ils n'annulent pas la loi et ne redressent pas une violation à un droit humanitaire. Ils énoncent seulement une obligation du droit positif conventionnel que l'Etat doit respecter. Ce dernier annule la loi ou redresse la violation. Par portée exécutoire il faut entendre - et c'est le sens du droit public français - que l'Etat condamné par une Cour des droits de l'homme a le choix des moyens pour redresser la situation. L'Etat peut supprimer l'acte juridique condamnable ou le réparer au moyen d'une compensation financière. En l'absence d'un droit international des voies d'exécution, tout repose sur la bonne foi de l'Etat condamné qui peut par ailleurs procéder à un acte juridictionnel ou ne pas exécuter. Dans ce dernier cas des instruments prévoient une réparation par la Cour (voir l'article 50 CEDH). Dans d'autres cas l'Etat est appelé sans y être obligé à modifier une mesure d'ordre général en vertu des risques de l'effet relatif de la chose jugée (voir l'article 53 CEDH) et de l'existence de victimes potentielles.

• Les Etats sont appelés d'une manière générale à modifier leur législation parfois à titre préventif et souvent dans les matières d'ordre pénal. C'est le cas du Royaume-Uni (abolition des châtiments corporels dans les écoles), de l'Italie (durée des détentions provisoires), de l'Allemagne (des frais de justice) et de la France (procédure devant le tribunal administratif, réforme de l'instruction pénale, écoutes téléphoniques ...). Les Etats ne doivent pas interpréter la Convention des droits de l'homme sinon s'en tenir à celle de la jurisprudence de la Cour. Les Cours et Tribunaux constitutionnels en tiennent compte, la Cour de cassation en France soulève d'office le moyen de cassation contre des jugements méconnaissant les principes contenus dans les droits de l'homme. Le Conseil d'Etat pour respecter la CEDH accepte le sursis à exécution en dépit de l'interdiction légale. Nous aborderons plus loin l'attitude des juges judiciaire et administratif quant à l'applicabilité des conventions des droits de l'homme avec toutes les difficultés liées à leur interprétation et à leur application (contrôle de conventionnalité, articulation des différents contrôles juridictionnels ...). En attendant il faut revenir sur la Cour Constitutionnelle du Bénin étant entendu que les modalités d'application de la Convention Africaine des Droits de l'Homme et des Peuples doit varier selon la juridiction considérée.

B. La pratique de la Cour Constitutionnelle béninoise

Nous étudierons la Cour Constitutionnelle en tant que juge de la conformité à la constitution des conventions (1.), puis en tant que juge de la constitutionnalité des lois (2.) et enfin la Cour Constitutionnelle, juge électoral (3.).

1 - La Cour Constitutionnelle, juge de la conformité à la Constitution des Conventions internationales

La Charte Africaine ayant été ratifiée antérieurement à l'entrée en vigueur de la Constitution béninoise on peut se demander la pertinence du rôle de la Cour Constitutionnelle, juge de la conformité à la Constitution des conventions internationales donc celles relatives aux droits de l'homme et surtout par rapport à la Charte Africaine ou encore aux émanations ultérieures (ex : La Cour Africaine des Droits de l'Homme et des Peuples). A la lecture de la Constitution béninoise certains articles, à l'instar de ce qui se passe en France, prévoient l'intervention d'une loi pour contrôler les conventions relatives aux droits de l'homme, limitant ainsi le caractère self-executing de ces traités. C'est l'article 145 qui dispose que « *les traités ou accords relatifs à l'organisation internationale (...), ceux qui modifient les lois internes de l'Etat (...) ne peuvent être ratifiés qu'en vertu d'une loi* » après que l'article 147 eut affirmé la suprématie de ces traités ou accord « *régulièrement ratifiés* » sur l'autorité des lois.

Rappelons en la matière l'autorité de la Cour Constitutionnelle qui « *statue obligatoirement* » aux termes de l'article 117 alinéa 3, sur :

> *« La constitutionnalité des lois et des actes réglementaires censés porter atteinte aux droits fondamentaux de la personne humaine et aux libertés publiques et en général, sur la violation des droits de la personne humaine » (comp. article 121 al. 2).*

Et plus loin à l'article 146 :

> *« Si la Cour Constitutionnelle saisie par le Président de la République ou par le Président de l'Assemblée Nationale a déclaré qu'un engagement international comporte une clause contraire à la Constitution, l'autorisation de le ratifier ne peut intervenir qu'après la révision de la Constitution. » (comp. article 54 in fine de la Constitution française).*

En résumé, une convention internationale introduite dans l'ordre juridique interne (exemple de la Charte Africaine) ne peut plus être mise en cause : il s'agit d'une immunité constitutionnelle. Néanmoins de nombreuses conventions n'ont pas été soumises au contrôle a priori de l'article 146 de la Constitution (qui ne date que de l'année 1990). L'exception d'inconstitutionnalité est possible à l'encontre de certaines lois déjà promulguées quand sont déférées à la Cour Constitutionnelle des lois nouvelles qui modifient, complètent ou affectent le domaine de la loi ancienne. On peut l'étendre également aux Conventions internationales déjà admises dans l'ordre interne.

Une décision qui illustre tout ce qui a été dit est la DCC 19-94 dans laquelle la Cour Constitutionnelle béninoise reconnaît qu'« *aucune clause du traité signé à Port-Louis le 17 Octobre 1993 sur l'harmonisation du Droit des Affaires en Afrique n'est contraire à la Constitution* ». Il faut et il suffit, reconnaît la Cour, qu'une loi autorise la ratification du traité portant Organisation de l'Harmonisation en Afrique du Droit des Affaires (OHADA) pour que soit justifié l'abandon partiel de souveraineté que traduit la Cour Commune de Justice et d'Arbitrage (créée par la traité de Port-Louis) essentiellement dans les articles 14 à 20 dudit traité. Seuls les présidents de l'Assemblée Nationale et de la République peuvent saisir la Cour Constitutionnelle en matière des traités soumis à un contrôle de constitutionnalité (article 146). En l'occurrence le Président de la République le fit au moyen d'une lettre (du 29 Avril, enregistrée le 3 Mai 1994) et la Cour rendit la décision le jeudi 30 Juin 1994. Toutefois une contradiction apparaît dans l'arrêt : le traité instituant l'OHADA est-il directement applicable et les « Actes Uniformes » créés le sont-ils de la même façon ou faut-il obligatoirement le vote d'une loi pour que leur applicabilité soit reconnue ? La Cour Constitutionnelle semble accepter les deux solutions à la fois : l'article 145 de la Constitution ne peut plus s'appliquer dans le cas de l'applicabilité directe et obligatoire, le Bénin appartenant à la catégorie des Etats monistes nonobstant le mauvais renvoi de l'article 149 à l'article 145 de la Constitution. Nous atteignons beaucoup plus de clarté dans le domaine de la constitutionnalité des lois.

2 - La Cour Constitutionnelle, juge de la constitutionnalité des lois : la décision DCC 04-93

L'avis de la Cour Constitutionnelle a été demandé par le Président de la République sur la loi n° 93-013 relative à la Haute Cour de Justice. Cette décision consacre au Bénin la technique de la déclaration de conformité sous réserve et pose le problème de l'élaboration de la loi et celui du respect de la Cour Constitutionnelle.

a) *L'élaboration de la loi et le respect de la Cour*

Il s'agit de la loi organique n° 93-013 relative à la Haute Cour de Justice dont le cadre est posé par les articles 135 à 138 de la Constitution du 11 Décembre 1990. Quant aux procédures des lois organiques et de leur promulgation, elles sont régies par les articles 97 al. 4, 117 al. 3 et 123 de la Constitution. D'entrée de jeu la Cour Constitutionnelle renvoie l'exécutif à la lecture de la Constitution : ce n'est pas d'un avis qu'il s'agit car le Président a mal saisi le sens du mot « déclaration ». La Cour Constitutionnelle doit produire une décision dans le cas qui lui est présenté et partant, cette décision s'impose aux deux parties c'est-à-dire, à l'exécutif et au législatif.

• La procédure prévue par la Constitution quant à l'élaboration et le vote des lois organiques a été suivie (proposition de loi, vote de l'Assemblée Nationale à la majorité absolue de ses membres 15 jours après le dépôt sur le bureau de l'assemblée, transmission au Président de la République) et la saisine est régulière. La Cour Constitutionnelle ne peut dès lors que déclarer recevable la requête du Président de la République et elle examine dans les détails chaque article de la loi organique relative à la Haute Cour de Justice. L'enjeu est d'importance car le régime est présidentiel (38 articles de la Constitution concernent le pouvoir exécutif pour 15 articles seulement au pouvoir législatif, 11 articles à la Cour Constitutionnelle et 14 articles au pouvoir judiciaire). Déférer l'institution qu'est le Président de la République devant la Haute Cour de Justice ne peut se faire sans un maximum de précaution.

Aux termes de cette analyse minutieuse, la moitié des articles de la loi ont été déclarés conformes à la Constitution ; 3 articles sont apparus non conformes à la Constitution « partiellement » ou dans leur « entièreté ». Mais le juge constitutionnel précise que tous ces articles (conformes ou non à la Constitution) ne sont pas séparables de l'ensemble de la loi. Quant aux autres articles - à peu près la moitié - ils sont déclarés conformes à la Constitution sous réserve. Donc le législateur est appelé à « *revoir sa copie* ». L'ensemble de la loi revue et corrigée après modification des dispositions invalidées, c'est le principe du contrôle à double détente. F. Luchaire regrette en France l'absence du recours en interprétation du Conseil Constitutionnel pour éviter le risque de nouvelles censures et accorder plus de poids au respect de l'autorité de la chose jugée, même si le juge constitutionnel a bénéficié de certains acquis du juge administratif (erreur manifeste, contrôle des motifs et pouvoir discrétionnaire).

Revenons au Bénin pour constater que l'expérience professionnelle (15 années de pratique de droit exigée) des juges leur a permis de déceler nombre d'incohérences entre la Constitution et le texte organique relatif à la Haute Cour de Justice. Parmi toutes ces « fautes », certaines sont d'ordre structurelles et relèvent de l'absence de recul face aux législations françaises héritées depuis la colonisation et toujours en vigueur dans notre pays. Le juge constitutionnel ironise lorsque le pouvoir législatif, rédigeant la loi utilise le terme de « *dégradation civile* » en lieu et place de « *dégradation civique* ». Le respect des institutions doit inciter chaque citoyen à beaucoup d'humilité. Il est certes plus facile de ricaner que de doter le Bénin d'un code pénal propre au lieu de s'accrocher mordicus aux textes de loi désuets qui véhiculent encore des termes jugés impropres dans le pays même qui leur a donné le jour (c'est-à-dire la France). Nous voulons pointer du doigt le terme employé de « *mise en accusation* » (pp. 5, 7, 9 etc.) nonobstant la présomption d'innocence, principe fondamental du droit pénal. Toutefois la décision *DCC 04-93* force le respect de par la connaissance et l'expérience du juge constitutionnel qui utilise la technique de la déclaration de conformité sous réserve.

b) *La technique de la déclaration de conformité sous réserve*

Pour ne pas jeter à la poubelle tout le travail élaboré par le Parlement (ou l'exécutif) la Cour Constitutionnelle utilise une solution intermédiaire : déclarer conformes certains articles ou l'ensemble des dispositions, sous certaines réserves. Il existe trois moyens pour ce faire : l'interprétation préventive, le complément de la loi en y apportant des adjonctions et la technique des injonctions sur la manière d'appliquer la loi.

L'interprétation préventive :

C'est le cas de l'article 31 de la loi organique reprenant l'organisation du greffe de la Haute Cour de Justice. Celle-ci ayant son propre greffe, la responsabilité donnée au Greffier en Chef de la Cour Suprême doit s'entendre *« l'original des dossiers de la Haute Cour de Justice est conservé par le Greffier en Chef de la Cour Suprême au greffe de ladite Cour ».* A l'article 27 il faut ajouter *« sous réserve des dispositions contraires de la présente loi ».*

Le complément de loi par des adjonctions :

C'est la technique qui est la plus abondamment utilisée par la *décision DCC 04-93.* L'article 4 de la loi organique relative à la Haute Cour de Justice doit être complété par l'Assemblée pour le rajout des lettres omises (« ou » entre les mots coauteur et complice et le pluriel de « malversation<u>s</u> »). Quand à l'article 5, l'Assemblée doit reprendre sa rédaction à partir de l'adverbe « conformément » ; l'article 12 recommande la rigueur. La négligence du rédacteur de l'Assemblée est relevée :

« *compétence de la Haute Cour* » et non pas « *compétence de la Cour* ». Une autre adjonction de la Cour Constitutionnelle va directement à l'article 14 qui oublie de préciser l'autorité compétente chargée d'élaborer le budget de la Haute Cour de Justice alors que les crédits nécessaires à son fonctionnement sont inscrits au Budget national. Il est demandé à l'article 24 de la loi de préciser les attributions de la chambre d'instruction et de les organiser en indiquant le moment de son intervention en matière de détention préventive etc., etc.

Les injonctions sur la manière d'appliquer la loi :
C'est par exemple lorsque la Cour Constitutionnelle, toujours à propos de l'article 24 précise que *« la chambre d'instruction étant une juridiction d'instruction, les dispositions relatives à ses pouvoirs doivent figurer dans la loi organique avant les dispositions sur la mise en accusation . . . »* ou bien s'agissant de l'article 11, elle rappelle que le serment prêté par un greffier n'est valable que devant les juridictions du même degré que celle qui a reçu le serment et que la Haute Cour de Justice étant une juridiction spéciale elle doit exiger également le serment du Greffier en Chef de la Cour Suprême. Enfin à l'art. 32 qui prévoit l'application de la loi organique elle évoque la publication au Journal Officiel.

3 - La Cour Constitutionnelle béninoise, juge du contentieux électoral

L'article 117 in fine fait obligation à la Cour Constitutionnelle du Bénin de statuer « *en cas de contestation, sur la régularité des élections législatives* », de veiller « *à la régularité de l'élection du Président de la République* » et d'en proclamer les résultats. Nombreuses ont été les décisions de la Cour Constitutionnelle concernant l'une et l'autre élections. Les Béninois convoqués les 3 Mars et 18 Mars 1996 pour l'élection du Président de la République n'ont donc pas été tellement surpris des péripéties qui ont émaillé le scrutin. Trois recours ont été déposés contestant les résultats provisoires du second tour (18 Mars 1996) et la Cour Constitutionnelle y a statué par une seule et même décision pour constater la validité de l'élection du Président de la République et la régularité du scrutin.

• Le premier chef de litige porte toujours sur le recensement des électeurs. L'Institut National de la Statistique et de l'Analyse Economique (I.N.S.A.E) donne des chiffres souvent en contradiction avec celui des électeurs ayant effectivement voté. Ces données démographiques et inscriptions sur les listes sont en-deça, en diminution par rapport aux votants. Des mineurs et des étrangers participent-ils au scrutin ? C'est l'argument du président Nicéphore Soglo qui, chiffres à l'appui, essaie de convaincre la Cour Constitutionnelle d'annuler les résultats obtenus dans les provinces de l'Atakora et du Borgou, fiefs de son adversaire issu de cette partie du pays. Le vote de mineurs n'est pas un fait nouveau, la Cour ayant déjà sanctionné cette pratique avant la proclamation du 24 Mars (résultats provisoires). Quant à celui des étrangers, un article de Jeune Afrique[35] avait en son temps dévoilé des tractations de l'ancien Ministre de l'Intérieur (de Nicéphore Soglo !) M. Gbegan qui n'hésita pas à soudoyer des chefs traditionnels frontaliers, pourvoyeurs du vote des éléments de leur ethnie nés de l'autre côté des frontières dites nationales. Une version de l'arroseur arrosé ? Kérékou à son tour accusa Soglo d'avoir fait voter des réfugiés togolais favorables à ce dernier. Toutefois la Cour Constitutionnelle reconnut « *qu'en l'absence d'éléments de preuve de manipulation de ces données statistiques, le moyen tiré de l'argumentation artificielle du nombre d'inscrits est inopérant* »[36].

• Quant au moyen articulé par M. Nicéphore Soglo concernant le nombre de bureaux de vote pirates (manœuvres frauduleuses), des feuilles de dépouillement raturées et/ou surchargées, des procès-verbaux irréguliers (manipulation des résultats), la Cour Constitutionnelle a reconnu qu'elle les avait

[35] *Jeune Afrique*, Juin 1996 : « Bénin : les "hommes sûrs" de Soglo ».
[36] *J. O.*, Numéro Spécial du 2 Avril 1996, n° 7 bis.

examinés et annulés « *lorsqu'elle l'a jugé nécessaire, sur toute l'étendue du territoire national et au détriment des deux candidats* ». Décidément le candidat malheureux (puisque M. Soglo n'a pas été reconduit dans ses fonctions en 1996 par les suffrages des Béninois) n'a pas compris la flexibilité des coordonateurs de la CENA (Commission Electorale Nationale Autonome) réduisant par-ci quelques bureaux de vote, et en créant par-là d'autres, compte tenu du nombre des électeurs inscrits. La Cour Constitutionnelle, appelée à se justifier sur le nombre d'inscrits fluctuant « curieusement » entre les deux tours (2.517.970. et 2.524.262) fut appelée à dévoiler tous les éléments de fait venus obscurcir la transparence souhaitée : le nombre de votants retenus sur les feuilles de dépouillement (en lieu et place du nombre d'inscrits ne figurant pas sur des procès-verbaux), la double prise en compte parfois du même électeur (vote par dérogation adoptée sur les feuilles de dépouillement), des feuilles de dépouillement sans procès-verbaux ou vice-versa.

Les recours du candidat Mathieu Kérékou portaient sur des actes de violence à l'encontre de ses partisans dans le Département de l'Atlantique (fief de Nicéphore Soglo), des bourrages d'urnes et d'une supposée partialité du Président de la Commission Electorale Nationale Autonome (CENA). Pour la Cour Constitutionnelle tous ces faits allégués ne sont pas étayés par des preuves suffisantes. Aussi ne portent-ils pas atteinte à la sincérité du vote des gens du Sud du Bénin plutôt favorables au dernier Président de la République. Recours rejeté, elle *« proclame définitivement élu Président de la République M. Mathieu Kérékou* ».

PARAGRAPHE II : L'attitude des juges judiciaires et administratifs

Comment s'appliquent au Bénin les règles protectrices des droits de l'homme en dehors de la Cour Constitutionnelle ? Autrement dit quelle est l'autorité judiciaire qui trancherait en cas de difficultés d'interprétation en matière de règles protectrices des droits de l'homme ? Le constituant béninois semble s'être inspiré des règles en usage en France.

A. L'interprétation et l'application de règles protectrices des droits de l'homme au Bénin

Lorsqu'une difficulté surgit qui doit trancher : le juge ou le gouvernement ? Et existe-t-il en Afrique et ailleurs une autorité internationale compétente en matière d'interprétation ? En France les chambres civiles de la Cour de cassation sollicitent l'interprétation du traité par les instances gouvernementales lorsqu'« *une question de droit international publique est en jeu* », c'est-à-dire que le juge évite ainsi des incidents diplomatiques à venir[37] mais c'est bien ce dernier qui tranche en cas de difficultés hormis la question de droit international public. Le Conseil d'Etat suit la voie des chambres civiles de la Cour de cassation. Quant à la Chambre criminelle de la juridiction supérieure elle laisse l'interprétation d'une règle internationale à l'initiative gouvernementale, quoique rare en matière humanitaire.

Quant à la question d'une autorité internationale pour interpréter des règles protectrices de droit de l'homme il n'en est pas encore de mode en Afrique. Chaque Etat fait prévaloir son interprétation de ces traités. En Europe le Traité de Rome a institué la Cour de Justice des Communautés Européennes qui peut le faire lorsqu'elle est saisie d'une question préjudicielle par les juridictions nationales. Quant à la Cour européenne de sauvegarde des droits de l'homme, ses décisions influencent la pratique des juridictions nationales (les Etats évitent ainsi d'être condamnés par la Cour de Strasbourg). Il faut dire que l'interprétation de la Cour ne s'intègre pas d'elle-même dans les droits internes des Etats (seul le dispositif s'impose à l'Etat) et a fortiori elle ne crée pas d'autres règles en dehors de la Convention européenne de sauvegarde des droits de l'homme.

---

[37] Mayer Pierre, op. cit., p. 257.

Le Bénin reconnaît, comme la France, l'autorité supérieure des traités ratifiés sur celle la loi (article 147 de la Constitution). D'autre part l'article 131 dispose que « *la Cour suprême est la plus haute juridiction de l'Etat en matière administrative, judiciaire et des comptes de l'Etat* ». Le juge n'est plus tenu de mentionner le texte conventionnel étant entendu que les traités sont ratifiés en vertu d'une loi (article 145). L'idéal - et c'est ce que fait le juge de la Cour suprême - est d'invoquer à la fois la règle interne et le texte conventionnel. Faudrait-il rappeler que la jurisprudence des arrêts J. Vabre (C. Cass D - 1975 p. 497) et Nicolo (CE 20 Octobre 1989 - D - 1990 - 135)[38] sont applicables dans l'ordre juridique béninois ? Les juges judiciaire et administratif sont donc eux aussi compétents pour interpréter les dispositions des conventions internationales (et en l'occurrence celle de la Charte Africaine des Droits de l'Homme et des Peuples). Malheureusement (ou heureusement) tout le travail d'interprétation est laissé à la Cour Constitutionnelle qui ploie sous le poids des conflits d'interprétation en matière des règles relatives aux droits de l'homme.

Lorsque l'administration a méconnu un acte individuel qui se rattacherait à un droit de l'homme consacré par une convention (en l'occurrence la Charte Africaine), la juridiction administrative peut annuler l'acte. Or, on remarque au Bénin une pléthore de demandes en annulation de nomination par décret (décision *DCC 10-94 du 14 Février 1994*), de ce qu'il est convenu d'appeler la jurisprudence des départs volontaires de la Fonction publique béninoise (Décisions DCC 02-93 Octobre 1993, *DCC 05-93 du 28 Octobre 1993, DCC 05-94 du 8 Avril 1994, DCC 09-94 du 29 Avril 1994,* etc.)[39].. Ne sont-ce pas les effets pervers du principe de l'« *emparo mexicain* » inscrit dans

---

[38] Favoreu L., Philip L., *Les grandes décisions du Conseil Constitutionnel*, Paris, Dalloz-Sirey, 1993, 7e éd., 929 p.

[39] Recueil des Décisions de la Cour Constitutionnelle, J. O. R. B., Porto-Novo, t. 1 : 1991, 1992, 1993, - t.2 : 1994, Presses du JORB, Porto-Novo, 1995. (Voir Annexes).

la Constitution du 11 Décembre 1990 ? M. Afize D. Adamon, dans une introduction à un recueil apocryphe des décisions de la Cour Constitutionnelle remarquait :

> *« A partir de Septembre 1993, la Cour Constitutionnelle établira la jurisprudence que l'on peut désormais appeler celle des départs volontaires de la Fonction publique béninoise. En effet, comme pris de remords ou de regret, certains anciens fonctionnaires béninois arguant de dispositions de la Constitution relatives au droit du travail des citoyens demandent à la Haute Institution de déclarer non conforme leur départ. De manière constante, la Cour leur dira que "le programme de départ volontaire de la Fonction publique intégré à la loi de finances n'est pas contraire à la Constitution" »*[40]

Tout se passe dorénavant comme si en matière civile, pénale ou administrative la Cour Constitutionnelle devenait l'unique instance appelée à régler les litiges opposant les citoyens entre eux d'une part et aux organes de l'Etat d'autre part. La magie des droits de l'homme permettant à tout citoyen d'interpeller soit le Président de la République, soit les décisions de la Cour suprême. A cet égard des plaintes se trouvent être déposées par des avocats au Secrétariat de la Cour Constitutionnelle faisant feu de tout bois constitutionnel, qu'il soit du bois vert ou du bois sec. Comment expliquer par exemple une demande de constitutionnalité demandée pour un arrêt rendu par la Cour suprême (décision *DCC 11-94 des 6 et 11 Mai 1994*) ? Dans cet arrêt le Président de la Commission Béninoise des Droits de l'Homme représente l'une de ses collègues avocate elle aussi, membre de ladite Commission et privée de son immunité. Deux autres plaintes feignent d'ignorer la transformation intervenue depuis 1960 (les indépendances) et donc l'ancien poste de Premier Ministre devenu celui du Président de la République. On argue alors du principe d'interprétation stricte du droit pénal pour écarter le délit d'offense et d'injure au Président de la République prévu dans

[40] Ibidem.

l'article 23 de la loi du 30 Juin 1960 (Décision *DCC 17-94* du 31 Mai 1994). La place des juges administratif et judiciaire étant très restreinte (voire nulle) la question de la *conformité* ne s'est-elle pas muée en rapport de *compatibilité* ? La conformité qui suppose un accord complet et une adaptation totale, a pour synonyme les termes « concordance » ou « unité ». Quant à la compatibilité elle dérive du latin « compati », souffrir avec et se situe à un niveau de nuance légèrement décalé par rapport au premier mot. Une compatibilité suppose un accord entre deux instances tandis que l'on parlera d'une stricte conformité lorsque le contrôle est entier. Au Bénin, pour l'instant le contrôle de conformité qu'opère la Cour Constitutionnelle au niveau de la loi à la place des tribunaux et cours judiciaires et administratifs est un contrôle de compatibilité. Les juges chargés d'appliquer d'office le traité ou la constitution sont absents la plupart du temps. C'est une question qui relèvera de notre dernier chapitre. En attendant demandons-nous comment s'articulent les différents contrôles juridictionnels issus de la Cour Constitutionnelle et quelle place sera celle de la Cour Africaine des Droits de l'Homme et des Peuples ?

B. L'articulation des différents contrôles

De nombreux problèmes se posent lorsque les normes constitutionnelles, conventionnelles ou législatives se chevauchent. Ces questions, déjà abordées par d'autres régions du monde se posent (ou se poseront) au Bénin et à l'Afrique.

1 - Un même texte législatif confronté à des normes différentes de référence

Que se passe-t-il lorsqu'une loi béninoise est déclarée compatible à la Charte Africaine des Droits de l'Homme et des Peuples et en même temps incompatible à la Déclaration Universelle des Droits de l'Homme, aux pactes internationaux et/ou à des protocoles additifs ? La question d'une hiérarchie de ces normes n'est pas encore résolue ou est mal résolue en droit international. En Europe le droit communautaire prime sur l'ordre juridique international (ex : traité de Maastricht) et sur les conventions bilatérales. Le Bénin, ayant ratifié la Charte Africaine et la Déclaration Universelle et les ayant intégré dans la Constitution du 11 Décembre 1990 peut être confronté à des contradictions. Une de ces contradictions est la réception par la Charte Africaine des deux Pactes internationaux de 1966 non encore ratifiés par le Bénin. Ces dernières ne peuvent-elles faire l'objet d'une plainte contre le Bénin alors qu'il ne les a pas signées et ratifiées ? C'est peut-être le sens d'*une décision rendue les 19, 31 Mai et 3 Juin 1994* où un arrêté ministériel du 4 Août 1993 a été déclaré non conforme à la Constitution puisque limitant aux seuls fonctionnaires en service au Ministère des Finances la capacité de se présenter au concours de recrutement des agents des Douanes : les dispositions de l'article 8 de la Constitution et de l'article 13 - 2 de la Charte Africaine (égal accès des citoyens aux fonctions publiques) un peu vagues auraient pu être confrontées à celle du Pacte de 1966 relatif aux droits économiques et sociaux. La Cour a interprété les articles précités dans un sens qui permettra de constater que l'arrêté est non conforme à la Constitution et à la Charte Africaine.

2 - Un même texte législatif confronté par plusieurs juges à la même norme

Puisque l'arrêté ministériel ci-dessus cité n'a pas été jugé en appréciation de légalité mais de constitutionnalité il est fort à parier que les juges judiciaire, administratif et constitutionnel béninois pourraient être, chacun en ce qui le concerne confronté à un même texte (fut-il législatif), à une même norme. Cette hypothèse d'école au Bénin n'en est pas sous d'autres cieux compte tenu du risque de condamnation. Le principe de subsidiarité peut jouer, permettant à l'un des juges internes de trancher avant que ne se prononcent les autorités supérieures. Tout ce qu'on peut regretter au Bénin, c'est l'absence de pluralité juridictionnelle et de séparation plurielle des pouvoirs.

3 - Un même texte confronté à plusieurs normes de référence de contenu semblable

Le contenu des principes constitutionnels du Bénin se trouve identique à ceux d'autres pays, universalité oblige. Ainsi la Charte Africaine est à peu de choses près identique aux instruments régionaux et internationaux des droits de l'homme. Ainsi le contrôle de conventionnalité par le juge de l'application de la loi (ou de la Cour Constitutionnelle) ne se distingue plus du contrôle de constitutionnalité de la loi. De plus, si la Cour Constitutionnelle n'a pas encore statué sur la constitutionnalité du texte, le juge ordinaire se sentira plus libre. Si le contenu des normes de référence est semblable, il est inutile d'instaurer au Bénin un contrôle de conventionnalité.

Lorsque la Cour Constitutionnelle a déjà statué (contrôle a priori de la loi), le juge ordinaire se sentira moins libre d'adopter une interprétation différente du juge constitutionnel. C'est pour cette raison que la Cour Constitutionnelle sera mieux inspirée pour opérer à la fois un contrôle de conventionnalité et de conformité. Quant aux conventions internationales des droits de l'homme, étant donné leur nature de droit objectif, il n'est plus utile d'exercer le contrôle de conventionnalité. Cependant en présence de deux conventions internationales contradictoires et n'ayant pas de principes clairs pour trancher ce type de conflits, doit-on faire prévaloir le texte conventionnel le plus récent ou mesurer seulement l'atteinte apportée à un droit de l'homme (c'est-à-dire en choisissant la moindre des deux) ? Avec l'institution de la Cour Africaine des Droits de l'Homme et des Peuples espérons que les juristes africains verront les droits de l'homme interprétés de façon unique, conformément aux valeurs de civilisation africaine. Encore faudrait-il reconnaître d'une part sa jurisprudence comme une source de droit et d'autre part qu'une autorité extérieure aux sujets de droit puisse prononcer des sanctions...

SECTION II : LA COUR AFRICAINE DES DROITS DE L'HOMME ET DES PEUPLES

Si la jurisprudence des cours et tribunaux s'analyse comme droit du contentieux, c'est-à-dire un droit pathologique, la plupart des rapports de droit n'accèdent pas à la litigiosité (Jean Carbonnier). L'avantage de l'édification en Afrique d'une Cour Africaine des Droits de l'Homme et des Peuples serait à tout le moins, celui de l'unification des pratiques des droits de l'homme par des décisions impartiales et obligatoires. Le recours de type juridictionnel tant promis et toujours attendu va t-il enfin voir le jour ? Améliorera-t-elle (la Cour) les situations de non-violence ? Parviendra t-elle à éteindre les foyers ici et là en Afrique ?

En Juin 1994 à Tunis (Tunisie), à la fin de la 30e session ordinaire du Conseil des Ministres des Affaires Etrangères de l'OUA, il fut décidé de convoquer une réunion d'experts pour « réfléchir, en collaboration avec la Commission Africaine des Droits de l'Homme et des Peuples, sur les moyens de renforcer l'efficacité de la Commission en envisageant particulièrement la création d'une Cour Africaine des Droits de l'Homme et des Peuples ».

PARAGRAPHE I : Les péripéties de la création de la Cour Africaine

A. La réunion du CAP (Afrique du Sud)

La première réunion des experts juristes gouvernementaux tint ses assises au Cap en Afrique du Sud du 6 au 12 Septembre 1995. Quelques mois plus tard, le 14 Décembre, le Secrétariat

Général de l'OUA transmettait à tous les états membres, deux documents adoptés lors de la réunion des 52 délégués juristes (venant de 23 Etats membres) : à savoir le rapport des experts et le projet de protocole, relatifs à la Cour Africaine. Le rôle des Etats membres de O.U.A. était de présenter des observations et des commentaires, en les faisant parvenir au Secrétariat « pour le 1er Mars 1996 au plus tard. »

Aucun Etat Africain n'avait envoyé de réponses à la date prévue. Le délai de trois mois était probablement court. A l'avenir il faudra certainement l'étendre à six mois au minimum. Les rapports et les renvois du projet de Protocole (à annexer à la Charte Africaine) se sont succédé, session après session du Conseil des Ministres (25 Mars 1996, 1er au 5 Juin 1996 à Yaoundé ; 24 au 28 Février 1997 à Tripoli), jusqu'à la deuxième réunion des experts-juristes du 11 au 14 Avril 1997 à Nouakchott ; le Secrétariat n'avait alors reçu qu'une vingtaine de commentaires et observations de la part des Etats membres.

B. La deuxième session des experts juristes à Nouakchott

Du 11 au 14 Avril 1997 à Nouakchott, capitale de la Mauritanie, les experts examinèrent le Protocole prévoyant la création de la Cour Africaine des Droits de l'Homme et des Peuples, article après article, à la lumière des notes envoyées par vingt Etats membres qui ont enfin répondu à l'appel du Secrétariat Général. Il s'agissait dans l'ordre, de l'Ile Maurice, du Lesotho, du Burkina Faso, du Sénégal, de la Tunisie, de la Sierra Léone, du Bénin (4 Septembre 1996), de la Côte d'Ivoire, de Madagascar, de l'Ethiopie, etc. A Nouakchott la 21e session de la Commission Africaine qui eut lieu à la suite des experts juristes, du 15 au 24 Avril 1997, ne manqua pas aussi de faire des observations sur l'ensemble du Protocole de Nouakchott qui sera soumis à la 66e session du Conseil des Ministres à Hararé du 25 au 30 Mai 1997 pour examen et adoption puis à la 33e session ordinaire de la Conférence des Chefs d'Etat et de Gouvernement pour l'approbation officielle. L'esprit de consensus qui a dominé les réunions de Nouakchott ne semble pas avoir atteint Hararé. Le Protocole venant d'être enfin approuvé par l'instance suprême de l'OUA, la Conférence des Chefs d'Etat et de Gouvernement qui a pour mission d'étudier les questions d'intérêt commun (art. 8 Charte de l'OUA), examinons la procédure de saisine de la Cour Africaine des Droits de l'Homme et des Peuples telle qu'elle est prévue par la réunion des Experts-juristes des gouvernements africains.

PARAGRAPHE II : La procédure de saisine de la Cour Africaine des Droits de l'Homme et des Peuples

> *« Le temps me paraît venu aujourd'hui de créer une véritable Cour des Droits de l'Homme en Afrique, sur le modèle des conventions européennes ou interaméricaines. »*

Tels furent les propos de M. Abdou Diouf, Président de la République du Sénégal à l'Académie française des sciences d'outre-mer le 24 Mars 1997[41]. Peu d'innovations, contrairement à la Charte Africaine (cette dernière s'étant faite remarquer en énonçant des « droits des peuples », des « devoirs » plus détaillés, l'absence de référence aux circonstances exceptionnelles). Néanmoins la Commission Africaine a soulevé quelques points à discussion.

A. Sur le modèle des Cours interaméricaine et européenne de sauvegarde des droits de l'homme

L'article 5 al. 1er du présent protocole (non encore ratifié par les Etats de l'OUA) énonce que la Cour ne peut être saisie que par la Commission Africaine ou un Etat contractant (« *qui a saisi la Commission* » ou « *contre lequel une plainte a été introduite* »). Toutefois il est prévu à l'article 6, premier alinéa, que « *la Cour peut permettre aux individus ainsi qu'aux ONG dotées du statut d'observateur auprès de la Commission d'introduire directement devant elle des cas d'urgence ou des*

---

[41] *Jeune Afrique* N° 1890 du 26 Mars au 1er Avril 1997, p. 10.

violations graves, systématiques ou massives des droits de l'homme. » Encore faut-il que les Etats impliqués aient d'une part ratifié ce protocole et qu'ils acceptent d'autre part, par une déclaration, (art. 6 al. 5) la compétence de la Cour à recevoir un requérant (individu ou ONG doté du statut d'observateur). Cette dernière condition réalisée - inutile pour les pays dotés de l'amparo - la requête doit, de façon obligatoire répondre aux 7 conditions de l'art. 56 de la Charte africaine.

Il faut rappeler que le mot « individu » peut s'entendre de façon large et englober les « mineurs » ou les « incapables ». Ces deux derniers termes ne se recoupent pas forcément dans toutes les législations internes. Quant aux ONG, seules celles qui sont reconnues par leur « *statut d'observateur auprès de la Commission* » ont vocation à saisir la Cour Africaine des Droits de l'Homme et des Peuples ; bien sûr, après avoir seulement constaté des violations individuelles ou collectives, « *graves, systématiques ou massives* » des droits de l'homme. Néanmoins la Commission Africaine examine la requête, sa recevabilité, établit les faits et opère une tentative de règlement amiable (art. 48, art. 49, art. 52, art. 55, art. 56, art. 58 de la Charte Africaine). La Cour, saisi, tente encore un second règlement à l'amiable. En cas d'échec elle tranche.

La Cour Africaine aura t-elle plénitude de juridiction ? Une décision de la Commission Africaine déclarant une requête recevable peut-elle ultérieurement être rejetée par la Cour ? L'art. 6 al. 2 lie la Cour par l'avis de la Commission avant qu'elle ne statue sur les requêtes introduites par les individus et les ONG. Plus grave, à l'art. 19 al. 2 ; l'indépendance de la Cour est mise à mal :

> *« Le jugement de la Cour est définitif à moins que la Conférence (des Chefs d'Etat et de Gouvernement) n'en décide autrement lors de la session suivante. »*

Il est question dans cet article de la suspension ou de la révocation d'un juge. Encore faudrait-il que le second alinéa de l'art. 19 indiquât avec clarté le sujet dont il traite. Extirpé de son contexte cet alinéa peut prêter à des surprises désagréables. La Conférence qui contredirait le jugement de la Cour révoquant un juge : comment ce dernier pourrait-il sérieusement siéger avec ses pairs ?

Cela dit, la compétence de la Cour Africaine s'étend à toutes les affaires concernant l'interprétation et l'application de la Charte Africaine et de tout autre instrument africain relatif aux Droit de l'Homme (art. 3). De même, la Cour « établit son Règlement Intérieur et détermine ses propres procédures. » (art. 32 du présent Protocole). Elle n'a pas compétence pour annuler un article du règlement intérieur de la Commission Africaine, ni pour faire d'injonction à un Etat mis en cause (et qui a au préalable reconnu la juridiction obligatoire de la Cour), ni à connaître des griefs déjà écartés par ladite Commission. Le Protocole de Nouakchott , bâti sur les modèles des cours interaméricaine et européenne sera-t-il ratifié par un grand nombre d'Etats Africains ? Ces derniers parviendront-ils à s'accommoder du principe d'un contrôle supranational ? Un seul article se réfère de façon vague aux « *principales traditions juridiques* » de l'Afrique (art. 14 al. 2). La Cour pourra-t-elle combler les insuffisances de la Charte Africaine quant à la « judiciarité » ?

B. Quelques points à discussion dans le Protocole de Nouakchott

La Cour Africaine pourra bientôt ordonner des réparations lorsque des violations des droits de l'homme seront constatées. De plus les conditions pratiques d'un débat contradictoire verront le jour alors qu'elles n'étaient pas toujours observées (information préalable, publicité des jugements, impartialité effective et indépendance des juridictions pour ne citer que ces éléments). L'arrêt de la Cour, motivé et définitif peut néanmoins se heurter à l'inexécution de la part d'un Etat Partie au Protocole. L'OUA ne devra-t-elle pas se subroger à ce dernier, indemniser la victime et procéder à une action récursoire à l'encontre de l'Etat ainsi condamné ? Il nous semble qu'à l'heure actuelle, seul un mécanisme exerçant une pression aussi symbolique soit-elle, pourra empêcher des Etats de fouler les décisions de la Cour.

Aussi, conviendrait-il d'indiquer les rapports de la Commission Africaine avec la Cour issue du Protocole de Nouakchott. Que la première assiste la seconde ; qu'elle désigne des délégués en son sein pour participer à l'examen de l'affaire devant la Cour ; il faudrait alors amender l'art. 59 de la Charte Africaine pour permettre au Secrétaire ou au Président de la Commission de déposer au greffe de la Cour des exemplaires de leur rapport, et tout mémoire, pièce, document ou tout renseignement concernant une affaire pendante devant la Cour des Droits de l'Homme et des Peuples.

Enfin, l'esprit de revendication est-il préférable à celui de la conciliation et du dialogue ? L'injection du « toujours plus » de droits dans les sociétés africaines n'accroîtrait pas les tensions qui ne sont que déjà au paroxysme ? Cette Cour apportera-t-elle plus de sécurité et plus de justice qu'hier ? Le progrès matériel est, quoi qu'on dise observable en Afrique et au Bénin depuis la rencontre avec l'Occident. Qu'en est-il du progrès moral, celui du droit et des droits de l'Homme ?

> *« Le centre de gravité du développement du droit, à notre époque (...), comme en tout temps, ne doit être cherché ni dans la législation, ni dans la doctrine, ni dans la jurisprudence, mais dans la société elle-même. »*[42] *Voire.*

Avec cette citation d'E. Ehrlich, il est temps d'aller voir par-delà les discours « droit-de-l'hommistes », les pratiques des principes exposés dans cette première partie. Ce sera l'objet d'une seconde partie plus ancrée dans la société béninoise que dans des manuels de droit.

---

[42] Ehrlich E., cité par Carbonnier J., *Flexible Droit*, LGDJ, 1995, 8e édition.

DEUXIÈME PARTIE :

AU-DELÀ DES DISCOURS : LA PRATIQUE DES DROITS DE L'HOMME AU BÉNIN : LES LOGIQUES FONCTIONNELLES

CHAPITRE I - APPORTS DE L'ANTHROPOLOGIE DU DROIT ET LES RÉALITÉS DES DROITS DE L'HOMME AU BÉNIN

La critique à la première partie : la polyphonie juridique des sociétés béninoises se manifeste amplement par des groupes au sein desquels l'individu peut y trouver une protection contre l'Etat et contre le pouvoir politique. La question qui suscite beaucoup de débats, « *les droits de l'homme sont-ils un invariant universel ?* », mérite d'être posée d'autant plus que la formulation de la Déclaration Universelle de 1948 n'est que le « *fruit d'un dialogue très partiel au sein des cultures qui existent dans le monde* » comme l'explique Raimundo Panikkar[1]. Celui-ci refuse la solution de facilité consistant à transcrire les droits de l'homme dans d'autres langages culturels plutôt que de s'efforcer d'en trouver l'équivalent homéomorphe dans la culture de l'autre. Comment partir du topos d'une culture donnée pour en comprendre les idées forgées par une autre (herméneutique diatopique) ? La problématique interculturelle doit se mettre à l'œuvre et engendrer une critique transculturelle fondée sur des valeurs elles-mêmes transculturelles c'est-à-dire l'examen d'un problème humain de manière critique avec des instruments de compréhension appartenant aux différentes cultures en l'occurrence celles du Bénin.

- Dans les sociétés béninoises, « l'individu » de la Déclaration Universelle n'est qu'une abstraction, sélectionné à des fins pratiques de quelques aspects de la « personne » :

---

[1] Pannikar Raimundo, « La notion des Droits de l'homme est-elle un concept occidental ? » in *Diogène*, 1982, p. 100 ; Interculture, 1984, p. 5.

« Un individu est un nœud isolé ; une personne est le tissu tout entier qui est autour de ce nœud, fragment du tissu total que constitue le réel (...) Il est indéniable que, sans les nœuds, le tissu se déferait ; mais sans le tissu, les nœuds n'existeraient même pas ».

Outre l'individualisme, la défense trop acharnée des droits individuels à l'œuvre dans la Déclaration Universelle (Est-ce le seul chemin ? Pourquoi une Déclaration ?) et l'opinion de la majorité ne sont pas un acquis intrinsèque aux cultures béninoises qui privilégient le consensus et la conciliation, valeurs hautement recherchées dans les sociétés traditionnelles. Une "démocratie" peut-elle être imposée et rester pourtant démocratique ? (R. Pannikar, 1982). Ce qu'il y a lieu de conserver en tant qu'invariant universel, ce sont les symboles (tous les hommes naissent libres et égaux en droit) à condition qu'ils n'appartiennent plus exclusivement à la tradition occidentale. Aujourd'hui certaines valeurs universelles et universalisables ne prêtent plus le flanc à la critique, étant entendu que presque toutes les cultures les ont adoptées. Ainsi en est-il du droit à la vie, de la liberté religieuse et du droit à l'éducation. Il est vrai que les Nagas et les Masaï n'avaient pas pris part aux travaux qui ont permis la discussion et la formulation de la Déclaration Universelle des Droits de l'Homme (R. Pannikar) : les anthropologues du droit, pénétrés de la culture de l'autre, absent en 1948, éclairent la réflexion sur la question des droits de l'homme.

SECTION I : LA CONSTATATION DU CARACTÈRE PEU UNIVERSEL DES DROITS DE L'HOMME

En Afrique Noire et dans le Bénin profond le droit traditionnel est construit à partir des unités plurales et non de la société politique globale. Les divers groupes parentaux, religieux et territoriaux entretiennent des relations d'interdépendance et de solidarité. Le droit relève de la parole véhiculée dans les récits mythiques et dans les pratiques rituelles. Les comportements et les conduites permis sont donc l'interprétation de cette parole. Le droit est constitué d'ordres juridiques distincts, complémentaires et hiérarchiques. C'est dire que la loi ne peut rigoureusement être la même pour tous, contrairement à l'esprit de l'article 6 de la Déclaration des Droits de l'Homme et du Citoyen de 1789 (la loi doit être la même pour tous). Le pluralisme juridique se trouve en conformité avec la théorie de l'Etat de droit. L'Etat traditionnel au Bénin n'est pas source du Droit (le pouvoir n'a pas encore confisqué le droit). La norme juridique dérive d'autres principes hiérarchisés (les mythes, les rites, les proverbes, les conciliations et les arbitrages). Par conséquent l'Etat n'est pas soumis à son propre droit contrairement à une approche dualiste qui conduit à un raisonnement tautologique. (voir notre critique à page 81).

Rappelons comme nous l'avons indiqué dans la première partie que le postulat Kelsénien affirme que l'Etat et le Droit reposent sur un seul et même ordre de contrainte, que l'ordre juridique devient un Etat dès l'instant où il présente un certain degré de centralisation. Cette théorie ne s'est pourtant jamais vérifiée dans le Bénin historique. La confusion terminologique coloniale a instauré son « droit coutumier » confiné dans *Le*

Coutumier du Dahomey. Raymond Verdier souligne à juste titre que le droit étatique a occupé (et occupe) depuis des décennies le terrain déserté par les coutumes et qu'il a creusé le fossé entre l'Etat et les peuples africains, aggravant le sous-développement. Il en appelle au « ressourcement » et à la « résurgence d'un noyau dur » des traditions communautaires. Ces droits de l'homme fondés sur la solidarité africaine pourront contribuer à plus de justice et de liberté au Bénin.

PARAGRAPHE I : La coutume des droits de l'homme dans les droits originellement béninois

Ce qui sépare les sociétés, explique l'anthropologue du Droit, le Recteur Michel Alliot, c'est le mode de pensée et d'organisation. Celui-ci éclaire la valeur et les limites des codifications des droits de l'homme. Nous connaissons à peu près tout des modes officiels de pensée et d'organisation de l'Occident, la cité « des fils d'Abraham ». L'ordre est établi par Dieu et le modèle est imposé de l'extérieur. La Nature est gouvernée par les lois et les sociétés sont régies par les lois de l'Etat. Le Droit, instrument utilisé par l'Etat pour ordonner la société a cessé d'être utilisable contre l'Etat. La définition des droits de l'homme devient dès lors indispensable pour préserver les espaces de liberté utilisables par les individus et les groupes. Toutefois la structure sociale révèle l'insuffisance des droits de l'homme contenus dans la Déclaration des Etats. Ceci est autrement édifiant lorsque l'on considère le mode de pensée et d'organisation des sociétés du Bénin avec le discours officiel des droits de l'homme.

A. Les modèles d'organisation

La divination oriente l'action de l'homme béninois qui, par sa magie, domine l'univers. L'individu possède et ses ancêtres et sa descendance ; la filiation se définit aussi par sa nature cosmologique : différenciation de la société et alliances matrimoniales rendent inutiles un développement normatif. Le

Dieu animiste surpasse les êtres par sa fonction organisatrice de l'univers. Les fonctions familiales, sociales, de reproduction et de sécurité du lignage déterminent les êtres et leur statut.[2] La fonction remplie par les biens, caractérise leur existence et leur valeur (la chaise du roi, le bois sacré, les tambours, le marché du jour, de nuit), la fonction ordalique transforme l'instrument ordalique, et de par sa fonction de cohésion, la coutume n'est pas un être à l'instar d'un corpus de lois mais une manière d'être, de parler et d'agir. M. Etienne Le Roy note par ailleurs qu'en Afrique :

> *« La protection du droit de l'individu contre le pouvoir y prend [donc] des formes originales par appel direct à des contre-pouvoirs que l'individu peut mobiliser (confréries, groupes d'initiés, sociétés de chasseurs ou de marchands etc.) ou par recours à l'invisible. Parmi les multiples dispositions, l'appel aux ancêtres (...) et la sorcellerie (...) sont deux des moyens utilisés pour limiter ou sanctionner les abus du pouvoir »*[3].

Une autre originalité du mode de pensée au Bénin et en Afrique Noire en général se constate dans l'union des contraires. Selon Michel Alliot depuis Aristote et surtout depuis la fin du Moyen-Âge l'Occident privilégie l'exclusion des contraires : on délimite des domaines de compétence des acteurs (individus ou personnes morales) à cause des lois imposées de l'extérieur, afin de se consacrer à leur découverte. Or, au Bénin la cohésion du monde vient d'un mouvement interne de différenciation, base de l'union des contraires. C'est pourquoi l'uniformité et l'égalité sont contraires à la cohésion de la structure sociale. Il faut opérer des différenciations (visible/invisible, marchés périodiques, sociétés initiatiques, cultes communs, combinaisons mariage/terre...).

---

[2] Alliot Michel: « La coutume dans les droits originellement africains » in *Bulletin de Liaison du LAJP*, n° 7-8, Janvier 1985, pp. 79-100.

[3] Le Roy Etienne, « Droits humains et Developpement » in *Revue Générale de Droit ; Revue Relations*, Montréal 1992.

B. La problématique des droits de l'homme dans les sociétés traditionnelles béninoises

Les rapports juridiques antérieurs et ceux à l'œuvre au Bénin (les villages, les campagnes, les banlieues des villes et les zones peu scolarisées) sont dominés par la pluralité des ordres juridiques. Nous le démontrerons sur des modèles de conduite et de comportements étayés par les signes de l'oracle. A la suite du Professeur Raymond Verdier[4] soulignons trois principaux ordres à savoir :

– l'ordre juridique parental (signes[5] TURUKPÊ-minji, Gbe-tula et Gbe-minji ou les rapports de filiation) : réglemente les rapports d'autorité et de pouvoir dans la même lignée ancestrale.

– l'ordre juridique territorial (signes Tula-minji, rites de réconciliation, Gbe-Aklan et Gbe-yêku) : réglemente les droits d'exploitation sur une portion du territoire, les procédures d'arbitrage et de jugement.

- l'ordre juridique religieux (signes Gbe-tula et Gbe-minji) régit la communauté parentale et territoriale, les ancêtres, les esprits et la justice naturelle ou surnaturelle.

Ces modèles incitatifs déjà étudiés, « *pourront être dits "juridiques" au regard de la tradition occidentale et pourront assurer le rôle de "concepts homéomorphes" indispensables pour fonder une interculture des droits de l'homme* ».[6].

Pour ce faire ces droits ne prendront aucune teinte individualiste ni collectiviste et apporteront la nature de leur relation de réciprocité, base de l'interdépendance et de la solidarité des membres de la communauté (ex : le droit à l'honneur a pour contrepartie le devoir de veiller à "venger" le déshonneur, le droit au commandement, le devoir de protection, d'assistance et de secours ...)

---

[4] Verdier Raymond : « Problématique des Droits de l'Homme dans les droits traditionnels d'Afrique Noire » in *Droit et Cultures*, n° 5, 1983, pp. 970.

[5] Reportons-nous aux pages 174 et s. pour l'approfondissemnt de ces symboles.

[6] Le Roy Etienne, « Droits humains et Développement » Montréal le 4 - 9 - 92 in Revue *Relations*.

Raymond Verdier insiste sur les relations complémentaires et hiérarchiques dans les droits traditionnels africains (les rapports sociaux dans la communauté politique). Il fait observer qu'il n'est nullement question de relations d'égalité et d'inégalité quant aux sexes, aux couples, fils (aînés/cadets), lignées (paternelle/maternelle), lignages/clans, vie sociale/cosmique etc. Aussi sommes-nous en présence d'une hiérarchie dans le monde des esprits et de complémentarité au sein des unités du corps social.

La conception béninoise des droits de l'homme s'encadre dans la conception africaine. Nous déterminerons au fur et à mesure de nos développements cette conception au niveau cosmologique (la loi naturelle des ancêtres, respect de la vie etc.) et au plan ontologique (la socialisation de l'homme se fait de façon progressive par des rites). Au plan politique, le Bénin s'est longtemps caractérisé à travers ses royaumes (Abomey, Allada, Porto-Novo, Savè ...) par la discipline, le respect du pouvoir et de l'autorité, les larges concertations avant les prises de décision (palabre), une apparente absence de revendication. A Abomey, le Mehou, deuxième ministre peut destituer le roi en le déchaussant devant la cour et le peuple, il appelle le roi par son petit nom pour le faire marcher pieds nus devant tout le monde.[7] Mais en général, l'institution politique se surimpose seulement aux autres instances (R. Verdier, 1983), contrairement aux logiques qui ont donné naissance à la Déclaration Universelle.

PARAGRAPHE II : Interprétations et contradictions de la Déclaration Universelle

Dans son cours donné à L'Institut International des Droits de l'Homme à Strasbourg du 5 au 11 Juillet 1993[8], M. Norbert Rouland après d'autres anthropologues du Droit (Le Recteur

[7] Ahanhanzo Glele Maurice : *Le DanXome, du pouvoir aja à la nation fon*, Ed. Nubia, 1974, 281 p.

[8] Rouland Norbert : « Les Fondements Anthropologiques des Droits de l'Homme » in *RGD*, 1994, n° 25, pp. 5-47.

Michel Alliot, R. Verdier, Directeur de recheches au CNRS, Le Professeur E. Le Roy, ...) étudie au nom de la diversité culturelle, le caractère universel des droits de l'homme, tout en mettant en exergue des passerelles pouvant déboucher sur un authentique universalisme.

« D'une part, constate t-il, il est clair que l'autonomie des cultures ne peut être que relative. Même non uniformisantes, les démarches unitaires supposent que certains antagonismes ne seront jamais réduits. Les droits fondamentaux ne peuvent par exemple s'accommoder de l'infanticide ou de l'esclavage. Mais d'autre part, la prise en compte de la diversité peut déboucher sur des voies communes, en tout cas parallèles. Les « droits de solidarité » (ou troisième génération des D. H.) mettent l'accent sur des points familiers aux conceptions des sociétés non occidentales (notion de devoirs corrélative de celle des droits) ; l'écologie et le droit à l'environnement réintroduisent la catégorie du sacré, et en affirmant la liaison entre l'homme, le vivant non humain et la nature inanimée, retrouvent des procédures d'alliance pratiquées par des cultures traditionnelles et des religions non occidentales ».

Hormis les droits de l'homme de la troisième génération, les autres catégories sont loin de refléter la conscience commune de tous les hommes. Pire, en procédant par fiction, observe Norbert Rouland, le droit peut rater son pari de mieux maîtriser la réalité : plus l'universalité croît, plus le risque de l'inefficacité des droits de l'homme grandit. Ce qui conduit à des interpénétrations différentes et contradictoires de la Déclaration Universelle.

A. Les ambiguïtés

M. Norbert Rouland se demande dans son analyse du premier article de la Déclaration Universelle des Droits de l'Homme la source de la « raison » et de la « conscience » dont sont doués « tous les êtres humains ». Certaines déclarations des droits de l'homme s'empressent de combler ce vide par l'invocation du nom de Dieu. Pour certains théoriciens la nature humaine fonde en l'homme ces attributs que constituent la raison et la conscience (les droits naturels et imprescriptibles). Quant aux positivistes ils pensent qu'il faut chercher la base des droits de l'homme dans les décisions des hommes et celles des Etats. Les marxistes d'antan pensaient que les droits de l'homme sont le produit du développement historique de la société capitaliste et non sa base. Dans sa critique de la Déclaration des droits de l'homme et du citoyen, le jeune Marx dans *La réflexion sur la question juive* se pose la question de l'« homme » et l'oppose au « citoyen » (voir plus loin à la section II, la critique occidentale des droits de l'homme page 163 et s.).

D'autres incompréhensions et contradictions apparaissent à la lecture des articles 16, 17 et 18 de la Déclaration Universelle. Le mariage de l'art. 16 DUDH ne tient aucunement compte des définitions non occidentales du lien matrimonial. Le consensualisme moderne dont il est question ne connaît ni le rôle joué par certaines religions dans l'établissement des liens du mariage, ni les empêchements institués par de nombreuses ethnies en dehors de l'Occident, ceux des groupes familiaux et sociaux au sein même des nations dites modernes. L'article 17 DUDH stipulant le droit de toute personne à la propriété généralise ce droit sans apporter les nuances qui s'imposent pour les conceptions catégoriquement différentes du régime de la propriété de par le monde, « *formulations...superficiellement universalistes* » constate avec amertume l'anthropologue du droit. De même à l'article 18 DUDH les libertés de pensée, de conscience et de religion proclamées deviennent ineffectives faute d'une non-définition du champ de ces libertés d'une part dans les Etats laïques et de l'autre dans les Etats pluri-confessionnels et à dominante religieuse unitaire. Le cas de Salman Rushdie éclaire cette absence de nuances.

Enfin l'article 29 DUDH stipule (sans les énoncer) que l'individu a des devoirs envers « sa communauté » alors que l'article 2 DUDH efface les distinctions de couleur, de race, de sexe, de langue, de religion ou d'opinion politique. La « communauté » dont on parle ne pourrait-elle se fonder sur la religion, la langue, la race et la couleur (la filiation), l'histoire et la culture ? Norbert Rouland insiste sur l'absence des « droits des minorités » dans la Déclaration Universelle alors qu'« *à l'heure actuelle, on reconnaît beaucoup plus les droits des minorités* ». Pour lui l'évolution de la théorie des droits de l'homme doit passer par la reconnaissance des droits des minorités et des droits des peuples autochtones. Sans le suivre jusque-là, reconnaissons avec l'auteur que l'universalisme suppose d'abord l'existence d'une communauté universelle des droits et ensuite un consensus sur le contenu de ces droits.

B. Les solutions envisagées

La communauté universelle des droits constitue le premier pas vers l'universalisme de la Déclaration Universelle. Raimundo Pannikar a clairement posé la question (et envisagé les solutions) dans une interrogation déjà fort célèbre[9]. Les juristes formés à l'école positiviste accepteront-ils la recherche de « l'équivalent homéomorphe » dans d'autres cultures ? Pour ces juristes, la technique de la déclaration de droits a toujours servi à protéger l'homme (occidental) contre l'arbitraire depuis la Magna Carta. Cela est encore vrai aujourd'hui dans les nouveaux Etats du Tiers-Monde, grâce à l'œuvre de nombreuses organisations non gouvernementales et même gouvernementales (ligues des droits de l'homme, Commissions nationales des droits de l'homme, Amnesty International ...). Bien qu'il faille affirmer que des progrès restent à être accomplis dans le domaine des droits de l'homme et qu'il faille demeurer toujours vigilant (ex : l'Etat policier allemand du IIIe Reich n'en est que trop l'illustration), le jour n'est plus lointain où tous les Etats respecteront la dignité de leurs citoyens. « *Occidet et serpens, et fallax herba ueneni occidet* » écrivait déjà Virgile dans sa quatrième *Bucolique* ; ce ne sera pas encore

[9] Panikkar Raimundo, *op. cit.*

l'Âge d'Or, néanmoins en ce moment-là on se détournera de l'arbitraire pour s'occuper d'une nature humaine universelle. Nous aurions alors l'obligation de définir ce en quoi l'univers participe à la nature de tous les êtres vivants non plus à la manière vague, générale et occidentalo-centriste de la Déclaration Universelle de 1948. Les thèses écologiques, liant l'homme à la nature inanimée réintroduiront la catégorie du sacré, nous faisant entrer de plain-pied dans les conceptions des droits de l'homme des cultures non-occidentales (hindous, orientales et africaines).

Le consensus sur le contenu des droits de l'homme serait de ce fait plus facile à réaliser. Aujourd'hui tous les observateurs de l'Etat signalent le grand mal qu'a ce dernier à occuper la place de Dieu. La règle juridique devient plus flexible[10]. L'ordre imposé d'en haut par l'Etat (modèle occidental), se conjugue de plus en plus avec un ordre négocié, modèle par excellence des sociétés traditionnelles non-occidentales. Le droit unitaire se fait pluri-polaire. Les droits des déclarations sont déjà garantis par d'autres mécanismes comme chez les animistes où l'institution d'une structure plurale des pouvoirs (partage du pouvoir et lutte pour celui-ci) garantit efficacement et permet une certaine autonomie. Les anthropologues du droit évoquent le jeu de contrôles croisés, un mouvement de différenciation qui empêche le monolithisme du pouvoir (M. Alliot, N. Rouland...). Le partage des pouvoirs finit par constituer la base de la sécurité des personnes. Nous sommes au niveau international à un stade transitoire dans lequel toutes les expériences concourront à ces nouveaux droits de l'homme. Etant entendu que notre étude retrace l'exemple béninois, concluons par la Charte Africaine des droits de l'homme reçu par la constitution béninoise.

La charte africaine des droits de l'homme et des peuples, par certaines de ses dispositions caractérise ce droit des droits de l'homme en transition auquel nous faisions allusion. Son article 17, un peu timide stipule le droit à la vie naturelle (al.2)

---

[10] Carbonnier J. , *Flexible droit, pour une sociologie du droit sans rigueur*, LDJD, 8ᵉ éd., 1995.

et surtout « la promotion et la protection de la morale et des valeurs traditionnelles reconnues par la communauté ». Evidemment les critiques à la généralité de l'alinéa 3 ne manquent pas. Toutefois saluons la distance prise avec un universalisme qui proclame qu'« il n'y a pas un droit de l'homme africain ». Certes mais il existe des valeurs traditionnelles africaines (béninoises) en rupture avec de nombreux articles de la Déclaration Universelle. Cette distance se manifeste également à l'article 18 de la Charte Africaine, alinéa 2, où il est stipulé que « l' Etat a l'obligation d'assister la famille dans sa mission de gardienne de la morale et des valeurs traditionnelles reconnues par la communauté ».

Les articles 20 à 24 et l'article 27 de la Charte Africaine (les droits de solidarité) se démarquent de la conception individualiste de la Déclaration Universelle et soulignent l'appellation « Droits de l'Homme et des Peuples » affichée par la Charte de Banjul, adoptée par la dix-huitième Conférence des Chefs d'Etat et de gouvernement en Juin 1981 à Nairobi (Kenya). Cette Charte, si elle innove en partie, s'inscrit dans l'acceptation et la reconnaissance du principe d'universalisme, étant d'une part entendu que la culture occidentale possède des valeurs transférables à la culture africaine et béninoise (les cultures béninoises changent elles aussi au fil du temps). D'autre part, le Bénin est intégré à la société internationale qui produit un droit, fût-il d'inspiration occidental. Par ailleurs, les sociétés béninoises fonctionnent simultanément selon plusieurs modèles et certaines parties consentent à appliquer les règles internationales des droits de l'homme : c'est pour toutes ces raisons qu'il convient avant tout, de rendre universels les droits actuels de l'homme, en constituant un noyau intangible après avoir résolu la question des droits culturels.

SECTION II : LES CONDITIONS DE L'ACCEPTATION DU CARACTÈRE UNIVERSEL DES DROITS DE L'HOMME

« L'idée même de déclaration universelle des droits de l'homme ne peut qu'être différemment reçue dans les diverses parties du monde »[11].

En occident les libertés individuelles se définissent d'une manière générale les unes au détriment des autres, alors que les sociétés traditionnelles du Bénin les conçoivent en leur sein comme des libertés de la société globale et de chacun de ses éléments. D'un côté la société s'uniformise, nie les groupes et leurs particularités, de l'autre le pluralisme, loin d'être réprimé, se manifeste par la pluralité des normes, croyances, comportements et par des processus d'alliance, de dialogue puis par la recherche du consensus. La grande difficulté du pluralisme réside néanmoins dans des antagonismes alors que le monisme échoue à construire un droit universel indépendant de la société qui l'a vu naître. Comme nous l'avons déjà relevé, dans son article « Un droit nouveau est-il entrain de naître en Afrique »[12] le Recteur Alliot constate que le « droit actuel n'est plus grand chose sans les compléments de la justice et de l'administration », deux paramètres qui ne sont pas modifiables comme le serait la loi, deux paramètres qui sont donc identiques à la coutume africaine. Ceci expliquant cela, les nouveaux Etats africains peuvent de plus en plus faire confiance au droit, instrument de progrès et de développement, dès lors que les

---

[11] Rouland Norbert, *op. cit.*, p. 18.

[12] Alliot Michel : « Un droit nouveau est-il entrain de naître en Afrique ? » in *Bulletin de Liaison du LAJP*; op. cit.

institutions ne heurtent pas l'esprit des coutumes et qu'elles en respectent l'esprit de pluralisme et de complémentarité des différences.

Ainsi dans la matière des Droits de l'Homme il ne sera plus permis de placer sur le même plan des droits concurrents (dont chacun est la négation de l'autre). La finalité de ces droits selon M. Bruno Oppetit[13] résiderait dans la justice au service d'un ordre de valeurs que sont l'efficacité matérielle, la morale, l'équité et l'utilité sociale. Si le droit "posé" peut être techniquement nécessaire et souhaitable pour fixer le détail des institutions, ce droit ne s'identifie plus à un simple vouloir du législateur ou du sujet. Au-dessus des règles positives doivent s'imposer des normes de valeur supérieure (juscogens, ordre public international, principes généraux ...). M. André-Jean Arnaud[14], lui aussi face aux difficultés, parle de formes de légalité sociale, plus ou moins coutumières.

> *« Il est temps de reconnaître le formel dans l'informel et l'informel dans le formel ... La pluralité juridique est le concept-clé d'une vision post-moderne du droit ... Une conception de différents espaces juridiques superposés, combinés et mélangés dans nos esprits et nos actions. »*

Les interventions des faits dans la vie du droit forcent le juriste à tenir compte de ces « procédés non normatifs » (par ex. : recours à des notions-cadres pour l'agencement des situations juridiques), de plus la norme doit être considérée dans sa structure interne et dans sa fonction vis-à-vis des destinataires.

Il faut remarquer que ces conditions sont loin d'être remplies et que la non-autonomie du droit constitue la meilleure garantie contre les dangers du droit. Le respect des droits de l'homme au Bénin passe par l'enchevêtrement du droit et des autres mécanismes de régulation (les croyances, l'éthique, des principes moraux universels ...), cela frappe au Bénin après l'illusion d'un droit indépendant à la société, qui doit la

---

[13] Oppetit Bruno : « Le Droit hors de la loi » in Revue *Droit*, n° 10, p. 47-50.

[14] Arnaud André-Jean : « Droit et Société , un carrefour interdisciplinaire », *Revue Interdisciplinaire d'Etude Juridique*, n° 21, 1988, p. 7s.

transformer et la dominer. On se remet au droit traditionnel respectant les groupes et étroitement soumis aux communautés locales. Toutefois l'Etat béninois cherche à susciter un droit nouveau, ce nouveau droit des droits de l'homme esquissé dans la Charte de Banjul, comment l'Etat s'associe à la société internationale pour créer ce nouveau droit ? C'est le problème des droits culturels.

PARAGRAPHE I : Comment rendre universels les droits de l'homme ?

La plus juste des solutions serait (répétons le encore) la prise en compte de la diversité culturelle de l'ensemble des hommes c'ést-à-dire qu'il s'agit de développer concrètement la participation des personnes et des communautés à l'intérêt général de l'humanité. Pour ce faire, reconnaître les valeurs éthiques fondamentales de chaque peuple, effectuer des choix et donner ainsi à tout le monde la conscience d'appartenir à un même "corps". Ce qui emmène à s'interroger sur les droits culturels, aujourd'hui « *catégorie sous développée des droits de l'homme* » (P. Meyer-Bisch, 1993) et sur l'existence d'un noyau intangible, face unitaire des dits droits.

A. La question des droits culturels

Il faut distinguer deux perspectives en ce qui concerne la question des droits culturels : le droit à la culture et les droits à l'identité.

Le droit à la culture se définit d'abord comme un droit à l'éducation élémentaire et fonctionnelle, l'alphabétisation, la participation à une culture c'est-à-dire la libre participation à la vie culturelle, l'acte de profiter dans la mesure du possible du progrès de la science et de la culture et peut s'étendre au droit de la propriété intellectuelle. Ainsi défini, le droit à la culture, droit mixte, appartient à la fois à la catégorie des droits civils, politiques et à celle des droits économiques et sociaux. Ce sont des libertés culturelles qui consistent en un libre choix de sa culture et de son héritage culturel (les langues, l'expression, la création, la communication, l'opinion et la conscience). Ce sont ainsi des droits universels dans le sens où le mot "culture" prend son sens d' « élévation de la nature humaine ». Cependant selon les mots combien justes de P. Meyer-Bisch, l'adjectif « culturel » recollé à cette portion des droits (de l'homme) arrive en bout de course et désigne le flou de tout ce qui n'a pas encore été défini. Or la culture qui est entendue essentiellement en France comme un travail sur la nature peut être envisagée dans sa portée sociologique (Royaume-Uni) ou tout simplement dans une exclusive nationaliste et identitaire, (la « kulturkampf » allemande). Ce manque de consensus général sur la notion de culture est selon P. Meyer-Bisch, la pièce manquante pour mieux appréhender les droits à l'identité dans les droits de l'homme.

Ces droits à l'identité qui constituent des droits à la différence, prennent forme dans une culture particulière et s'y intègrent. C'est le processus qui prend en compte la nécessaire adaptation des normes à la diversité des cultures, par exemple le droit à la liberté religieuse. On les appelle « droits incultures » (N. Rouland, P. Meyer-Bisch, ...) puisqu'ils se distinguent par leur particularisme. Néanmoins ces droits peuvent également contribuer dans le dialogue interculturel à l'identification d'une culture universelle : c'est le processus d'inculturation des droits de l'homme, étant entendu que chaque culture permet d'atteindre l'universel.

> *« L'enculturation représente donc le processus dans sa généralité, l'inculturation dans sa particularité »*[15].

La dimension culturelle bouleverse la conception simple des droits de l'homme et révèle les contradictions de ces droits qui oscillent entre une protection nationale (« le ghetto des particularismes ») ou un cosmopolitisme (« universalisme hâtif »)[16]. D'où la difficile question du contenu de ces droits culturels. Pour l'analyse anthropologique, tous les droits de

---

[15] Rouland Norbert, *op. cit.*, p. 31.

[16] Le Roy Etienne, « Les Droits de l'Homme, entre un universalisme hâtif et le ghetto des particularismes culturels », Colloque de l'île Maurice, 1993.

l'homme ont une dimension culturelle, ce qui sous-entend une remise en question de l'universalité globale de ces droits. Sont privilégiés l'identité et les particularités, la famille et les autres groupes sociaux avec leurs critères d'identification. Pour mieux interpréter un de ces droits et le mettre en œuvre il faut l'analyser et en expliciter son déterminant culturel et sa substance. Les questions sur les limites de l'individualité, sur la socialité du sujet et sur l'identification des groupes sociaux recevront des réponses différentes suivant la culture considérée, de même que l'interrogation sur le débiteur principal de ces droits de l'homme (l'Etat ? La famille ? Les groupes régimentaires ?) et leur objet (l'individu ou la personne ?). P. Meyer-Bisch recommande d'identifier culturellement chacun des trois termes de la relation de droit à savoir le débiteur du droit, l'objet de droit et le sujet de droit.

Quant à l'analyse juridique et positiviste, elle considère un minimum d'autonomie culturelle dans la jouissance des libertés et dresse des catégories spécifiques de droits culturels à partir des grands textes d'où ressort leur caractère mixte : ce sont des droits culturels individuels garantissant l'intégrité de la personne (droits à l'identification et à la participation culturelles : le choix de sa culture, l'éducation scolaire, l'héritage culturel, la propriété culturelle) et des droits culturels des peuples (droit à l'autodétermination et au développement culturels, politiques et économiques d'une part et droits culturels des peuples en situation minorisée d'autre part). Norbert Rouland note que :

> *« ... le sous-développement des droits culturels n'est pas un hasard. Il est lié aux insuffisances des définitions juridiques du peuple, et à la logique propre aux organisations étatiques, même dans le cadre des Etats démocratiques. En effet, la logique étatique est unitaire et administrative, alors que celle des droits culturels est plurielle et innovatrice »*[17].

---

[17] Rouland Norbert, *op. cit.*, p. 32.

Ces droits culturels qui ajoutent une détermination fondamentale à la compréhension et à la mise en œuvre des autres droits de l'homme, permettent d'une part de développer l'universalité réelle des droits de l'homme par une meilleure définition de leurs inculturations et d'autre part de développer la culture démocratique qui doit correspondre à l'universalité et à l'objectivité des droits de l'homme (P. Meyer-Bisch, 1993). Pour cela il convient également de définir des droits à caractère universel auxquels nul Etat, nul peuple, ne pourra y déroger.

B. Le noyau intangible des droits de l'homme

P. Meyer-Bisch nous avertit dès l'introduction de son ouvrage, *Le corps des Droits de l'Homme*[18], qu'il part « à la recherche d'une méthode pour nouer ensemble les éléments épars et parfois confus » dans l'histoire des droits de l'homme.

> *« Il s'agit de considérer les droits de l'homme tels qu'ils sont advenus et de chercher les critères philosophiques de cohérence, une topique à la manière aristotélicienne (...) la critique des catégorisations admises, et la mise à jour de nouvelles connexions logiques dans le but d'une mise en ordre. Toute analyse des droits de l'homme doit commencer par cette topique, ou analyse des frontières entre les droits, car un droit de l'homme n'est jamais qu'une frontière qui démarque l'inhumain » (p. 46).*

L'éminent philosophe répond ainsi au juriste M. Bruno Oppetit qui constatait dans un article publié par le n° 10 de la Revue Droits en 1989 que les droits de l'homme doivent rigoureusement coïncider avec l'affirmation des libertés publiques. Efficacité matérielle, morale, équité et utilité sociale devant constituer les valeurs auxquelles doit répondre la justice, la seule finalité du droit.

P. Meyer-Bisch fonde, entre autres éléments, sa légitimité dans les sources philosophiques des instruments internationaux

---

[18] Meyer-Bisch Patrice, *Le corps des Droits de l'Homme*, Ed. Universitaires Fribourg, 1992, 402 p.

et dans les premiers articles des Constitutions, textes normatifs impliquant des principes philosophiques,

> *« Parce que le caractère de leur universalité, objectivée en des formes juridiques positives est un défi pour le philosophe, comme pour les juriste qui ne peut les interpréter sans faire recours à la nature philosophique des principes d'interprétation »*[19].

• Une première catégorie de droits de l'homme - les mieux protégés - sont ceux qui visent la protection de l'intégrité physique et morale de la personne. Ce sont des droits intangibles, à plus forte universalité et non dérogeables. L'approche positiviste (F. Sudre, *Droit International et Européen des Droits de l'Homme*, PUF, 1989)[20] procède à une comparaison entre les Conventions internationales et en déduit quatre droits considérés dans toutes les cultures (africaine et autres) par leurs fortes valeurs humaines. Dans sa synthèse N. Rouland cite[21] :

1) Le droit à la vie. Mail il laisse subsister ici et là la peine de mort et la question de la législation de l'avortement c'est-à-dire une limitation ou non du droit à la vie.

2) Le droit à ne pas être soumis à la torture, ni à des peines ou à des traitements cruels, inhumains ou dégradants, ni à une expérience médicale ou scientifique sans son propre consentement.

3) Le droit à ne pas être tenu en esclavage ou en servitude.

4) Le principe de non-rétroactivité de la loi pénale.

• Une deuxième catégorie dans cette recherche du noyau intangible des droits de l'homme est définie par les droits dits constitutionnels c'est-à-dire les droits individuels susceptibles de restrictions et de dérogations que sont les droits à la liberté et à la sûreté, le droit à un procès équitable, les libertés afférentes à la vie privée et familiale et les libertés de l'action collective. Pour F. Sudre et l'approche positiviste, ils ne peuvent bénéficier

---

[19] Meyer-Bisch P., *op. cit.*, p. 47.

[20] Sudre F., *Droit International et Européen des Droits de l'Homme*, Paris, PUF, 1989, 302 p.

[21] Rouland N., *op. cit.*, p. 29.

de l'appellation « noyau intangible » étant entendu que le Pacte international sur les droits civils et politiques, la Convention américaine des droits de l'homme et la Convention européenne de sauvegarde des droits de l'homme ne leur reconnaissent pas à la fois la qualité de droits intangibles. Ce critère à vrai dire ne tient pas compte des modèles retenus en dehors de l'Occident. Une dernière catégorie de droits est encore plus éloignée du noyau intangible. Ce sont les droits indirects soit complémentaires (droit à un recours effectif, ne pas subir de discrimination sauf cas exceptionnel) soit dérivés de la Convention européenne de sauvegarde des droits de l'homme (ex : la protection des étrangers et celle des détenus) par des dispositions additionnelles ou par l'œuvre du juge européen.

• Le critère positiviste n'est pas satisfaisant, tant s'en faut. Que dire par exemple de la Charte Africaine dont la faculté de dérogation n'est pas la même que celle des trois grandes Conventions citées plus haut ? P. Meyer-Bisch dans une approche substantiviste (substance et non noyau) avance des critères plus larges. Le droit de dérogation est un minimum utile mais insuffisant pour déterminer la substance des droits de l'homme. Un droit est fondamental lorsqu'il porte une dimension nécessaire de la dignité humaine et qu'il la garantit. Pour les chercheurs réunis du 23 au 25 Novembre 1989 au centre interdisciplinaire d'éthique et des droits de l'homme de l'Université de Fribourg :

> *« Il n'est pas satisfaisant d'établir une liste de droits appartenant au noyau intangible, car chaque droit ou groupe de droits y appartient d'une façon qui peut varier selon les différents agencements que l'on peut observer dans les instruments déjà existants ; qu'une approche plus efficace pour le moment consiste à identifier la substance de chaque droit de l'homme ou groupe de droits de l'homme, étant entendu qu'une telle tentative signifie un travail d'interprétation fondamentale portant sur*

l'identification de chaque droit autant que sur les agencements des droits entre eux »[22].

Ainsi la liberté d'expression n'appartient plus éternellement à une seconde catégorie (critère positiviste de la dérogeabilité) et peut figurer dans le noyau intangible lorsque sa violation consiste en une incarnation. Le droit à l'éducation de tous les enfants est intangible. Le respect de l'intégrité physique est au fondement de beaucoup de droits civils, politiques, économiques, sociaux et culturels ; par ailleurs, la définition d'un noyau intangible d'un droit économique, social ou culturel peut entraîner la remise en cause du principe de non-ingérence. Une fois identifié dans chaque droit la "substance" et ce qui est fondamental, on pourra ensuite déterminer les différents types de regroupements possibles, entre les droits (N. Rouland). Protéger et mettre en œuvre un droit de l'homme c'est également tenir compte de sa dimension et de ses variations culturelles. Si la construction anthropologique des droits de l'homme est la plus difficile à mettre en œuvre c'est qu'elle nous rapproche le plus du caractère universel. La critique des droits de l'homme et de son universalisme a appris très tôt à relativiser les cultures humaines et à transférer dans ce champ des valeurs les analyses que l'occident associe aux droits individuels. L'intangibilité est une question juridique non anthropologique.

PARAGRAPHE II : La critique occidentale des droits de l'homme

On pourrait croire que la critique des droits de l'homme se limite à son caractère universel ou prétendument tel. Or cette critique atteint aussi ses fondements. C'est pourquoi nous descendrons avec plusieurs auteurs aux tréfonds de la notion des droits de l'homme pour en examiner ses fondations tant subjectives que réalistes. La notion née des principes du jusnaturalisme apparaît comme antidote au positivisme. La

---

[22] Meyer-Bisch P., *Le noyau intangible des Droits de l'Homme*, Ed. Universitaire Fribourg, 1991, p. 236.

querelle des droits de l'homme n'est pas née d'hier, nous dit Michel Villey.

A. La philosophie de l'Ecole du droit naturel

A Rome, le droit était une science tournée vers les choses. La justice n'avait pas pour fonction d'ordonner ni de permettre des comportements. Le droit que l'on prétendait induire de l'idée abstraite, d'anthrôpos, de la seule « nature » générique de l'homme ne serait qu'un droit informe, « *à peine un embryon de droit* » (M. Villey).

Comment la notion des droit de l'homme prend-elle sa source dans celle du « droit naturel » ? L'idée des droits subjectifs est étrangère à l'esprit antique. C'est au XIVe siècle que naquit la « métaphysique de l'individu ». Ockham, en inventant le « droit positif divin » a frayé la voie de la laïcisation de la pensée, voie dans laquelle s'engouffre Hobbes. Celui-ci pensait qu'il existe des individus qui sont murés en eux-mêmes et qu'il fallait reconstruire la société comme une machine. En 1540 Vitoria jugea des Indiens d'Amérique, *« hommes dotés de droits inhérents à leur nature et surtout du droit de propriété »*[23]. Le droit de propriété fut ainsi conçu comme le premier des droits de l'homme modernes, « droit naturel » de l'homme.

Cependant c'est avec Grotius et Pufendorf que l'Ecole moderne du droit naturel évolue et se systématise sur fond de laïcisation de droit. Grotius promeut une nature de l'homme abstraite d'où émane tout droit, de même que la société fondée rationnellement à partir de la nature de l'homme : c'est déjà là l'hypothèse du contrat social. L'idée d'une « loi naturelle » inscrite dans la nature même de l'homme, à l'état de nature et supérieure à toute volonté postérieure puis fondée sur le contrat social apparaît avec Pufendorf. Locke quant à lui, insiste sur les

---

[23] Rials Stéphane, « ,Généalogie des droits de l'homme » in *Droits*, revue française de théorie juridique, n° 2, PUF, Octobre 1985.

bornes du pouvoir politique et inspire l'article 1er de la Déclaration des Droits de l'Etat de Virginie.

Les droits de l'homme sont apparus comme un remède à l'inhumanité. Les philosophes de l'Idéalisme allemand donnèrent son statut au Droit naturel, le fondement des droits de l'homme. Il s'agissait de trouver un caractère objectif absolu c'est-à-dire non relativisable à la nature humaine. Un impératif moral. Kant formula son impératif catégorique puis Hegel montra l'incidence du Droit naturel sur les droits positifs. Eric Weil démontra le formalisme du principe primitif fondé sur « l'égalité des êtres raisonnables et libres ». Il fallut donner dans le même temps à la nation un contenu concret et déterminé sous la forme d'un ensemble de principes dérivés pouvant servir de cadre de référence à toute législation qui se voulait juste.

> *« Au-delà de ces variations historiques écrit E. Bloch, un principe invariant donne forme et force au droit naturel : bouleverser toutes les relations où l'homme reste humilié, asservi, déclassé et déprimé. Le droit n'est plus un apprentissage de la résignation, mais une propédeutique à la "marche debout" »*[24].

Être fini, l'homme est habité par l'idée de l'infini qu'il élabore à partir de sa finitude même (Selim Abou) [25]. Le point culminant coïncida avec la Déclaration des Droits de l'Homme et du Citoyen de 1789. Auparavant, les droits étaient garantis par des forces sociales, spirituelles ou religieuses. Dorénavant, l'homme devenait source de la loi et non plus le commandement de Dieu ou des usages de l'histoire (H. Arendt)[26]. Le genre humain fut peu à peu conçu comme une famille de nations et partant le peuple devint l'image de l'homme avec des droits élémentaires peu protégés. C'étaient déjà la timide naissance du droit des peuples.

---

[24] Cité par Aubert Jean-Marie, « Droits naturels et Droits de l'Homme » in *Alternatives non violentes*, n° 66,Décembre 1987.

[25] Abou Selim, *Cultures et Droits de l'Homme*, Hachette, 1992.

[26] Arendt H., *Essai sur la révolution*, Paris, Gallimard, 1985, 475 p.

Aujourd'hui la philosophie du droit naturel semble ne plus avoir droit de cité. Selim Abou en distingue deux sortes : le droit naturel « subjectif » qui rabat le droit sur le fait c'est-à-dire la nature humaine et le droit naturel « objectif » qui se réfère à la nature des choses, à un univers organisé et finalisé. En somme les droits de l'homme se situent entre le droit naturel (au principe universel et immuable) et le droit positif (relié à une époque, à une culture et à une situation sociale). Les différentes définitions du concept de nature obscurcissent par ailleurs le débat du droit naturel. Selon Selim Abou, trois moments logiques se superposent chez les auteurs : la philosophie d'orientation cosmo-théologique qui part d'un critère d'évidence, d'une nature inscrite dès l'origine dans le cœur de l'homme par la Divinité, d'une participation de l'homme à la loi éternelle. Une autre philosophie d'ordre téléologique fonde le droit naturel sur une religion (chaque catégorie d'êtres est dotée d'un telos, d'une finalité qu'il faut dégager et poser comme idéal). Enfin la dernière philosophie est d'orientation anthropologique. Ici l'homme concret est projeté dans un hypothétique « état de nature ». En bref, le droit naturel est défini ici et maintenant, résume S. Abou, comme l'exigence de la raison pratique dégagée par le philosophe.

Plus concret, Bernard Edelman[27] critique l'essence de l'homme qui se pense désormais du point de vue de la science. Il revient à l'opposition kantienne des lois de la nature (c'est-à-dire de la physique) et des lois de la liberté (ou loi de l'éthique). Ces dernières comprennent une partie empirique (l'anthropologie) et une partie "pure" (la morale). Kant avait ainsi séparé ce que l'humanisme avait lié c'est-à-dire l'union de la science et de la philosophie. La morale se lit à travers la mutation de la personne et dans la législation. Cette dernière devient un recours pour préserver l'humanité de l'homme. Quant à la personne, sujet de droit, tout converge vers elle et sans elle, le droit n'aurait plus d'objet. Mais la destruction de l'idée de

[27] Edelman Bernard, « Critique de l'humanisme juridique » in *L'Homme, la nature et le droit*, Ch Bourgois Ed., 1988, 392 p.

nature "naturelle" avait entraîné un développement extraordinaire des droits subjectifs, ce qui nous emmène à aborder les contours du positivisme juridique. Le passage du « naturel » au « positif » suppose beaucoup de difficultés.

B. Le « positivisme » juridique

Tout ordre juridique procède de l'Etat pour cette Ecole de pensée, tout d'abord éloignée du jusnaturalisme et de la théorie des « droits de l'homme ». Le droit n'est que le mouvement spontané des institutions (Michel Villey)[28]. On parle de volontarisme « scientifique » et sociologique (cf. Hobbes, *le premier positiviste volontariste*). Benjamin Constant lui, contre l'objet de la Déclaration récuse l'idée d'un « *droit naturel* » pour adopter celle des « *droits fondamentaux des individus* »[29]. Sur ses traces, Auguste Comte opère une triple critique des droits de l'homme :

– La critique de la Déclaration : la métaphysique n'est qu'une dégénérescence « négative » et « critique de la théologie ». Le développement continu est incompatible avec « l'immobilité nécessaire des droits de l'homme ».

– La critique du droit : les droits de l'homme sont considérés par A. Comte comme la dégénérescence métaphysique des droits divins, la « nature » dont il est question n'étant qu'un pâle succédané de Dieu. Le droit a fait son temps et le positivisme lui substitue le devoir (Bonald dira que dans la société il n'y a pas de droits, il n'y a que des devoirs).

– La critique de l'homme et du citoyen : la famille est dynamique et homogène au social ; c'est le microcosme antilibéral du social. Avant K. Marx, Hegel dans ses *Leçons sur la philosophie de l'Histoire* définit l'individu à la fois comme membre de la famille, de la société civile et membre de l'Etat. Chaque étape implique un rapport du droit avec le devoir. Avec l'Etat, le devoir cesse d'être l'envers du droit. Au niveau de l'Etat

---

[28] Villey Michel, *Le Droit et les droits de l'homme*, Paris, PUF, 1983, 169 p.

[29] Cités par Binoche Bertrand, *Critiques des Droits de l'Homme*, PUF, 1989, 125 P.

le binôme droit/devoir s'équilibre. Pour Hegel les droits de l'individu sont fondés d'abord dans les droits de l'Etat. La médiation de la liberté ne doit rien à la médiation des droits de l'homme. Pour le disciple et dissident de Hegel, Karl Marx, la « nature » humaine n'est qu'une invention de la société bourgeoise. Dans son ouvrage de référence, *Réflexions sur la question juive* (1844) il précise que :

> *« Les droits de l'homme ne sont pas un présent de la nature, une dot de l'histoire écoulée jusqu'ici, mais le prix de la lutte contre le hasard de la naissance et contre les privilèges que jusqu'ici l'histoire a transmis en héritage d'une génération à l'autre. Ils sont le résultat de la culture, et seul peut les posséder celui qui les a appris et mérités. (...) L'homme [en tant que membre de la société bourgeoise] passe pour l'homme authentique, pour l'homme par opposition au citoyen, parce qu'il est l'homme dans son existence immédiate, sensible et individu, alors que l'homme politique n'est que l'homme abstrait (...) personne allégorique, morale ».*

M. Emile Faguet dans un ouvrage, *Le Libéralisme*[30] pousse encore plus loin l'analyse positiviste jusqu'à la négation complète des droits de l'homme. « *Droit de l'Homme* » ? S'interroge-t-il pour répondre aussitôt que : « *l'homme n'a aucun droit (...) L'enfant qui naît apporte des besoins, mais aucun droit avec lui* » (sic). Au contraire, il débute sa vie par des obligations envers ses parents et envers sa communauté en général qui le sauve de la mort. Le droit étant entendu comme le résultat d'un contrat, tout droit qui ne résulte pas d'un contrat est une prétention, un non-sens. Les droits de l'homme ne seraient-ils qu'un trompe-l'œil, un complot visant à instaurer un athéisme ? (Burke)[31].

Depuis le XVIIIe siècle, les Constitutions et leurs préambules par la technique de la notion d'agencement (Constitution-agencement) donnent un poids singulier à la loi

---

[30] Faguet Emile, *Le Libéralisme*, 1902, Cité par Stéphane Rials.
[31] Burke E., *Réflexions sur la Révolution de France*, Paris, Hachette, 1989.

dans le cadre de l'exercice des droits. On a pu observer des « dérapages » du droit naturel au droit positif et des droits naturels aux droits civils. La nature a fait place à la volonté, les droits de l'homme aux lois de l'homme (Stéphane Rials)[32]. Déjà l'article 5 de la Déclaration des Droits de l'Homme et du Citoyen (1789) s'analyse comme une vraie charte du positivisme : « Tout ce qui n'est pas défendu par la loi ne peut-être empêché ». Aujourd'hui une technique comme le contrôle de constitutionnalité des lois nous plonge au cœur du positivisme juridique. Le juriste n'est plus un simple scribe qui met en forme les « demandes sociales » (B. Edelman, 1988). La ratio decidendi relève du droit lui-même c'est-à-dire du sens que le droit entend conférer à sa pratique. Le classement juridique implique un jugement, le droit ordonne les pratiques du point de vue de ce jugement qui implique à son tour un statut dans l'ordre juridique ; mais aussi une définition interculturelle du Droit, pour tenir compte de la pluralité de conceptions de Droits se côtoyant dans l'espace béninois. C'est là toute la question du contrôle juridictionnel non encore à l'œuvre ni dans la Charte Africaine des droits de l'homme et des peuples ni dans la Constitution béninoise du 11 Décembre 1990 ni dans les textes des droits de l'homme au Bénin. c'est une pratique d'une autre nature qu'il faudra relever dans les modèles de vie et de comportement des sociétés béninoises.

---

[32] Rials Stéphane, *La Déclaration des droits de l'homme et du citoyen*, Paris, Hachette, 1989, 771 p.

CHAPITRE II - MODES DE VIE ET MODES DE PENSÉE DANS L'UNIVERS BÉNINOIS

Au Bénin l'individu complète le groupe et le groupe intègre l'individu, c'est pour cette raison qu'il est judicieux de parler de la « personne ». La conception de l'homme se réfère tout naturellement à la collectivité ; « *il y a d'un côté les droits du groupe en tant que ses membres le constituent ; de l'autre, il y a des individus qui tiennent leurs droits de leur appartenance au groupe* » (R. Verdier)[33], la personne obéit aux lois et aux principes de la nature et respecte les interdits du groupe, ce qui conduit au respect de tout humain car la personne possède en elle une divinité (le SΣ chez les Aja-Fon du Sud-Bénin) qui se transforme à sa mort en un vaudoun obligeant les vivants à le vénérer. C'est ainsi qu'il existe une conscience morale très accentuée dans l'univers béninois, une sorte de sur-moi collectif qui peut s'apparenter aux tables de la lois de Moïse.

Le chef religieux constitue un puissant contre-pouvoir à côté d'autres institutions prévues pour contrecarrer l'absolutisme du pouvoir politique. A Abomey, le roi du Dan-homë était non seulement intronisé par un roturier et était assisté de leur conseil mais les princes de sang étaient également éliminés des affaires publiques, ce qui facilitait l'alliance du roi avec son peuple. L'Agasunon, chef des divinités ancestrales (Agasu) empêchait que le roi ne fut adoré de son vivant. La notion des droits de l'homme tire probablement sa définition actuelle des pratiques occidentales, néanmoins toutes les sociétés humaines sont en mesure de la définir également en puisant dans leurs

---

[33] Verdier R., *Féodalités et collectivités africaines* (cité par Louis-Vincent Thomas in *l'Encyclopédie de la Pléiade*, *Ethnologie Régionale I*, sous la direction de J. Poirier, Gallimard 1972, p. 286.)

comportements et leurs vécus d'hier et d'aujourd'hui. En cela nous étudierons la tradition des droits de l'homme au Bénin (section I) et ce que la diversité culturelle du Bénin actuel propose face à la prétention d'universalité des droits de l'homme (section II) dans ce chapitre qui traite de manière générale et particulière des modes de vie et de pensée au Bénin.

Les droits de l'homme tels que les conçoivent les Béninois plongent leurs racines dans leur passé tout imprégné de religion, de divinité et de divinations. Les seize signes d'Ifa, mode de divination ayant cours au Sud Nigeria-Bénin-Togo (l'aire proprement béninois), nous fourniront les symboles évoquant concrètement la nature des droits béninois de l'homme après avoir examiné cette notion dans le monde occidental.

SECTION I : TRADITIONS ET DROITS DE L'HOMME AU BÉNIN ET COMPARAISONS AVEC L'OCCIDENT

Pour connaître ce qu'est l'homme dans les cultures « gbe » du Sud-Bénin, il ne faut pas le séparer du groupe et de l'ordre social dans lequel il se meut. Le premier paragraphe part des logiques et idéologies dans les traditions béninoises, du concret, alors que le second paragraphe dégagera les lignes forces et la comparaison avec les logiques occidentales des droits de l'homme.

PARAGRAPHE I : Les logiques et les idéologies des droits de l'homme dans les traditions béninoises

A travers les comportements et les attitudes propres au monde béninois, on observe une multitude de rites pour la purification et la défense de la vie. La vie, l'une des valeurs protégées des droits de l'homme au plan international possède sa spécificité dans les cultures du Sud-Bénin. Depuis la grossesse de la femme jusqu'aux rites d'enterrement du vieillard centenaire, un chapelet de cultes voient le jour puisqu'une part de divin est entré dans l'homme. Nous distinguons les bienfaits des dons et du sacrifice d'une part puis la valeur de l'homme et sa place dans le monde et dans l'ordre social.

A. Logiques du sacrifice, de l'échange et du don

Au Bénin, rien ne s'obtient par rien. Aussi faut-il payer une offrande pour l'obtention d'une grâce des dieux (et des hommes). Il ne s'agit pas d'une corruption mais d'une réciprocité du donner/recevoir/donner. Ceci est mis en évidence dans les signes de *TURUKPÊ-Minji*, *Gbe-Guda* et son duel *Guda-Gbe*, *Gbe-Aklan*, *Gbe-Yeku* et *Loso-Minji*.

1 - Le mythe TURUKPÊ-Minji

A cette époque là, le roi Mintolofin (monarque absolu, mi-divin, mi-humain) n'aimait pas l'homme qu'était Ifa. Que faire pour s'attacher les faveurs du souverain ? Un sacrifice par l'entremise du vaudoun Lêgba qui , pas plus qu'Ifa et le roi, n'avait encore de tête. Lêgba, donc, prit les objets sacrificiels dont un bouc à préparer mais qui refusait de cuire, mit un coussinet rond sur son épaule (sans tête) y posa la jarre contenant le bouc, se mit en route et, ô miracle, devant la mère d'Ifa, la jarre et le coussin se métamorphosèrent en tête et en cou et depuis ce temps-là on peut voir le portrait de vodoun Lêgba affublé d'une tête posée sur un cou. Ifa pour autant n'abandonna pas de faire le reste des sacrifices consistant en fruits ronds (papayes, oranges, ...) qu'il remplit dans une calebasse, la donna à sa mère chargée de la remettre au roi Mintolofin. Celui-ci sortit une papaye du lot, voulait la couper en deux lorsqu'elle se fixa sur ses épaules et se transforma aussi en un crâne chevelu. Exultant, le roi Mintolofin nomma la mère d'Ifa : *Na Tahonuminto* c'est-à-dire la mère pourvoyeuse de têtes. Il dit que depuis ce temps pour avoir une tête il faut s'en remettre aux femmes. *TURUKPÊ-Minji* est donc le signe de la génitrice[34].

Ce signe montre qu'il peut y avoir un dangereux déploiement de forces invisibles sur notre tête. Et la tête (*TA*) vient dans l'ordre juste après le *SÊ*, notre âme : c'est donc une micro-divinité qui caractérise toute notre personne. La tête, quoique divinité est souvent mal équipée pour supporter les augures. Les sacrifices servent alors à tromper la mort, à écarter les mauvais sorts. Et, si par malheur une mort injuste survenait, le « *TA* » la tête, vengerait le corps car dans la culture vodoun

---

[34] Maupoil B., *La géomancie à l'ancienne Côte des Esclaves*, 3e éd., 1988 pp. 530-536.

(ou vaudoun) tout se paie sur la terre. Ce mythe de *TURUKPÊ - minji* porte la femme sur son piédestal de mère de l'univers. Le bonheur de l'homme, sa chance ne peut venir que d'une femme et il faut dire que c'est l'homme qui est le compagnon de celle-ci et non le contraire. Nous sommes loin du mythe de la Genèse où le malheur de l'humanité arrive par l'entremise d'Eve. D'autres signes complètent la notion et l'importance du sacrifice dans l'univers béninois[35]

2 - Gbe-Guda et Guda-Gbe

Sans insister sur la notion de dualité de la culture du vaudoun et d'Ifa, ces signes démontrent qu'ayant accompli un sacrifice une personne peut venir à bout de tous les souverains de la terre, qu'il ne faut pas abuser de son pouvoir et que le pouvoir limite le pouvoir. *Gbe-Guda*, renforcé par un sacrifice, quitta sa ville natale Ifé en pays Yoruba et se mit à tuer tous les rois des provinces qu'il traversait en les défiant à la lutte. Les souverains d'Oyo, de Bini (Bénin), d'Ajachê, d'Ibadan, de Lagos et celui d'Egba d'Abêokuta trépassèrent. La force de *Gbe-Guda* n'était plus à démontrer. Le sentant venir à Porto-Novo, Alada hossu fit appeler son devin Chêkpêtêli qui ordonna un contre-sacrifice et à son arrivée *Gbe-Guda* fut défait.

Le rôle joué par *Gbe-Guda* est souvent exercé par le démiurge Mintolofin, despote régnant sur tous les êtres terrestres. S'ennuyant comme les dieux grecs de l'Olympe, il sculpta une statue à l'effigie d'une femme enceinte, la fit coucher, la recouvrit d'un pagne et y introduisit un pigeon vivant pour donner au tout une apparence de vie. C'est alors qu'il fit venir tous les grands devins de la terre les seize signes d'Ifa, pour les mettre à l'épreuve c'est-à-dire aider sa fausse épouse dans les couches. Il les fit tous mettre en prison puisque ces grands géomanciens ne purent rien pour faire accoucher la statue. Le vodoun Lêgba, déguisé, demanda par deux fois un

---

[35] Maupoil B., *op. cit.*, pp. 583s, 643s, 468s, 582-583, 573-576.

sacrifice à *Guda-Gbe* qui n'hésita pas à donner coq et argent. Lêgba lui révéla le secret du roi Mintolofin. *Guda-Gbe* gonflé à bloc, marcha sur le roi, l'apostropha ; celui-ci eut honte et libéra ses prisonniers. Ayant fait un don à Lêgba par deux fois (tension et détente), le signe *Guda-Gbe* put affronter Mintolofin et, sinon éviter l'abus, mais le limiter. C'est ainsi qu'un autre signe aidera la petite luciole à triompher du puissant feu : *Loso-Minji*.

3 - Loso-Minji

La pluie empêchait aussi bien le grand feu que la minuscule luciole à briller et elle les éteignait chaque fois que l'un et l'autre mettaient les pieds hors de chez lui. Ils se plaignirent à l'oracle Ifa qui ne demanda qu'un mouton et un cabri à l'un et à l'autre. Il était beaucoup plus difficile à la luciole de parvenir à rassembler les éléments requis. Il rendit de nuit un service au vodoun Lêgba qui put lui fournir son mouton et son cabri. Le feu se moqua d'Ifa en prétendant qu'un simple pagne pouvait avantageusement le protéger de la pluie qu'un cabri et il refusa d'offrir ce qui lui fut demandé. Or, il était amoureux de Gegezo, la fille du roi Mintolofin qui ne dédaignait pas ce prétendant fortuné et bien habillé. La luciole aimait aussi Gegezo mais n'était, hélas, pas payée en retour. Trop menue, trop pauvre. Le jour du mariage avec la fille de Mintolofin le feu se para de mille couleurs, courut du mieux qu'il put, brûla tout sur son passage, impressionnant la belle-famille royale. Ifa, se rappela que le feu n'avait pas obéi aux injonctions du signe *Loso-Minji* et envoya et la foudre et la pluie pour éteindre le prétendant vaniteux.

Loso-Minji, *Loso-Jimin* (euphonie à deux sens : *Loso* sous la pluie et le signe duel *Loso*), *Ajuba Gegezo* (salut à toi Gegezo, euphonie sur le mot feu, « *zo* » en fon, feu dense). Depuis ce jour il est interdit aux fiancés de se marier ou d'enlever la dulcinée quand il pleut. Soit l'on renonce au mariage, soit l'on remet la cérémonie si l'orage éclate le jour où l'on veut s'établir. En récompense la luciole elle, a toujours conservé sa petite flamme passant du blanc au rouge en dépit de l'ondée. « *En fait*, rapporte B. Maupoil, *celui qui vient de consulter à propos d'une femme qu'il désire doit être mis en garde : s'il est "petit" parce que Zoflonɛnɛ (la luciole) n'a pas pu avoir la fille de Mɛtolõfin [Mintolofin], s'il est noir parce que Fa [Ifa] lui aussi a échoué, s'il est rouge, parce que Xɛvioso [le tonnerre] et le feu se sont querellé. De toute façon, le consultant sera prié de faire un sacrifice destiné à « éviter que ses chances s'éteignent »*[36].

C'est le même esprit de sacrifice qui caractérise les deux derniers signes de la série : *Gbe-Aklan* et *Gbe-Yêku.*

4 - Gbe-Aklan et Gbe-Yêku et

A l'époque où *Gbe-Aklan* vit le jour, l'éléphant n'était pas plus gros qu'un rat et il était aux ordres de l'antilope, sa créancière. L'antilope, alors complexée par sa taille (tout est relatif) consulta Ifa. Ce dernier lui énuméra les objets à acheter en vue d'un sacrifice à accomplir pour atteindre la stature de Goliath. L'antilope envoya son esclave, l'éléphant quérir les éléments à immoler. Chemin faisant ce dernier rencontra le vodoun Lêgba qui lui conseilla de détourner l'offrande à son profit. Le minuscule animal rentra dans le mortier prévu pour son maître, se couvrit d'une pièce d'étoffe puis se mit à croître jusqu'à atteindre sa grandeur actuelle. Il fit un détour du côté de l'antilope, sa créancière et maîtresse et, depuis ce jour les rapports du maître et de l'esclave changèrent : l'antilope détale encore aujourd'hui lorsqu'elle aperçoit son ancien esclave. Ceux qui viennent au monde sous le signe de *Gbe-Aklan* doivent éviter d'avoir des esclaves et se méfier d'envoyer des émissaires traiter de leurs affaires.

Gbe-Aklan, comme le prochain signe, nous ramène vers une conception de l'homme dans l'aire du Bénin. *Gbe-Yêku* conseilla à la lune le moyen de conserver tous ses enfants à l'exception d'un seul (l'étoile de mer) afin d'induire le soleil en

---

[36] Maupoil B., Ibidem, p. 474, note 1.

erreur et jeter toute sa progéniture à la mer. Ce qui fut fait. S'apercevant de la supercherie, le soleil descendit à la face de l'eau récupérer sa marmaille. Le premier qu'il reprit scintilla, étincela, frétilla, s'agita et mourut ; le deuxième ne fit pas, lui non plus, long feu. Pour ne pas occire tous ses garçons le soleil les abandonna à la mer : ce sont les poissons (en fongbe la langue la plus parlée au Sud-Bénin, *hwe vi* = enfants du soleil = poissons) et les épigones de la lune sont les étoiles qui brillent toujours là-haut.

Ainsi existe t-il dans les sociétés du Bénin une logique de l'échange et de l'équivalence rendue possible par les sacrifices et les offrandes par l'entremise de l'oracle Ifa. Parlant des droits de l'homme il faut montrer comment l'homme est situé dans cette géomancie, qui détermine ses attitudes et ses comportements.

B. Les valeurs relatives à l'homme dans l'aire du Bénin

Certains enseignements d'Ifa peuvent paraître inéquitables eu égard à la force de la logique du sacrifice qui semble parfois privilégier la ruse. Ce serait inexact de ne pas monrer que l'oracle Ifa enseigne aussi aux hommes à avoir des comportements empreints de dignité et de liberté pour la vie dans la société et au sein des groupes socialisés.

1 - La Pléthore des rites

Au Bénin l'homme se définit comme un être vivant en quête d'une plénitude de vie. La vie vient de l'au-delà, c'est un *don* des ancêtres, des vodouns et des dieux (ou de *Maɑu/lisa*). Nos comportements et nos attitudes dénotent l'appartenance à un système de relations en harmonie avec l'univers. Ceci explique la pléthore des rites à observer et à accomplir pour purifier, défendre et améliorer l'existence. Pour qu'un fœtus arrive à terme il faut consulter Ifa et faire des sacrifices et des offrandes, passer par des cérémonies pour conforter la grossesse. A la naissance on présente le nouveau-né à la lune, on s'enquiert de l'ancêtre incarné en lui. Plus tard les rites de passage conduisent l'initié dans le monde des sociétés secrètes, puis il est investi ou consacré par le « *ta bla bla* » ou le « *deka yiyi* » (se draper la tête). Lorsqu'il est malade il accomplit des rites de maladies (*VO* ou *Kudyo*)[37] pour que la mort s'éloigne. Quant aux rites de mariage, ils servent essentiellement à conclure des alliances entre les familles.

C'est dire qu'une dimension pleinement culturelle à l'ensemble des droits de l'homme, si elle voyait le jour, ne condamnerait plus sans nuance les pratiques polygamiques en cours au Bénin et dans la majeure partie de l'Afrique : les droits de l'homme doivent s'inculturer dans les civilisations africaines. En attendant étudions le rite de réconciliation et le monde du langage.

2 - Les potentialités réconciliatrices et apaisantes de la parole. Un rite de réconciliation dans les rapports grand/ petit[38]

Pour équilibrer les tensions sociales, un remède efficace est la palabre ou la parole constructive. Elle s'exerce pour prendre une décision importante à l'échelle du village ou de la collectivité familiale ou encore pour trancher des conflits nés au sein de la société. C'est probablement l'ancêtre de nos conférences nationales avec la seule différence que le jeune est présumé être l'offenseur (ou le coupable). Le rite comprend, outre la présence des deux protagonistes, celle d'un réconciliateur (désigné sur la base de l'âge, de la sagesse, de la maîtrise de la parole, la figure d'une autorité d'aujourd'hui). Les membres de la communauté sont des actants secondaires qui peuvent intervenir indirectement dans le règlement du conflit ; leur présence solennise le rite et oriente parfois l'issue de la

---

[37] VO ou Kudyo : Le premier terme désigne le sacrifice (immolations, aumônes, libations...), le second signifie "dévier la mort de sa trajectoire" par des sacrifices.

[38] Abbé Adjou Martin : *l'homme Aja-Fon et son projet éthique*, thèse de théologie, Rome, 1991 p.46.

procédure (surtout lorsque le litige a déjà été ébruité). Le "petit" est très souvent attaché et symboliquement fouetté. Le "grand" recrache par trois fois une gorgée d'eau fraîche en fines gouttelettes sur le crâne du cadet en lui faisant des vœux de bonheur et ce dernier à chaque fois répond « *Ahoadi* » (ainsi-soit-il).

Dans ce rite de la réconciliation, l'adhésion du "petit" est prise en considération dans la symbolique de ce protocole, pour tout dire c'est sa soumission qui importe. Il faut souligner que la résolution des conflits de tout genre par la médiation de la palabre subsiste encore aujourd'hui dans les cercles urbains. Un règlement familial est toujours préféré à un jugement du tribunal sauf si l'intérêt de la partie appelante est favorisé. (ex. le divorce de la femme mariée). Ainsi le « respect des aînés » (plus vaste que le quatrième commandement des Tables de Moïse) constitue l'une des lois fondamentales de la vie, le « *Gbɛsu* », dont une violation exposerait le « délinquant » à une punition des êtres invisibles ; la sauvegarde de la paix et de l'ordre, la cohésion sociale sont à préserver à tout prix. La parole, toilettée, exorcise la violence sociale ; c'est pourquoi son usage requiert toute une science et met en mouvement toutes les forces.

3 - Les valeurs dans le rapport roi/sujet : Tula-Minji

L'écureuil (*Don*) est propriétaire d'un champ de maïs mais il voit sa chose anéantie par le cadet des vodoun, Lêgba qui lui dispute la jouissance du champ. Cette affaire vient à la cour du roi qui doit trancher le litige et trouver une solution à la prétention des deux parties. Après réflexion, Mintolofin s'entendit avec son fils pour mettre un plan en acte. Il décide de camoufler le prince dans un coffre puis de le faire porter tour à tour par les deux parties. Son fils se chargeant de recueillir les commentaires des deux litigeants pendant la traversée. C'est ainsi que Lêgba s'est trouvé confondu. Ce mythe à l'apparence anodine montre pourtant l'importance du rapport des Béninois à la terre. C'est le plus meurtrier des conflits et des litiges dans le monde Aja-Fon-Nago (et autres). La richesse d'autrui, quand elle est exploitée est sacrée et *Maωu* se venge lorsque l'on écrase un plus faible que soi.

Les valeurs que l'homme est appelé à mettre en œuvre sont celles de la justice et d'égalité (hors toute atteinte à l'équilibre social), et l'amour du travail patient et obstiné. L'écureuil, petit animal n'est pas découragé par l'immensité de sa tâche : il quitte tous les jours sa demeure (l'arbre, le ciel), descend labourer tous les jours son champ de maïs nonobstant les conditionnements de son milieu de vie. Si le champ de l'écureuil n'avait pas été travaillé, nul doute que Mintolofin n'aurait pas tranché le litige dans le sens favorable à celui-ci. Le roi doit toujours montrer son impartialité devant les diverses tensions qui traversent le champ politique. Son rôle primordial est de rendre la justice. Et, une fois n'est pas coutume, Mintolofin met le prince à contribution, apportant un démenti au népotisme. De toutes les manières si l'injustice avait été établie dans cette affaire, Dieu aurait pris le relais du roi pour rendre la justice. D'autres signes enseignent les valeurs fondamentales de l'homme mais nous n'en prendrons que quelques uns. Une autre légende du signe *Tula-Minji* raconte comment l'intelligence est venue aux humains : sur les recommandations d'Ifa l'homme lança un coutelas pour séparer deux oiseaux se battant en haut sur les branches d'un baobab. Une calebasse contenant la substance du Bien et du Mal tomba et, depuis l'homme ne s'en est plus séparé.

4 - Les valeurs dans les rapports entre les hommes : Gbe-Tula et Gbe-minji

Gbe-Tula enseigne qu'il faut donner avant de recevoir ; qu'avant de donner ton allumette il te faut demander une cigarette ou une pipe pour la contrepartie dans les échanges. Vaudouns Loko et Ifa ont envoyé leurs deux fils construire sur le même terrain. Hounsu était donc plus riche qu'Amusu. Sans informer son rejeton, Loko procura à Hounsu des ignames remplis d'or et d'esclaves, Ifa, pauvre, ne put offrir à Amusu que des gâteaux qui ne contenaient que de la farine, Hounsu ayant faim, ne pouvant manger des ignames crues et trop paresseux pour les faire cuire les échangea contre les gâteaux d'Amusu. C'est en voulant préparer ses tubercules que celui-ci, au fur et à mesure qu'il les découpait en vit sortir de l'or et des serviteurs chargés de l'aider dans sa tâche. Le désormais opulent Amusu consola comme il put l'orgueilleux Hounsu.

Gbe-Minji (ou *Jiogbe*) est à l'origine de l'interdiction des sacrifices humains. Le monde béninois fut longtemps réputé pour l'immolation de victimes humaines aux rois défunts et aux vodouns royaux. Il ne s'agit aucunement de cannibalisme encore moins d'anthrophagie mais de cultes excessifs qu'Ifa a d'ailleurs cherché à abolir par l'intermédiaire de Jiogbe qui acheta son propre fils par mégarde à sept francs et cinquante centimes pour l'offrir aux vodouns pendant les grandes fêtes de l'igname « *tedudu* ». En dépit des imprécations et des chants désespérés de l'enfant le père l'eût sacrifié si le créateur *Duduwa* n'avait remédié à l'erreur de Jiogbe. Cette légende présente une troublante parenté avec celle d'Abraham sacrifiant son fils Isaac. N'y a-t-il jamais eu des contacts entre les mondes sémites et béninois avant l'occident ? On peut en douter, Cheikh Anta Diop faisait le parallèle entre l'anthropophagie des peuples « primitifs » et le sacrifice du Christ sur l'autel *(« ceci est mon corps, ceci est mon sang ... prenez et mangez, prenez et buvez »)*.

B. Maupoil voit dans les sacrifices humains du Sud-Bénin l'expression d'une terreur que les rois d'Abomey voulurent entretenir parmi leurs sujets, pour aboutir à un respect absolu et à une forme de discipline. Cela est possible. Il serait intéressant de rapprocher ces pratiques de celles de l'Egypte antique et de tracer une parenté, des invariants et des habitus entre ces peuples d'Afrique. B. Maupoil souligne l'exagération et l'exploitation qui en ont été faites :

> *« Pour notre part, raconte-t-il, en recherchant la trace des mangeurs d'hommes, nous eûmes l'occasion de rencontrer à Parahoué [Aplahoué], en pays aja, un vieillard souriant nommé Adrian da Costa, qui fut engagé au Dahomey*

[Bénin] en 1896 par un aventurier français dont le nom de guerre était Captain Penn. Emmené à Marseille, puis à Bordeaux, on l'embarqua pour la Nouvelle-Orléans, dans une troupe de quarante et une personnes, recrutées au Togo, en Nigeria et dans le Bas-Dahomey, qui fut exhibée en diverses villes des Etats-Unis sous le titre de Cannibales Dahoméens ... son rôle était de manger de la viande crue en poussant des grognements »[39].

Les agents recrutés appartiennent à l'univers béninois (Togo, Bénin, Nigeria) mais les pratiques cannibales n'ont pas plus eu cours au Bénin qu'en Occident, les signes d'Ifa en témoignent.

PARAGRAPHE II : Comparaisons avec les logiques occidentales

Contrairement à l'idéologie africaine, les droits de l'homme naissent en Occident à partir d'une protestation, « *Chacune des phrases de la Déclaration des droits de l'homme est un défi jeté à un abus* », disait si bien H. Bergson. En finir avec des souffrances intolérables « *parce qu'on crevait de faim* » (Emile Faguet). On formula ce qui devrait être depuis la Magna Carta (1215) jusqu'aux conventions et protocoles plus proches de nous. La seule différence : les textes d'aujourd'hui proclament leur ambition universaliste de manière plus autoritaire. Et Michel Villey de nous avertir que « *les droits de l'homme sont à leur zénith, mais ils font problème* »[40].

A. La morale bergsonnienne

On pourrait remonter à une morale universaliste dès l'Antiquité avec le système des devoirs moraux. Bergson en analyse le mécanisme dans un ouvrage beaucoup cité : *Les deux sources de la Morale et de la Religion*. Pour l'illustre

---

[39] Maupoil B., *op. cit.*, p. 371, note 1 in fine.
[40] Villey M., *Le Droit et les Droits de l'Homme*, Paris, PUF, 1983.

philosophe il ne faut pas confondre « obligation » et « sentiment de l'obligation » à l'instar d'E. Kant. L'obligation en général c'est « le tout de l'obligation » c'est-à-dire l'habitude de contracter des habitudes, une force proche de l'instinct, c'est l'acceptation universelle d'une loi aux formules impersonnelles. C'est une morale minimum mue par la pression sociale. Seul l'appel du héros fait naître l'émotion de la propulsion, l'émotion de la réaction, puis l'émotion de la représentation qui fait surgir la Morale. Elle s'incarne dans une forte personnalité, les fondateurs de religions, les mystiques et les saints.

> *« Bref, pour résumer tout ce qui précède, nous dirons que la nature, dépassant l'espèce humaine le long du cours de l'évolution, l'a voulu sociable, comme elle a voulu les sociétés de fourmis et d'abeilles ; mais puisque l'intelligence était là, le maintien de la vie sociale devait être confié à un mécanisme quasi-intelligent : intelligent, en ce que chaque pièce pouvait en être remodelée par l'intelligence humaine, instinctif cependant en ce que l'homme ne pouvait pas, sans cesser d'être un homme, rejeter l'ensemble des pièces et ne plus accepter un mécanisme conservateur. L'instinct cédait provisoirement la place à un système d'habitudes, dont chacune devenait contingente, leur convergence vers la conservation de la société étant seule nécessaire, et cette nécessité ramenant avec elle l'instinct. La nécessité du tout, sentie à travers la contingence des parties, est ce que nous appelons l'obligation morale en général »*[41] .

• Et plus loin, son idée se fait encore plus précise :

*« En allant <u>de la solidarité sociale à la fraternité humaine</u> (*c'est nous qui soulignons*), nous rompons donc avec une certaine nature, mais non pas avec toute nature. On pourrait dire, en détournant de leur sens les expressions spinozistes que c'est pour revenir à la Nature naturante que nous nous détachons de la Nature naturée »*[42] .

---

[41] Bergson H., *Les deux sources de la Morale et de la Religion*, Œuvres, Paris, PUF, 1991, p. 1021.

[42] Bergson H., *op. cit.*, p. 1023-1024.

• C'est alors que la première morale (la pression) donne la main à la Morale (l'aspiration), « *dans la région de la pensée où s'élaborent les concepts* » pour créer des représentations dont la justice, la plus instructive de toutes les notions morales. La justice relative mesure et proportionne, elle conserve sa balance alors que la justice absolue, celle des droits de l'homme se signalerait par des idées d'incommensurabilité et d'absolu. Cette justice des droits de l'homme comporterait une représentation complète « à l'infini » ce qui explique des interdictions et ses créations successives, réalisations de la personnalité de l'humanité, par le biais des lois (consentement de la société). Néanmoins il fallut selon Bergson, attendre jusqu'au christianisme pour que l'idée de fraternité universelle (égalité des droits, inviolabilité de la personne) devînt effective : Besoin d'élargissement, de propagation, élan et mouvement.

Toutefois le positivisme enferme l'ordre juridique dans les lois de l'Etat et nous empêche d'aller à la recherche de la justice ; le droit est devenu le mouvement spontané des institutions et Michel Villey[43] pense que le seul remède à l'inhumanité d'un droit qui a rompu les amarres avec la justice, la seule arme défensive, l'antidote au positivisme ce sont les droits de l'homme.

Edgar Morin en conclut que le mythe obéit à une poly-logique, elle même gouvernée par des principes organisateurs ou paradigmes :

a) *l'intelligibilité par le vivant, par le singulier et par le concret*

Des entités vivantes créent le monde (et non une causalité générale)

b) *le principe sémantique généralisé* : « *élimine tout ce qui n'a pas de sens et donne signification à tout ce qui arrive (...) c'est à l'intérieur de cette paradigmatologie fondamentale que*

[43] Villey M., *Le Droit et les Droits de l'Homme*, Paris, PUF, 1983.

la pensée mythologique ordonne sa vision de l'homme, de la nature, du monde à partir de deux paradigmes-clé"[44] :

– Un paradigme de « second rang » : L'anthropo-socio-cosmologique ou l'inclusion réciproque et analogique entre la sphère humaine et la sphère naturelle ou cosmique (caractères anthropomorphes à l'univers et caractères cosmomorphes à l'homme), ceci explique les métamorphoses dans les deux sens : les possessions, le sens de la communication et de la compréhension d'autrui.

– Un autre paradigme de « second rang » : L'unidualité

1er niveau (individuel) : l'identité et l'altérité en chacun (moi et mon double)

2e niveau (cosmique) : l'unité et la dualité de l'Univers (à la fois Un et double)

Les doubles et les esprits vivent également dans l'univers un et double (le même et autre univers que le nôtre) exactement comme dans *Le Horla* de G. de Maupassant ou le *Double* de Dostoïevski dans le dédoublement mythique de l'espace et du temps. Enfin il faut signaler que les deux paradigmes s'associent pour constituer les deux grandes catégories de la pensée mythologique : le divin et le sacrifice.

Le dernier avatar de la pensée symbolique est la magie. Pour ce qui concerne les liens de cette pensée avec la théorie des droits de l'homme, remarquons avec E. Morin que la première obéit d'une part à une logique de l'échange et de l'équivalence et d'autre part elle n'inhibe pas les pratiques techniques. La magie n'est que la praxis de la pensée symbolique-mythologique. Ce développement de la magie n'a-t-elle pas donné les grandes religions qui ont influencé à leur tour (sinon façonné) la théorie des droits de l'homme de l'Occident ?

> *« Plus généralement, écrit E. Morin, le mythe s'est introduit dans la pensée rationnelle au moment où celle-ci le chassait de l'univers (et peut-être à cause de cela même), tandis que les idéologies et doctrines abstraites dissolvaient les récits et légendes concrètes des*

---

[44] Morin E., *op. cit.*, p. 160 s.

mythologies anciennes. L'idée devient mythe lorsque se concentre en elle un formidable "animisme" qui lui donne vie et âme ; elle s'imprègne de participations subjectives lorsque nous y projetons nos aspirations, et lorsque, nous y identifiant, nous lui consacrons notre vie ; ainsi les notions souveraines des grandes idéologies modernes (Liberté, Démocratie, Socialisme, Fascisme) s'auréolent d'un rayonnement adorable et les notions qui leur sont antinomiques se chargent d'un diabolisme haïssable ; certaines notions descriptives ou explicatives se transforment en êtres-sujets (le capitalisme, la bourgeoisie, le prolétariat) ; les critiques rationnelles se muent en condamnations éthiques, et les condamnés peuvent être sacrifiés en victimes expiatoires et boucs émissaires. Les concepts clés des grandes doctrines rationalistes et même scientifiques (comme le déterminisme, le matérialisme, le formalisme) deviennent des Maîtres-Mots concentrant en eux tout Sens et toute Vérité, opérant ainsi une appropriation quasi magique du Réel et devenant porteurs des Vertus mythologiques du Verbe souverain. La Raison et la Science elles-mêmes deviennent mythes lorsqu'elles deviennent Entités suprêmes prenant en charge le Salut de l'Humanité »[45] .

Aujourd'hui il s'agit de dire si au Bénin les droits de l'homme vécus concrètement, rendent vivante l'idée abstraite de ces droits c'est-à-dire comment se spiritualise et se divinise l'idée des droits de l'homme : c'est la surcharge de sens, la transfiguration de cette théorie qu'il importera de cerner afin de la mieux décrire.

B. Michel Villey et la critique des droits de l'homme

Cependant Michel Villey, à la suite de moult analyses en conclut à une notion confuse et illusoire des termes de « droit » et « d'homme », s'en prend aux sociologues qui qualifient sans

---

[45] Morin E., *op. cit.*, p. 167.

fin de droits de simples faits (ex : le droit chinois, le droit hindu et celui des tribus africaines ne sont que des mœurs de ces tribus là). Raison pour aller aux sources du "droit" à Rome. En compulsant le « De Oratore I » et le « Digeste » on en vient à un renvoi de la culture grecque, donc à Aristote (*L'Ethique*) ce qui donne aux droits trois temps : un objet (extérieur à l'homme), une proportion (analogon) : même liberté, même dignité à tous, identiquement ; enfin le juste milieu. On attribuerait à chacun son ius, la part qui revient à tout un chacun et le statut qui en résulte.

Schéma : la justice → le droit → la production des règles de droit

(définitions, règles, sentences)

A notre avis les philosophes du droit n'ont pas vraiment insisté sur les fondements gréco-romains de la théorie des droits de l'homme. A la rigueur, ils soulignent l'inégalité des êtres humains dans les sociétés grecques ou romaines pour l'opposer à la conception dite moderne fondée sur le principe de l'égalité de tous les hommes. Il est temps de reconnaître que la notion de droit naturel et son contenu légal viennent de cette Antiquité. A titre d'exemple, citons Platon :

> *« Par nature les êtres semblables sont parents mais, par convention, celui qui tyrannise les hommes commet de nombreux actes de violence contre-nature »*[46] .

Et si les droits de l'homme doivent s'accommoder du principe d'universalisme (universalité des normes et des valeurs, universalité morale ou normative) les causes profondes ne relèvent-elles pas de cette philosophie gréco-romaine qui a porté une culture plus proche des autres que ne l'avait fait la mentalité sémitique ? La Renaissance gréco-romaine au XVIe siècle a porté les droits de l'homme sur ses frontispices, aidée par l'éclosion de l'Eglise luthérienne et calviniste : la coïncidence de ces deux mouvements est à l'origine de la première génération des droits de l'homme. Les religions

---

[46] Platon, *Le Protagoras* (Cité par J. P. Rhode : Agraeco-roman perspective, in *Human Rights problems*)

sémitiques (judaïsme, catholicisme, islam) s'évertuent à enseigner la peur de l'au-delà, le péché originel, l'alliance entre le diable et la femme ... Alors que les Grecs célébraient la beauté physique, l'adoration de l'homme et de ses dieux semblables à lui, allant jusqu'à s'incarner et se métamorphoser pour s'accoupler aux épouses des hommes, peuplant la terre de demi-dieux et de héros. La philosophie grecque est très proche de la vitalité de l'homme afro-béninois : tout est beau, on se parle, on se sourit mais ce n'est pas encore l'âge d'or. A titre d'exemple l'évangéliste grec, Luc, n'est-il pas le plus optimiste des quatre ? Cette parenté gréco-romaine et africaine de la philosophie des droits de l'homme n'occulte pas le relativisme culturel dans la théorie des droits de l'homme. Au minimum l'éloignement spatio-temporel nous pousse à couper les supposés liens qui nous attacheraient à la passerelle universaliste probablement égyptienne (voir les thèses de Cheikh A. Diop).

Ainsi pouvons nous conclure avec M. Villey[47] qu'avec les Grecs l'homme est le seul être pourvu du logos (parcelle du feu divin) et qui l'emporte en dignité : que les racines du racisme, ont poussé dans les fanges du positivisme ou du scientisme des modernes et que l'écrasement de l'homme ne vient ni d'Athènes, ni de Rome. La conception génétique de l'Antiquité grecque à propos de la subordination des femmes n'est pas anachronique (c'est nous qui le sommes). Le stoïcisme professa le cosmopolitisme et l'essence divine de l'homme. La doctrine de l'esclavage peut se comprendre par la supériorité en esprit des Grecs sur les peuples barbares et leur conception de la hiérarchie des genres et des espèces. Les législateurs cherchèrent à lire l'ordre du cosmos mais la loi non écrite reflète mieux cet ordre objectif, caché dans les choses. On lit chez les Grecs comme chez les peuples africains cette profusion de règles et de modèles d'hospitalité, du respect des pauvres et des étrangers (Homère), du respect de la personne humaine (l'« humanitas », la « benignitas », et la « caritas » de Rome

[47] Villey M., op. cit.

héritées des Grecs). Comme au Bénin la profusion des devoirs concrets adaptés à chaque situation et de multiples moyens de pression comme la réprobation, la réputation et l'éducation (l'initiation) constituent des ponts entre les cultures grecque et africaine. Il existait donc en Grèce comme en Afrique (celle d'hier et aujourd'hui) des devoirs moraux, une morale universaliste et efficace « *non confinée dans la sphère d'un idéal pur* ». La morale de Kant à côté, est une morale désincarnée, « *idéale* » (M. Villey, 1983). L'homme n'est pas un loup pour l'homme : Est igitur homini cum Deo similitudo (Ciceron, De Legibus, I, 8).

En conclusion

Au Sud-Bénin, dans l'aire Aja-Fon-Nago, l'homme est considéré comme Gbɛto (Gbɛ = la vie telle qu'elle se manifeste / to = le père) donc le « bon père » celui à qui les dieux ont confié la gestion de la vie sur terre, celui qui commande le visible. Ainsi sa responsabilité est-elle immense dans ses rapports à son « prochain », à la nature et au transcendant. (Le signe LÊTÊ Minji : le cercle et le carré).

1) *le rapport de l'homme béninois au transcendant*

L'univers est constamment en péril. L'homme doit par la divination d'Ifa ou par la magie (la multitude des vodoun y participe) le soumettre. C'est ainsi qu'il participe à la création. C'est en cela que les rites s'enracinent dans la pensée et dans les modes de vie spécialement chez les Aja/Fon/Nago. Par l'intermédiaire de certains rites (et leurs interdits) l'homme peut communiquer avec les dieux, les éléments de la nature et ses semblables. Lorsque Segbo-Lisa (Maωu) créa le monde il y planta une gourde de vie. Toute la création refusa d'honorer Ifa hormis l'homme. L'oracle par le biais du signe Tula-minji (un signe déjà rencontré au paragraphe I à la page 180) lui commanda de lancer son coutelas lorsqu'il verrait deux oisillons se battre sur la branche d'un baobab. Aussitôt dit, l'homme s'exécuta ; une calebasse tomba de l'arbre, il s'en empara : en sortit l'intelligence, mère du bien et du mal, qui permit à l'homme de recevoir le nom de « Gbɛto » c'est-à-dire le père (responsable) de la vie. Toutefois le rapport au transcendant se manifeste également par le rapport de l'homme à la nature.

2) *le rapport de l'homme du Sud-Bénin à la nature*

Toutes les créatures de Maɷu (Dieu) ou Segbo-Lisa ont des vertus par lesquelles l'homme peut communiquer avec son créateur. Par les plantes on guérit les maladies après avoir invoqué les ancêtres et les dieux. Certains animaux ont également des traits permettant d'être en symbiose avec le transcendant. Ainsi le caméléon messager de Segbo-Lisa, sert à édifier les temples vodoun. L'escargot, animalcule préféré de certaines divinités a des vertus médiumniques. La peau et la corne de la biche, celle du buffle, la peau et les griffes de la panthère et la queue du cheval servent toujours à édifier des travaux dits occultes. Certains rites permettent aux chasseurs d'éviter des malheurs consécutifs à l'abattage d'animaux habités par des esprits. Il est de notoriété commune au Sud du Bénin que des animaux se déguisent en hommes et vice-versa (crocodiles et serpents en majorité). Ainsi l'homme n'est pas jeté dans le vide, il n'a pas de faute originelle à assumer : il concourt à la création divine, il fait corps avec la création et possède une partie divine c'est pourquoi dans ses rapports avec ses semblables il est bien limité par l'âme (sɛ) des autres.

Le devin Béninois provoque les signes par son chapelet (akplêkan), les cauris, les noix de cola pour les interpréter. Louis-Vincent Thomas souligne à juste titre que :

« La nature africaine peut donc se définir comme une communauté de puissances, le plus souvent intentionnelles et susceptibles de s'exprimer par un ensemble organisé de signes ou de symboles intentionnels »[48].

Le monde Béninois est donc essentiellement constitué de signes et de symboles mais il ne faut pas y voir une caricature de la pensée rationnelle. Le symbole a un sens évocateur dans

---

[48] Thomas Louis-Vincent, « Ethnologie négro-africaine » in *Ethnologie Régionale I*, Encyclopédie de la Pléiade (sous la Direction de J. Poirier), Gallimard, 1972, p. 294.

les sociétés béninoises. Les seize signes d'Ifa suscitent une présence concrète de ce qui est par ailleurs symbolisé. C'est par ce mode subjectif que l'homme participe à « *la concrétude et au mystère du monde* » :

« Mais alors explique le sociologue E. Morin, le mystère du mythe envahit celui qui le considère de l'extérieur, alors que, de l'intérieur, ce mythe est vécu, non comme un mythe, mais comme vérité. De même, la relation entre mythos et logos devient obscure dès qu'on perçoit, non seulement leurs antagonismes, mais aussi leurs complémentarités et leurs interférences. Nous devons donc nous aventurer en évitant la trop grande clarté, qui tue la vérité, et la trop grande obscurité, qui la rend invisible. »[49].

Edgar Morin prend soin d'expliquer dans une note à la page 160 (note 1) que c'est parce que le mythe parle de façon oraculaire qu'il est sans cesse réinterprété (c'est le cas des signes d'Ifa qui présentent de nombreuses légendes qui ne se ressemblent pas forcément) et encore plus aujourd'hui qu'hier les traditions béninoises ne sont plus figées : elles sont dénoncées et la culture des droits de l'homme s'inspire des pratiques universelles que les jeunes générations critiquent ou encensent.

[49] Morin Edgar, *La Méthode*, t. III, Ed. du Seuil, 1986, 249p.

SECTION II : LA DIVERSITÉ CULTURELLE DES DROITS DE L'HOMME FACE À LA PRÉTENTION UNIVERSALISTE DES DROITS DE L'HOMME : LE CAS BÉNINOIS

Les Béninois savent de plus en plus qu'ils ne peuvent s'approcher des droits de l'homme sans prendre en compte leurs cultures qui sont loin d'être figées. Avons-nous des choses à reprocher aux traditions ? Une enquête sociale conduite par une organisation non gouvernementale (ONG) Africa-Culture Collège des rois du Bénin en Novembre 1996 sur le thème « *Quoi éradiquer et quoi garder dans les valeurs culturelles traditionnelles africaines ?* » a abouti à des réponses spectaculaires et dignes d'intérêt. Ce sont principalement l'entourage des rois, des associations de sages, des lettrés et des moins lettrés qui y ont répondu individuellement ou par groupes de personnes. En tête des pratiques à enrayer, de nombreuses activités récemment introduites au Bénin comme l'adoption des enfants, les jeux de hasard, la dépigmentation (ne pas renoncer à la race, comme disaient les réponses), l'individualisme, le port des noms chrétiens et musulmans importés, l'appropriation individuelle des terres cultivables et des fleuves. Certains n'hésitent pas à s'attaquer aux habitudes ancestrales comme les scarifications, l'exhumation des corps des défunts à titre de cérémonie, la polygamie, le mariage précoce des jeunes filles, les envoûtements et la sorcellerie, les sacrifices humains, les ordalies, l'infanticide rituel ...

Au titre des acquits culturels viennent en tête l'hospitalité africaine et la vie en communauté (entraide, travail collectif, esprit de solidarité). L'arbre à palabre, les rites d'initiation, les sociétés secrètes ont également trouvé grâce auprès des

Béninois. Un instituteur de Karimana (Nord-Bénin) : *« trouve impropre le thème "Quoi éradiquer et quoi garder dans nos valeurs culturelles traditionnelles" mais judicieux le thème : simplifions, revalorisons et modernisons nos cultures traditionnelles africaines (...) Nos valeurs culturelles ne sont autres choses que nous-mêmes, par conséquent il est difficile de nous éradiquer, mais par contre nous pouvons nous simplifier, nous revaloriser et nous moderniser. La culture étant en nous depuis des centaines et des milliers d'années ces phénomènes poursuit-il, doivent s'opérer lentement ».* Quant au Président du culte oro de Sakèté[50], M. Adebayo Adéochoum voici sa réponse du 16 Novembre 1996 :

> *« Ne soyez pas étonnés de voir cette lettre qui je crois ne vous ennuierait pas (...). Nous avions fait une réunion, elle a lieu le 16 - 11 - 96 à 16 heures ; à la fin de notre séance, nous n'avons rien à vous signaler.*
> *Notre fétiche sert à faire renvoyer les mauvais esprits.*
> *Nous ne pouvons rien à enlever ou à augmenter.*
> *R. A. S ... », etc.*

Nous formulerons les doléances des Béninois rencontrés, lus et entendus en deux parties. Ecouter d'abord la voix des sans voix (une Magna Carta à la béninoise) celle de ceux qui n'ont pas été ou qui furent très peu alphabétisés (paragraphe 1) avant de donner la parole et la plume à ceux que nous désignons par le mot de "lettrés". (paragraphe 2)

PARAGRAPHE I : Une « Grande Charte » béninoise (Novembre 1996) ou l'Avant Projet réalisé par Africa Cultures International (ONG)

Depuis quelques années les sociologues et les developpementologues se sont rendus compte qu'aucun peuple ne peut connaître le progrès sans prendre en compte sa culture. Mais le monde entier devient de plus en plus un gros village de

---

[50] Le culte des morts Oro peut s'analyser comme le pendant du culte Kutito (Egungun). Les revenants de nuit (Oro) sont autrement plus respectés que ceux qui sortent en plein jour.

part la perfection de la communication et le brassage des peuples. Aussi, quand une culture rencontre une autre, les deux modifient légèrement leur contenu pour créer une symbiose de collaboration ou acculturation (hors le cas de la globalisation).

En effet, il n'y a pas de mauvaise culture à l'origine mais les contraintes d'interpénétration des peuples obligent les citoyens de la Terre à revoir leurs comportements dans le temps et dans l'espace. Car toute culture est relative à un univers et l'univers est déterminé par l'étape de la connaissance des intéressés dans le temps. C'est pourquoi, au fur et à mesure que l'univers s'élargit et que le monde se réduit à un village planétaire, les peuples doivent revoir leur savoir faire et leur savoir être pour créer la culture de l'universel.

Les africains sont convaincus qu'ils doivent céder aujourd'hui une partie de leurs cultures pour embrasser la culture de la technologie mécanique et d'un univers plus élargi. Mais la principale question qui n'a pas été résolue est de savoir quoi éradiquer et quoi garder dans les valeurs culturelles traditionnelles africaines ? C'est pour amener les Béninoises et les Béninois à répondre à cette question et revoir leurs comportements que **Africa-Cultures International Institute** en collaboration avec le **Fonds des Nations Unies pour la Population** a initié le projet **Famille et Développement**.

L'enquête sociale préliminaire à ce projet nous a permis d'écouter les Béninoises et les Béninois, de l'ensemble du territoire national, toutes coutumes confondues, toutes régions confondues, toutes pratiques religieuses confondues, sur leurs appréciations individuelles et collectives des pratiques culturelles en vigueur dans leur milieu ou ailleurs au Bénin.

Les réponses sont riches, diverses, multiples, et très intéressantes. Plusieurs critiques et suggestions ont été enregistrées. Les travaux de dépouillement ont réuni les Sociologues et les Représentants des Chefs Traditionnels Béninois (...).

Le Vizir de Africa-Cultures a loué le courage et la tolérance des traditionalistes béninois qui se sont soumis aux critiques des Hommes et des Femmes de toutes conditions confondues (...).

Toutes les suggestions et critiques ont été reformulées en une seule fois sous forme de recommandations et regroupées en rubriques. Certaines recommandations sont précises. Les actions qu'elles prescrivent sont à mener dans l'immédiat. D'autres recommandations prescrivent des études préliminaires. Le libellé de ces dernières commence par le thème **REVOIR**.[51]

A. Cultes pratiques et connaissances

1 – Condamner toutes formes d'envoûtement.

2 – Cultiver une bonne connaissance et un bon usage de la géomancie.

3 – Arrêter toutes formes de sacrifices humains.

4 – Encourager le respect et l'honneur à nos morts.

5 – Eviter de provoquer la colère des morts.

6 – Encourager l'éducation des enfants à la fois par le père et la mère sans limitation de période.

7 – Cultiver la liberté religieuse et l'unicité de Dieu créateur.

8 – Condamner toutes formes de « KOUDIDIO »[52].

9 – Condamner toutes formes d'exhumation.

10 – Condamner le mariage endogamique sous toutes ses formes.

11 – Condamner toutes formes d'esclavage.

12 – Condamner Veiller à la législation des mariage par des dots symboliques.

13 – Revaloriser nos danses et chansons traditionnelles.

14 – Revaloriser les cérémonies rituelles qui préviennent de toutes formes de calamité.

15 – Revaloriser la parenté à plaisanterie.

16 – Revaloriser l'éducation communautaire.

---

[51] Comparer ces recommandations avec l'article de K. Elwert-Kretschmer : « Vodun et contrôle social au village » in *Politique Africaine*, n° 59, Octobre 1995.

[52] Koudidio ou Kudyo : voir note page 179.

17 – Respecter le droit d'aînesse pour la conduite des affaires familiales.

18 – Protéger les forêts, montagnes et rivières sacrées.

19 – Aider les jeunes mariés par des conseils appropriés.

****

20 – Revoir toutes les cérémonies où des personnes dansent toutes nues.

21 – Revoir nos cultes et coutumes traditionnels.

22 – Revoir les pratiques traditionnelles d'inhumation des morts (AKPA BASSOU à Ouidah.)[53]

23 – Revoir le temps entre l'inhumation ou la conservation et le moment où le mort a rendu l'âme.

24 – Revoir le coût de la dot et la rendre symbolique.

25 – Revoir le breuvage donné aux voleurs pour la preuve de culpabilité.

26 – Revoir la sortie des fétiches.

27 – Revoir la nudité des jeunes filles pendant les cérémonies.

28 – Revoir la multiplicité des idoles et couvents dans la même localité.

29 – Revoir la mission humanitaires des Zangbéto, Oro et Egungun.[54]

30 – Revoir la forme des tombes au niveau de toutes les traditions.

31 – Revoir certains rites traditionnels (idoles effrayantes, effusion de sang).

****

32 – Etudier et alphabétiser dans les langues des couvents.

33 – Encourager la fabrication des tissus traditionnels et le port de ces habits.

34 – Réhabiliter le travail collectif.

---

[53] Akpa Bassou : Rituel des morts consistant à asperger le défunt du sang d'un animal sacrifié.

[54] Zangbéto, Oro, Egungun : Sociétés secrètes voir note page 219.

35 – Réhabiliter les réjouissances populaires et un calendrier des fêtes.

36 – Réhabiliter la philosophie et la littérature africaines.

37 – Traiter la littérature orale et la transcrire.

38 – Cultiver le patriotisme chez tout individu.

39 – Respecter la personne humaine sans distinction aucune.

40 – Aider chaque citoyen à préférer l'être à l'avoir.

41 – Cultiver l'excellence chez tous et à tous les niveaux.

42 – Organiser des rencontres culturelles entre plusieurs groupes ethniques.

43 – Encourager la rencontre annuelle des Rois.

44 – Sauvegarder la sculpture (sur bois).

45 – Revaloriser la géomancie (Ifa).

46 – Garder l'originalité africaine.

47 – Revaloriser l'art culinaire traditionnel.

48 – Réhabiliter la dignité africaine.

49 – Lever le voile sur les sciences africaines.

50 – Condamner toutes formes de xénophobie, racisme, régionalisme et d'ethnocentisme.

51 – Cultiver le respect et l'obéissance aux personnes âgées et autorités.

52 – Condamner toutes formes d'acculturation.

53 – Cultiver le respect de la personne humaine (enfant, femme, autre ethnie).

54 – Eviter tout complexe d'infériorité face à la culture occidentale.

55 – Admettre le droit d'expression des jeunes.

56 – Veiller à la consolidation des familles.

57 – Décourager la perte d'origine liée à la signature des noms appropriés.

58 – Encourager l'alphabétisation en langues coutumières et les enseigner dans les établissements secondaires.

59 – Baptiser les enfants dans les langues coutumières et de préférence selon la tradition.

60 – Eviter la dépravation des mœurs.

61 – Revaloriser tous nos chants et danses traditionnels.

62 – Revaloriser les séances de récitation de conte le soir aux enfants.

63 – Encourager l'enseignement des proverbes aux citoyens.

64 – Replonger les enfants dans leurs coutumes d'origine : les envoyer souvent de la ville au village pour les bonnes traditions.

65 – Améliorer le programme télévisé national sur nos Us et coutumes.

66 – Encourager le respect aux personnes âgées.

67 – Sauvegarder l'accueil et hospitalité chez soi.

68 – Consolider les liens de parenté par tous moyens (adoption des enfants).

69 – Revaloriser la façon d'aller à cheval.

70 – Revaloriser les tresses africaines.

71 – Harmoniser les cultures ancestrales et celles d'origine lointaines.

****

72 – Revoir la fabrication des flèches empoisonnées.

73 – Revoir l'engouement des danses importées.

74 – Revoir l'appellation des plus âgés par le nom propre.

B. Droits de la famille élargie

1 – *Généralités*

75 – Arrêter les cérémonies ruineuses liées aux funérailles, naissances, baptêmes, anniversaires, libération, ordination, chant des griots.

76 – Condamner toutes sortes de vente ou de vol des personnes humaines (enfants, bossus, femmes enceintes) pour se faire de l'argent.

77 – Cultiver et encourager la vie communautaire.

78 – Cultiver l'autosuffisance alimentaire et mécaniser l'agriculture.

79 – Limiter les naissances en fonction des moyens disponibles.

80 – Condamner l'appropriation individuelle des terres cultivables et des fleuves.

81 – Cultiver toutes formes de solidarité.

82 – Cultiver la fraternité entre tous les hommes.

83 – Organiser toutes cérémonies à des moments non indus.

84 – Eviter les feux de brousse tardifs.

85 – Eviter l'empoisonnement des eaux au cours des pêches collectives.

86 – Concilier les cultures agricoles vivrières et industrielles.

****

87 – Revoir le mode de distribution des terres pour éviter toutes formes de litiges domaniaux et de privation de terre aux paysans.

2 – *Les droits de la femme*

88 – Humaniser le veuvage et la condition de la veuve.

89 – Arrêter l'excision des femmes.

90 – Arrêter le mariage précoce et forcé des filles.

91 – Permettre aux femmes d'épouser leurs amants sans distinction de religion, de région, de race ou d'ethnie.

92 – Arrêter le refus de la scolarisation ou la déscolarisation des filles.

93 – Arrêter la sous-estimation de la femme dans le foyer.

94 – Arrêter l'apprivoisement des femmes musulmanes.

95 – Arrêter de marginaliser la femme.

96 – Amener les polygames à êtres justes et équitables envers toutes leurs femmes.

97 – Tenir compte du consentement de la veuve avant toutes formes de lévirat.

98 – Arrêter la violence à l'égard de la femme.

99 – Encourager les coopératives féminines pour le développement du pays.

100 – Permettre aux filles de jouir de l'héritage des parents au même titre que les garçons.

101 – Revoir le principe de la virginité des femmes avant le mariage.

****

3 – *Les droits de l'enfant*

102 – Concilier l'internement des enfants dans les couvents avec une bonne formation scolaire.

103 – Concilier la polygamie avec l'éducation des enfants.

104 – Arrêter de tuer les enfants mal formés.

105 – Arrêter de jeter les enfants dont les mères ont succombé lors de l'accouchement.

106 – S'occuper sans faille de sa progéniture.

107 – Arrêter l'enlèvement des enfants pour internement dans les couvents.

108 – Décourager le « Vidomègon »[55] sous toutes ses formes.

109 – Arrêter le massacre des enfants qui naissent avec des dents ou les pieds en avant (ou dans toutes formes de position).

110 – Arrêter le massacre des enfants mal formés.

111 – Encourager la scolarisation des enfants.

112 – Arrêter de tuer les enfants qui commencent de pousser les dents par la mâchoire supérieure.

113 – Encourager l'éducation communautaire des enfants.

114 – Revaloriser la cérémonie de sortie de l'enfant.

115 – Former les garçons au même titre que les filles aux travaux domestiques.

116 – Former les filles dans les activités que poursuivent les garçons.

117 – Réciter les contes et histoires humanistes aux enfants.

****

---

[55] Vi = enfant ; do = rester ; mègon = auprès des gens
Le phénomène « Vidomègon » consiste à confier des enfants en bas âge jusqu'à leur adolescence à des foyers afin qu'ils soient « éduqués » loin de leurs parents.

4 – *De l'environnement familial*

118 – Eviter de passer le pouvoir aux adolescents ou à des personnes de moralité douteuse.

119 – Humaniser le respect dû aux chefs et aux personnes âgées.

120 – Cultiver le travail bien fait.

121 – Protéger l'environnement et les lieux sacrés.

122 – Condamner toutes formes d'esclavage.

123 – Revaloriser la juridiction traditionnelle.

124 – Etablir et respecter le mode de succession au trône des Chefs Traditionnels et éviter toutes formes de combat liés aux choix de la personne à introniser selon les principes propres à chaque royaume.

125 – Condamner l'esprit de supériorité des Princes.

126 – Arrêter le mariage des Chefs Traditionnels avec des fillettes données par les familles.

127 – Eviter des sorties inutiles aux Rois.

128 – Revaloriser la chefferie traditionnelle.

129 – Institutionnaliser un Conseil des sages au niveau de chaque village pour aider les pouvoirs publics.

130 – Favoriser la qualité de meneur d'homme et de rassembleur chez les Chefs Traditionnels.

131 – Impliquer les Chefs Traditionnels dans le processus de développement local.

132 – Réhabiliter le tribunal correctionnel des Chefs Traditionnels.

****

133 – Revoir la manière de saluer les rois.

134 – Revoir la prononciation des noms des personnes âgées par les moins âgées.

135 – Revoir toutes les formes de réprobation publique.

5 – *De la santé familiale*

136 – Arrêter toutes sortes d'abus dans les couvents (viols, brimades ...).

137 – Accorder plus d'importance à la médecine africaine.

138 – Juger scientifiquement tout interdit alimentaire et vestimentaire.

139 – Lutter contre toutes formes d'empoisonnement.

140 – Condamner toutes formes de drogue et d'alcoolisme.

141 – Encourager la guérison par les plantes médicinales et décourager toutes formes d'obscurantisme.

142 – Ne jamais se dégoûter de la vie, ni chercher à se suicider.

143 – Harmoniser la parure des personnes avec la santé humaine.

144 – Planifier les naissances et ne mettre au monde que le nombre d'enfants qu'on est capable d'éduquer et élever.

145 – Encourager l'espacement des naissances.

146 – Condamner la dépigmentation des peaux surtout chez les femmes.

147 – Eviter l'intoxication par des aliments chimiques et par des conserves.

148 – Eviter l'utilisation abusive des produits pharmaceutiques.

149 – Revaloriser les luttes, jeux traditionnels et chasse.

150 – Revaloriser la médecine traditionnelle.

151 – Cultiver l'assistance aux personnes nécessiteuses.

152 – Veiller à l'hygiène et à un meilleur emballage des produits médicaux traditionnels.

153 – Encourager l'allaitement des bébés au sein maternel.

154 – Encourager le port au dos des bébés.

155 – Soutenir les veuves et les orphelins.

****

156 – Revoir les cicatrices raciales, coutumières ou religieuses.

157 – Revoir la flagellation sous toutes ses formes.

158 – Revoir les cérémonies de circoncision.

159 – Revoir toutes les formes d'interdits alimentaire et vestimentaire.

Il y a une synthèse entre deux mouvements. L'un réactionnaire (les luttes contre le tribalisme, le culte des chefs...), l'autre progressiste (le droit des femmes, des enfants...) débouchant sur un "entre deux" des plus intéressants.

PARAGRAPHE II : Besoin des droits de l'homme ?

Si ce qui précède résume les doléances des Béninois d'une manière générale, l'occasion a été donnée à certains de répondre d'une manière précise à la pratique des droits de l'homme par le biais d'un questionnaire lors des manifestations des célébrations du 10 Décembre 1996, journée de la Déclaration Universelle des droits de l'homme.

A. Quelques résultats d'enquêtes au Bénin

Nous pouvons par ce titre faire une synthèse des diverses opinions traitées dans un questionnaire qui a circulé de Cotonou à Parakou, dans les rues et les transports collectifs (le train surtout). Quantitativement nous avions modestement imprimé deux cents questionnaires dont la moitié environ est perdue dans la nature. Sur le plan qualitatif, plus d'un de ceux qui ont pu répondre nous ont étonné par leur perspicacité de la chose démocratique (grosso modo), voire des droits de l'homme. Certains ont critiqué la forme de nos imprimés préférant une série Vrai/Faux ou bien Oui/Non ou encore des questions à choix multiple. Il faut dire pour être honnête que nous avions voulu laisser s'exprimer les personnes elles-mêmes.

A la question n° 4 « *Quels sont selon vous les principes qui manquent* » à l'actuelle théorie des droits de l'homme ? Sept personnes ont répliqué : la solidarité comme principe ou le partage comme obligation, partage du travail ; une douzaine objectèrent : « le droit des peuples », tandis que beaucoup d'autres ont mis le doigt sur la volonté des plus forts à imposer leur volonté à l'ensemble des pays les plus faibles. L'exemple des USA et de l'Irak fut cité dans une argumentation. C'est la question à l'évidence qui n'a pas été traitée par la majorité des personnes. « *Sincèrement, je ne maîtrise pas ce chapitre des droits de l'homme ; je n'ai jamais lu un livre spécifique les concernant* » a répondu M. Edmond Fafolahan, comptable de son état, né le 20.11.1955. Pour un trait d'ensemble des suggestions (question 11) les Béninois sondés marquent leur préférence pour « *une éducation morale et religieuse qui met l'homme, en amont et en aval du droit pour mieux réaliser un Etat de Droit à travers le droit de l'Etat* » (Monsieur Nut, tontinnier né en 1962 à Dahi). L'accent fut abondamment mis sur la lutte contre la corruption (en Afrique*) : « Les richesses nationales appartiennent aussi aux gouvernés (...) ceux-ci sont des ayant-droits ; par conséquent ils ont les mêmes droits* ». Sur le plan international certaines réponses ont fustigé le racisme qui fausse le jeu des droits de l'homme, d'autres l'arrogance et l'hégémonie de l'Occident, et préconisent de revoir le droit de veto.

Très peu de personnes ayant rendu leurs réponses ignorent les droits pratiques et théoriques de l'homme (les trois premières questions dont le but était de tester la connaissance des sondés en la matière ont reçu des réponses assez ou très satisfaisantes). Presque toutes les répliques conseillent l'éducation du plus grand nombre de Béninois et d'Africains dans ce domaine, la vulgarisation de tous les articles de la Déclaration Universelle des Droits de l'Homme et une plus grande autonomie des associations de défense des droits de l'homme enregistrée au Bénin. Peu de gens se sont inquiétés du retour du Général Kérékou aux affaires (question n° 8). Certains se sont révélés hésitants et ont recommandé la vigilance, d'autres ont fait allusion à une tentative d'extraction d'un couple de nigerians opposants au régime militaire d'Abacha (début Décembre 1996) et à des opposants centrafricains livrés aux autorités judiciaires et politiques de leur pays. L'immense majorité, la presque totalité pense néanmoins que les temps et les mentalités ont évolué et que l'Exécutif appliquera de manière plus souple les principes des droits de l'homme et les respectera. Kérékou « *n'est pas arrivé au pouvoir d'une façon arbitraire, c'est le peuple qui l'a choisi. La démocratie s'est installée, elle ne disparaîtra plus. Justement le Bénin sera un pionnier en Afrique Sub-Saharienne* », conclut un chômeur anonyme. Un professeur de mathématiques constate que l'environnement socio-politique a changé, qu'en outre, la constitution béninoise du 11 Décembre 1990 a prévu des garde-fous.

Enfin à la question n° 10 « *Aimez-vous cette "mode" des droits de l'homme et pensez-vous que la vague s'apaisera ?* » un quart environ des réponses disent *« oui, si ... »*. Oui, si les gouvernants les appliquent, les respectent ; oui, si l'on ne se limite pas seulement à la théorie, à la simple publication des articles et aux discours démagogiques des autorités politiques. Un autre quart des personnes ayant répondu avouent leur adhésion complète (une réponse a claqué : « *ce n'est pas une mode !* ») et affirment que « *si cette "mode" a duré jusqu'à présent chez les occidentaux, pourquoi pas chez nous ? Elle durera* » ou encore « *j'aime bien cette mode (...). Il faut qu'elle continue* ». L'autre moitié semble beaucoup moins optimiste que la première. Certains martèlent leur désaccord aux droits de l'homme « *tels qu'ils se font actuellement dans le monde* », et ceux-là pensent qu'ils ne dureront pas puisqu'ils sont *« faits de Déclarations trompe-l'œil »*. Que l'on excuse notre naïveté puisque nous adhérons pleinement à la pensée de M. Nut, notre tontinnier né en 1962 à Dahi dans le Mono :

« Il y a des valeurs objectives qui sous tous les cieux emporteront l'adhésion de tous. Promouvoir ces valeurs inaliénables fera durer la mode. Mais c'est l'universalisation des droits de l'homme qui est difficile, voire impossible à réaliser : la différence des cultures ».

Ce simple constat, nous l'avons rencontré dans les divers colloques organisé à l'occasion de la journée des droits de l'homme.

B. La perception du processus démocratique par les populations

1 - Les élites et la journée du 10 Décembre 1996

Pour célébrer le quarante-huitième anniversaire de la Déclaration Universelle des Droits de l'Homme, le Ministère de la justice de la Législation et des Droits de l'Homme du Bénin a organisé une journée pour faire le point sur l'évolution des droits de l'homme. Deux personnalités ont présenté chacune un exposé sur la problématique des droits de l'homme au Bénin. Le Président de la Commission Béninoise des Droits de l'Homme (CBDH), et un professeur de droit public de l'Université Nationale du Bénin, représentant l'Exécutif béninois.

Le Président de la CBDH, dans son exposé introductif mit l'accent sur les changements au Bénin depuis la Conférence des Forces Vives de la Nation de Février 1990, insista à plusieurs reprises sur l'inexistence de violation massive des droits de l'homme dans le pays depuis cette date. Seuls nuages aujourd'hui : la situation dans les prisons qu'il avait visitées, accompagné du Ministre de la Justice M. N. Tidjani Serpos, en ce jour du 10 Décembre. Le second problème sur lequel l'avocat appelait son auditoire à réfléchir consistait en un phénomène récurrent aujourd'hui dans les villes du Bénin : le supplice du collier infligé aux voleurs ou personnes supposées telles. Cette forme de vindicte populaire ne fait pas honneur à la démocratie encore moins à l'application des droits de l'homme. En résumé voici l'argument du Président de la Commission Béninoise des Droits de l'Homme : il y a une quarantaine d'années le Dahomey (ancienne appellation du pays) importa le modèle étatique occidental et avait perdu en chemin les droits protégeant les citoyens. Depuis 1990 justice est faite, le Bénin a récupéré les droits de l'homme néanmoins on ne saurait être moins vigilant, sait-on jamais ? Les acquis de la Commission : les traductions des Déclarations en langues nationales, l'aide au gouvernement pour ratifier les instruments internationaux des

Droits de l'Homme, l'élection présidentielle de 1996, les actes des séminaires ....

Le représentant de l'Exécutif analysa le rôle de la "société civile" dans le nouveau contexte démocratique. Après avoir retracé et remis le mot dans son contexte sociologique et politique (l'ensemble des acteurs dans la vie nationale) il lui donna son caractère extra-politique. Il fut ensuite question de l'organisation de « la société civile », des formalités administratives et des centres d'intérêt de ce concept remis au goût du jour. L'auditoire n'était composé que de quarante huit personnes, des magistrats de l'Etat béninois pour l'immense majorité. Rien à voir avec l'EID, l'Espace d'Interpellation Démocratique que le Mali s'offre tous les 10 Décembre[56]. Les critiques n'ont pas manqué l'occasion de demander l'enracinement des Droits de l'Homme dans le concret des couches paysannes et de fustiger les séminaires où ne se rencontrent que les élites béninoises. La défense des Droits de l'Homme ne s'arrête pas au siège de la Commission Béninoise des Droits de l'Homme (le siège maintient toujours ses portes closes ; la permanence du vendredi est quasi-inexistante). Il fut également question de la séquestration des enfants mineurs dans les couvents, des moyens légaux pour la poursuite des délinquants ayant enfreint les lois démocratiques et le manque de finances qui laisse la Commission sans moyens, d'où son silence parfois inquiétant. Le Président de la CBDH énuméra les facteurs objectifs qui entravent le processus des Droits de l'Homme au Bénin, insista sur le tarissement des financements internationaux, le Bénin ayant déjà "décollé" dans le domaine de la promotion et de la défense des dits droits. Les « opérateurs » démocratiques lorgnent vers d'autres cieux ... Lorsqu'un participant demanda à l'Etat béninois de prendre la relève en fournissant des espèces sonnantes, le représentant du Premier Ministre fit état de la création de nouveaux cours et

---

[56] A la tribune de l'EID, conférence nationale malienne d'un jour, la population est invitée à exposer publiquement ses doléances et à interpeller les responsables politiques. Voir *Jeune Afrique* n° 1876-1877 du 18 au 31 Décembre 1996.

tribunaux, de l'immensité de la tâche à accomplir et conclut brillamment qu'en matière des droits de l'homme, l'Etat ne peut et ne doit pas tout faire ! Il appartient aux citoyens de participer à la vie des droits de l'homme ; le rôle de l'Etat consistant à plier sous les revendications des individus et non pas l'inverse.

Quoi qu'il en soit on parla de tout, sauf de la culture africaine et des dimensions culturelles de la notion des droits de l'homme au Bénin, celles-là mêmes qui assureraient une plus grande participation des villes et des campagnes à l'œuvre des droits de l'homme.

2 - Différences de vue entre les communautés villageoises et les villes

Selon l'enquête effectuée par le Groupe d'Etudes et de Recherches sur la Démocratie et le Développement Economique et Social (GERDDES-AFRIQUE)[57] du 16 Août au 21 Septembre 1995 dans les trois provinces de l'Atlantique, du Borgou et du Zou (sur six provinces au total), les sondés donnent une bonne impression de la démocratie béninoise et rejoignent nos propres résultats sur le terrain quatorze mois plus tard ; toutefois sur 232 satisfaits, 157 résident en zone urbaine pour 75 en zone rurale.

Les mauvaises impressions qui ressortent de cette enquête se situent au niveau social (la démocratie égale anarchie, individualisme, confusion, régionalisme, clanisme, népotisme, favoritisme, obscurantisme, manque de débats de société, exclusion sociale) et essentiellement sur le plan politico-économique (mauvaise gestion de la population, non-engagement dans la formation des cadres pour une bonne gestion, mauvaise utilisation des compétences, corruption généralisée à tous les échelons, trop de laisser-aller sous le couvert de la démocratie, inflation galopante et vie chère,

---

[57] cf. *Observatoire de la Démocratie en Afrique*, 1995, Imprimerie Grande Marque, Cotonou, 375 p.

chômage, extraversion de l'économie et inexistence d'une nation véritablement béninoise).

Quant aux bonnes impressions elles se situent au niveau du multipartisme intégral, de la bonne gestion des institutions, de la transparence des élections et surtout des libertés retrouvées (liberté d'expression, d'opinion, d'association, de circulation, de presse ...) et de l'absence de détenus politiques dans les prisons. Evidemment au plan économique on cite la régularité des salaires des agents de l'Etat avec la confiance retrouvée des partenaires du développement et les résultats positifs de l'économie béninoise.

La plus grande leçon du sondage fait apparaître la différence entre le milieu urbain et les communautés de base dans les villages. Pour celles-ci la question économique est primordiale. Pour renforcer la démocratie et les droits de l'homme il faut remettre à flot le tissu économique et assurer le mieux-être des populations (en est-il un meilleur stimulant pour la liberté et l'indépendance d'esprit ?) Aussi, au cours des enquêtes, des villageois ne se cachent-ils pas pour tout laisser tomber, aller vaquer aux travaux champêtres, pour ne pas perdre du temps ? Peut-on voir dans cette attitude la permission donnée aux « intellectuels » de s'occuper de leur « politique », l'essentiel étant que tout aille pour le meilleur dans la voie pacifique ?

Nous pensons que la démocratie béninoise n'est pas une démocratie d'exclusion. Tout y est mis en jeu pour obtenir l'adhésion de toutes les couches de la population. Témoin, les cinq cents délégués constituant les « Forces vives » déclencheurs de la Conférence Nationale qui réveilla les droits de l'homme proclamés dans la Constitution du 11 Décembre 1990 (« paysans et artisans », « personnalités et sages », « association de développement », etc.). La solution doit être recherchée sur le plan culturel avant de se lancer dans l'édification d'un droit positif des droits de l'homme. La méthode anthropologique peut nous aider à éclairer l'avenir béninois des droits de l'homme.

CHAPITRE III - RENVERSER LE RAPPORT POUVOIR/PERSONNE

Le concept des droits de l'homme est contesté quant à la notion même de « droit ». La charte des Nations Unies et celle de O.U.A. affirment le principe de non-ingérence dans les affaires relevant de la compétence nationale des Etats. Qu'est-ce qui, au-delà du cri d'indignation peut s'apparenter à un raisonnement juridique ?

Existe-t-il de véritables « droits » de l'homme à l'échelle internationale ? Nous avions précédemment décrit les commissions onusienne et africaine des droits de l'homme mais, pour que les droits de l'homme atteignent le niveau de « principes de droit » il faut qu'ils soient d'abord obligatoires pour les Etats. Contrôle donc des cours constitutionnelles (recours à l'amparo mexicain dans certains Etats) au plan national et procédures de contrôle au niveau supranational (les deux Pactes de l'ONU de 1966 et la Charte Africaine des Droits de l'Homme au Bénin). Pour que le droit international des droits de l'homme devienne un véritable instrument de contrainte structurelle[1] il faut veiller à développer de solides structures régionales et internationales tout en faisant de l'applicabilité de ces droits une réalité dans l'ordre national (contester la légitimité de certaines pratiques par son raisonnement juridique).

On peut valablement conclure que la République du Dahomey, la République populaire du Bénin et enfin la République du Bénin, à l'instar des autres Etats Africains, a

[1] Delmas-Marty M., *Les Grands Systèmes*, op. cit., p. 250. et *libertés et droits fondamentaux* (M. Delmas-Marty et Cl. Lucas de Leyssac, Dir.), Ed. du Seuil, 1996, Coll. Points, 398 p.

"fait le tour" des institutions « démocratiques » telles qu'elles existent dans les autres parties du Monde. Le Bénin, membre à part entière de la Communauté internationale a adopté des « libertés publiques », embrassé la conception trop occidentale des droits de l'homme. Les inconvénients inhérents à cette théorie y sont visibles (plus qu'elles ne le sont en Europe). L'homme Béninois est toujours sous le joug du Pouvoir. Les théoriciens des droits de l'homme doivent reconnaître que son application au Bénin, à moins qu'elle ne se rattache à des incantations (celles-ci ne sont pas à condamner à l'autodafé bien au contraire), ne satisfait pas du tout l'Africain. N'est-il pas alors temps de « cultiver son jardin » de ce côté de l'Atlantique ? Les réalités et les applications des droits de l'homme,

> *« prérogatives gouvernées par des règles que la personne détient en propre dans ses relations avec les particuliers et avec le pouvoir »*[2],

différent que l'on appartienne à l'univers européen ou à l'espace afro-béninois. Analysons tour à tour le besoin de liberté au Bénin ensuite les relations avec la Pouvoir.

Si la démocratie isole les individus et est menacée par l'individualisme (Tocqueville 1.), la solution qui passe par le mouvement associatif n'est plus à chercher au Bénin. Tout est associatif, ou pour être plus exact, la vie associative tissée en Afrique depuis des siècles n'est pas à déconstruire. C'est ce à quoi on assiste depuis la rencontre de l'univers béninois avec l'Occident. Par contre la société inégalitaire (complémentarité) a du mal à s'accorder à la démocratie et à la notion des droits de l'homme. Il s'agit de tout faire pour arrêter la déconstruction sociale et poursuivre en avant le mouvement égalitaire d'ailleurs réclamé par les hommes au Bénin, avant que cette revendication des droits ne prenne la forme d'une contestation.

---

[2] Définition des « droits de l'homme » : cf. Mourgeon J., *Les Droits de l'homme*, Coll. « Que sais-je ? » P.U.F, 1988, 4e éd., 126 p.

SECTION I : LA REVENDICATION DE DROITS AFRICAINS

La mondialisation amène certaines catégories sociales au Bénin à se battre pour l'« *égalisation des conditions* ». G. Balandier cité par P. Ansart, met en lumière la pluralité des changements qui traversent les sociétés africaines. Les hypothèses de l'ethnologie traditionnelle sont récusées par l'éminent sociologue qui dénonce également le structuralisme qui, « *en polarisant l'étude sur les invariances et sur la répétition des ordonnancements sociaux pourrait ainsi prolonger les principes de l'ethnologie ancienne* »[3]. Que sont les potentialités contradictoires que recèlent ces sociétés africaines et quelles sont leurs possibilités de choix d'avenirs différents ? Avant cela montrons dans l'univers béninois ce que G. Balandier appelle les « *permanences structurelles* ».

PARAGRAPHE I : « Les permanences structurelles » au Bénin

Ce sont les résultats de pratiques antérieures qui pourraient être transformées par des pratiques ultérieures en matière de droits de l'homme. L'enquête effectuée du 20 Octobre au 20 Novembre 1996 par Africa-Cultures montre l'importance de la religion et des cultes ancestraux, l'au-delà qui fonde toute la vie sur terre. Cette liberté de conscience peut se transformer mais il en restera le respect de tout ce que l'homme ne peut maîtriser : la nature, l'environnement, la bioéthique en général. C'est dans cet ordre qu'il faut veiller à ne pas laisser partir les cérémonies

---

[3] Ansart Pierre, *Les sociologies contemporaines*, Ed. du Seuil, 1990, 344 p.

annuelles ou bisannuelles, donc à accorder une grande place aux personnes âgées maîtresses des cérémonies vodoun et autres et du patrimoine religieux avec les danses et les chants.

A. Danses et chants à thèmes

Celui qui n'a pas encore compris la place des danses et des chants pour l'émancipation des hommes en Afrique n'a encore rien saisi de la réalité socio-anthropologique. A travers les chants on se pose et l'on s'oppose au Pouvoir. Encourager les chants comme à Athènes l'on encourageait le développement de la tragédie. Un concours de chants avec un premier rang autour de thèmes « sérieux » tels l'histoire du pays, les hauts faits des hommes, la vie politique, les abus du pouvoir, etc. de manière à aiguillonner l'opinion publique et à développer l'esprit critique. Mais ces récitals et chants peuvent continuer à célébrer la culture de la paix et l'amour du prochain. Au pire moment de la dictature d'Eyadema une chanson à thème fredonnée par les togolais leur a permis de vivre des moments difficiles dans une relative facilité. Comme le rôle de contre-pouvoir qu'a longtemps joué Fela A. au Nigéria. La culture du griot recorrigée peut réapparaître et s'enseigner dans les écoles. La danse des revenants libère les hommes du pouvoir oppresseur de la chose Politique. Cependant si les chants sont à encourager et à promouvoir dans l'esprit des droits de l'homme[4], ils sont loin de combattre le pouvoir. C'est pourquoi à la demande des Béninois il serait judicieux d'encourager les rites d'initiation et les sociétés secrètes.

[4] « N'oublions pas, écrivait R. Bastide, qu'il y a des « techniques du corps » (...) pour une culture musicienne où la construction n'est jamais qu'une technique de bricolage, tandis que les muscles de la main sont dressés pour les rythmes du tambour. » cité par Thomas L. V., in *La notion de personne en Afrique Noire*, Ed. CNRS, 1971, p. 420.

B. Rites d'initiation et sociétés secrètes

C'est à travers l'initiation et les sociétés secrètes que les croyances traditionnelles trouvent leur envergure. L'homme initié ou appartenant à une société secrète pense d'abord à l'intérêt général : il sait qu'il ne doit pas enfreindre les règles du groupe auquel il appartient. De nombreuses sociétés dites secrètes (ré)apparaissent aujourd'hui au Bénin, signes que les permanences structurelles n'ont pas disparu. Un exemple édifiant serait celui des Dozo en Côte d'Ivoire, société de chasseurs qui assureraient la protection et la sécurité des populations dans les stades et dans les villes dangereuses la nuit. On apprend, par ces rites et dans ces sociétés les cérémonies vodoun, l'éthique sociale, et tout le patrimoine religieux des ancêtres. Pour certaines réponses : « *il faut éviter de provoquer les morts.* » pour d'autres « *Les droits sociaux sont en majorité* ».

C. La solidarité africaine ou les droits sociaux

Nous sommes dans la spécificité africaine, celle des devoirs traditionnels. La finalité de la démocratie et des droits de l'homme, c'est l'assistance aux personnes nécessiteuses, c'est la responsabilité des parents de s'occuper de tous les enfants (neveux, nièces etc.). La loi de l'hospitalité (le devoir d'hospitalité) s'apprend à travers l'entraide, le travail collectif, la chasse, les fêtes, les récoltes, les naissances, les mariages, les décès et les calamités. La particularité de cette solidarité : qu'elle ne se cantonne pas aux membres de sa caste, de sa famille ni aux hommes qui nous ressemblent. Passé le moment d'étrangeté, l'homme est accepté et adopté non pour ce qu'il a mais pour ce qu'il est : un être humain.

Toutefois nos enquêtes ont montré des failles béantes qu'il faut combler.

PARAGRAPHE II : Ce qu'il reste à éradiquer

Les droits civils tels qu'ils existent en Occident ne sont pas bien « développés » au Bénin ; l'apport du droit international des droits de l'homme s'avère très utile. C'est ce qui ressort de l'enquête de terrain : « *Quoi éradiquer dans les valeurs culturelles traditionnelles africaines* ? ». .A la lecture des réponses apportées on comprend mieux la crainte de ceux qui pensent que la démocratie n'est pas faite pour l'Afrique (tribalisme, guerres, corruption, ignorance, analphabétisme).

A. Le droit des femmes béninoises

A l'évidence la Béninoise n'est pas libre. A un certain âge il lui est reconnu des droits sur les cérémonies religieuses et familiales mais la femme pubère est mal lotie : mariage précoce (ou domination des aînés et des frères cadets, influence des personnes tutrices, etc.), polygamie ou une dot au plus offrant. Les filles adoptées servent encore trop souvent de « bonnes » à tout faire, taillables et corvéables à merci. Leur séjour est trop prolongé dans les couvents et elles sont accusées de sorcellerie et souvent de manière injuste. Et que dire des formes de répudiation de la femme mariée ? L'infanticide rituel existe encore dans de nombreuses régions ou bien les fillettes sont « confiées » à des étrangers. Et en pays Peulh la flagellation de la femme adultère ou de l'apprenti(e) n'a rien de démodé ou de biblique. L'absence des jeunes femmes dans les conseils de famille est aussi déplorée. Quant aux mariages forcés, au veuvage et à l'excision ils sont remis en question par les modernes.

B. La lutte contre le « tribalisme »

Elle vient après les critiques formulées à l'encontre des droits de la femme Béninoise. On met à l'index en général les scarifications, cicatrices, balafres et signes qui permettent de savoir de quelle origine est issue la personne marquée à vie.

Quoiqu'on reconnaisse que ces traces ne furent pas destinées à discriminer, leur retombée n'est pas juste pour ceux qui les portent. C'est vrai qu'il ne faut pas renoncer à la race par les techniques de dépigmentation mais de là à accentuer les différences, les lettres reçues ne sont pas prêtes à le cautionner. De façon plus précise certains groupes sociaux se révoltent contre leur séparation avec d'autres (à plusieurs reprises dans le Nord du Bénin, les Baribas ne veulent pas se séparer des Gando). Comment organiser ce brassage ethnique et racial (réclamé) sinon par l'école, le collège, l'université, l'armée bref à travers les institutions héritées du colonialisme ?

C. Le culte des chefs et des personnalités importantes

Il faut dire que nous avons recensé un très grand nombre de revendications c'est-à-dire de pratiques à décourager comme celles qui consistent à exhumer des morts pour les réenterrer une seconde fois (Akpabassou). Le droit d'aînesse continue à sévir dans les régions éloignées du centre (Cotonou, Porto-Novo) et il est même demandé aux « Bokonon », prêtres d'Ifa ou marabouts d'éviter de désagréger les familles béninoises. La chefferie, si elle fait partie des valeurs à encourager ressortit également de la liste à décourager lorsqu'elle résulte d'une usurpation du pouvoir traditionnel. C'est une forme d'individualisme, lui-même fortement rejeté. Les chefs et personnalités, nous dit-on, doivent s'exhiber en costume traditionnels et respecter les modes de succession.

C'est dire ici toute la problématique des droits de l'homme qui consiste en cette tension entre la liberté et le pouvoir ; que faire ici et maintenant à la lumière de cette enquête de terrain pour mettre un frein à la déconstruction du champ social au Bénin ?

SECTION II : FREINER LA DÉCONSTRUCTION SOCIALE AU BÉNIN

La notion des droits subjectifs en vigueur en Occident, et que tente de recopier les colonisés d'hier reflète la philosophie sous-jacente au développement de l'histoire de cette société. Comment peut-on encore penser au Bénin que la règle de droit est d'essence scientifique et qu'elle n'a rien à voir avec la réalité sociale de l'univers dans lequel on se trouve ? Le droit reflète de nombreux préjugés et une explication en profondeur des droits de l'homme s'impose aussi de notre côté. D'où viendra l'autorité qui rendra durable le pouvoir si ce n'est en écoutant les chants de la tradition en rien comparable à ceux des sirènes ? Tel Ulysse toute l'intelligentsia formée en Occident se bouche les oreilles à l'aide de cire, après s'être laissée lier aux mâts du navire universel des droits de l'homme. Aussi cette section abordera l'étude de la personnalité béninoise (African personality) en s'interrogeant d'abord sur le prétendu système scientifique universel de la personnalité (paragraphe 1) pour étudier ensuite ce que L. V. Thomas appelait « le niveau impressionniste ou empirique de la notion de personne » dans le champ béninois[5].

---

[5] Thomas L. V., « Le pluralisme cohérent de la notion de personne en Afrique Noire traditionnelle » in *La Notion de personne en Afrique Noire*, CNRS, 1973.

PARAGRAPHE I : Les droits subjectifs et les droits de l'homme

A. La discussion des droits subjectifs

Etudier l'« homme » dans la théorie des droits de l'homme revient à considérer cette notion dans le champ occidental (que d'aucuns assimilent vite à une notion universelle). Bien sûr qu'un minimum de cohérence se rencontrent dans toutes les cultures humaines quant à la définition juridique de l'homme. *« Sujet de droit, personne, homme c'est tout un »* comme l'écrit le juriste R. Martin[6]. Ainsi la technique juridique consiste à étudier l'« homme » et à le classer dans les catégories du nom, du domicile, de l'état-civil et des droits de la personnalité. Ce juridisme occidental est à la base des droits subjectifs, de la théorie du patrimoine ou de l'égalité civile que nous retrouvons dans la théorie des droits de l'homme. Le droit renvoie au sujet du droit c'est-à-dire à son titulaire (nous n'aborderons le droit ni sous l'angle de son contenu ni sous celui de son objet). Le sujet de droit et des droits de l'homme ne peut se rencontrer que dans l'homme et dans la personne humaine. La personne physique en est le titulaire (homme, femme et enfant). On discute et on a discuté, pour savoir si l'embryon humain pouvait être considéré comme un « homme ». De savantes distinctions ont pu être faites par tel ou tel groupe pour justifier ou combattre les lois dites I.V.G. (Interruption Volontaire de Grossesse). En France le seuil a été fixé à dix semaines pour déclarer la viabilité de l'embryon qui devient un fœtus, etc.

Poursuivant toujours la technique judiciaire relative à la personne, sujet de droit, on pourrait trouver des éléments de justification de la personne physique esclave déclarée non sujet de droit. Et l'enfant de l'esclave ? Une femme esclave pouvait-elle légitimement procéder à l'avortement ou aller jusqu'à commettre le crime d'infanticide sans être déclarée responsable

---

[6] Martin R., Rev. Trim. dr. civ. 1981.785, cité par Gilles Goubeaux in *Traité de Droit Civil* (sous la direction de J. Ghestin), LDGD 1989, 602 p.

de son forfait ? Le raisonnement juridique verrait en cet in-fans un objet du maître qui seul poursuivra (a poursuivi) l'esclave pour obtenir réparation ! Une autre aberration (ce n'est là que jugement de valeur interdit en principe par les positivistes) consiste à produire la Déclaration Universelle des droits de l'animal et des juristes lèvent la voix pour annoncer l'animal « *sujet de droit naissant* »[7]. On discute déjà devant de sages magistrats la garde de l'animal de compagnie et on pense déjà à le faire héritier : il pourra se voir constituer un patrimoine, donc posséder des droits subjectifs au même titre que l'homme. A quand l'égalité civile ? Gilles Goubeaux dénonce une éventuelle inversion des valeurs : l'embryon serait-il inférieur à l'animal ? En outre quelle définition donnerait-on de l'animal et y engloberait-on les insectes et les amibes dans ladite catégorie juridique ?

B. Les droits de l'homme : un mythe occidental ?

Que peut apporter l'Afrique, le Bénin à cette notion de « personne » qui va en s'effilochant ? Michel Villey met en garde l'humanité contre ces droits subjectifs qui isolent l'individu et faussent selon lui les perspectives de l'homme. Avec lui il faut parler de « *relations juridiques objectives* » dans les rapports de chacun avec les autres. La notion de droits subjectifs est-elle à condamner à l'autodafé ? Non, bien sûr répond l'éminent philosophe du droit :

> *« Elle eut en son temps ses avantages ; qu'elle fut un instrument de combat, qu'elle constitua l'un de ces mythes qui, de par leur fausseté même sont générateurs de progrès ».*[8]

Le mythe des droits de l'homme a refoulé des structures tribales dans le monde invisible, dans une réalité qui contredit la pensée officielle. C'est cette lecture attentive qui permet d'établir des échelles entre les différentes cultures afin de les

---

[7] Goubeaux G., *Traité de Droit Civil*, Paris, LGDJ, 1989, 602 p.

[8] Villey M., Leçons d'histoire de la philosophie du droit, p. 161 (cité par G. Goubeaux op. cit.).

rapprocher au lieu de se diaboliser les uns les autres. La notion d'homme, de personne dans l'Afrique profonde permet de toucher la même réalité (différence de degré et pas de nature) et celle de liberté en Occident pourrait enrichir et extirper certaines pratiques honteuses des hommes au Bénin.

PARAGRAPHE II : La notion d'« homme » au Bénin

La notion de sujets de droits appliquée à l'homme est discutée aujourd'hui en Occident. Rien de plus éloigné des conceptions africaine ou béninoise de personne et celle d'homme. Après avoir montré les pratiques et les coutumes dans le chapitre 2 (à la première section), la façon dont est pensé le principe d'individuation[9] par l'entremise de la divination d'Ifa, il faut peut-être scruter les expressions les plus souples de la volonté générale en matière de droits de l'homme. La conscience collective, notion quelque peu vague, permet toutefois d'observer une différence du corps social béninois vis-à-vis de la « construction » de la théorie des droits telle qu'elle se fait dans la Constitution du 11 Décembre 1990 que nous avons longuement étudiée. Nous objectera-t-on que parfois le droit impose la solution voulue par quelques uns, que nous répondrons qu'il faut étudier les fondations de ce corps social, le cadre immobile, indispensable pour bâtir une théorie des droits de l'homme efficace[10].

A. La personne dans la société et dans le droit béninois

En étudiant la « personnalité » africaine L. V. Thomas ne l'aborde que du point de vue empirique, « impressionniste ». L'éminent philosophe avait particulièrement effectué ses enquêtes au milieu des ethnies Fon et Yoruba (Nago) du Bénin, c'est-à-dire celles que nous avons choisies comme représentatives de la démonstration des droits de l'homme.

---

[9] Voir ci-dessus, pp. 173-183.

[10] La partie qui va suivre est largement inspirée de l'article de L. V. Thomas in *La Notion de personne en Afrique Noire*, op. cit., p. 387s.

La personne est le capital le plus précieux chez les Yoruba et les Fon du Bénin. La richesse sémantique de la notion est remarquable et il est question d'unité et de pluralité à la fois. Les Fonnu (ou Fon) distinguent pas moins de cinq vocables pour décrire les composantes de la personne humaine. *Sɛ-lindon*, c'est à l'instar du Dieu double *Sɛgbo-lisa*, l'âme qui maintient le lien avec celui qui a créé la vie, le monde (le *Gbɛ dotç*). A l'appel de la mort il part rejoindre le Créateur. *Sɛ*, l'âme esseulée est chargée du destin de la personne. Quant au *Sɛ-lindon* c'est l'ombre : il disparaît avec le corps mais c'est lui qui revient quelques instants après la mort hanter les endroits privés/publics du decujus. C'est l'ombre qui marchait dans la brousse à l'ouverture des *Soleils des Indépendances* d'Ahmadou Kourouma ou celui du *Horla* de Guy de Maupassant. Ensuite le *Kpoli* permet l'acte d'ancestralisation. Quant aux signes d'Ifa (*DU*) dont nous avons relaté quelques faits, ils se chargent de programmer la vie de la personne. Une hiérarchie s'installe qui part de Sɛ-lindon être immatériel pour aboutir à la base de la pyramide aux signes d'Ifa, plus matériels donc plus humains. Cette pluralité de composantes de la personnalité se reflète également dans les noms donnés à l'enfant le jour de sa naissance correspondant à son âme. Il s'agit d'une sorte d'individualisation se détachant d'une forme d'âme collective et une appartenance diffuse à une même catégorie matérialisée par un jour donné (les enfants nés tel jour posséderaient les mêmes qualités et les mêmes défauts).

Les Yoruba, eux, disposent de sept types d'éléments constitutifs de la personne. Les composantes matérielles et les composantes immatérielles, ces dernières pouvant être soit périssables soit impérissables. *Ojiji*, c'est l'ombre (l'équivalent du *Yɛ* des Fonnu) qui relève de la classe matérielle de même que le corps (*Ara*), poussière qui retourne en poussière et l'intérieur (*Ikpin-ijeun*). La composante immatérielle périssable est appelée *Iye* ou l'esprit qui loge derrière le front. L'instance la plus représentative de la personne (des composantes immatérielles impérissables) se décompose en trois éléments : le cœur siège de la personne comme valeur (*Okan*, se mange pour la possession des qualités des rois défunts), le souffle de vie s'échappe le dernier jour pour rejoindre le Créateur (*Emin*) et la tête (*Eri*) se réincarnant dans le nouveau-né. Pour comprendre la place de ce dernier élément, on consulte le signe d'Ifa. En disant que les taxonomies négro-africain sont à la fois des homo-morphiques et homocentiques L. V. Thomas rejoint la parole de Raimundo Pannikar, enjoignant l'humanité d'établir des jeux de correspondances entre la conception occidentale des droits de l'homme et celles des autres parties du monde. La notion de personne, on le voit bien ne correspond en rien à la personnalité des êtres humains réduite à un nom, domicile, état-civil etc. Elle va bien au-delà de la mort puisque chez les Yoruba, la tête (*Eri*) et le *Kpoli* (immatériel) des Fonnu se réincarnent. Cette parcelle de la personne immuable, en est sa part sacrée. Il s'agit probablement là d'un modèle théorique révélateur de l'idéologie des Fonnu ou des Yoruba du Bénin qui rejoint en profondeur celle des bouddhistes et qui, à n'en pas douter, peut apporter un immense enseignement du respect de soi et d'autrui. On ne peut forcer aucun être humain d'y adhérer mais pourquoi refuser d'en tenir compte pour élaborer un droit de l'« homme » où l'individu tient aujourd'hui le centre ?

B. L'homme et le monde dans les acceptions béninoises

Les sociétés béninoises et africaines se distinguent par l'élaboration d'institutions équilibrantes qui intègrent l'individu et veillent sur lui. La multiplicité des images paternelles et maternelles, des oncles, tantes, cousins, voisins en témoignent. Les notions occidentales de « domicile » et de « propriété » ne sont pas équivalentes (quel droit à la vie privée ?) et la complémentarité s'observe et agit dans ce monde ouvert. Pourquoi ne se parle-t-on pas dans le métro et les transports publics de la ville qui abrite le siège de l'ONU, de la Charte Universelle des Droits de l'Homme et des Commissions afférentes ?

Les notions d'entourage, d'héritage et d'innéité permettent à l'homme Béninois de faire corps avec le monde contrairement à la conception chrétienne où la figure en relief de la personne le somme de couper des liens avec ses « *appartenances* », de rompre avec la « *loi de participation* ». Ce faisant, cet individu refoule des représentations négatives, puis sont faussés les jeux des interactions entre les hommes concrets et le milieu social, ceux des droits de l'homme et de la démocratie.

> *« Si plus aucune personne symbolique n'incarne la souveraineté nationale, c'est-à-dire l'emprise du collectif sur l'individuel, comment la démocratie, ne disposant plus d'allié dans le ciel, pourra-t-elle garantir ses pactes ? Comment réaffirmera t-elle le primat du tout sur les parties ? Comment le peuple se représentera-t-il à lui-même ? »*[11].

A l'actif des sociétés béninoises, on constate l'existence d'un surcroît d'être qui se manifeste par les initiations, le nom, une pléthore d'enfants, étant entendu que l'homme demeure le capital le plus précieux. L. V. Thomas note l'apport de la personne comme auto-création, comme équilibre et accord (le suicide sera-t-il cause de mortalité chez les jeunes ?). Le corps de la personne se fond dans une collectivité et la culture participe ici comme ailleurs au fonctionnement psychique de la personne humaine, permet au groupe d'exister pour exister dans un groupe plus grand. « *Toute universalité est une destruction de l'autre* » signale T. Nathan[12]. En effet toutes les bêtises commencent du moment où l'on se croit détenteur de la Vérité et lorsque l'on se croit universel. L'universalité sert d'alibi pour détruire l'autre, que l'on en soit conscient ou non. On se drape dans sa clôture que l'on croit légitime à tort ou à raison, aller à l'assaut des autres, leur imposer « *ce qui doit être* ». Une étroitesse de vue en est la base. L'Etat de droit, les droits de l'homme, la démocratie, enseignés dans les manuels doivent-ils être en parfaite harmonie avec les modèles qui se construisent en Afrique. Et ce « *work in progress* » peut prendre son allure

---

[11] Garapon A., *Bien juger : essai sur le rituel judiciaire*, Ed. Odile Jacob, Coll. « Opus », 1997, p. 230.

[12] Nathan T., cité par Michel Massé in « *Le crime contre l'humanité* », RSC 1991, page 398s.

propre, son propre rythme. Les droits naturels et imprescriptibles reconnus par la Déclaration des Droits de l'Homme (1789) énoncés positivement sont : la liberté, la sûreté, la résistance à l'oppression et à la propriété. Ce dernier montre la maîtrise de l'homme sur son environnement matériel. Le droit de propriété possède des liens étroits avec les notions de liberté et d'égalité. La propriété n'est pas de la même nature au Bénin (qu'en Occident). Les relations avec le pouvoir passaient dans l'Afrique précoloniale par le contre-pouvoir de la propriété expression des limites au pouvoir royal dans ces sociétés. Cet aspect peu étudié, n'a pas disparu. Ce sera l'objet de notre prochain chapitre

CHAPITRE IV - ÉLÉMENTS POUR LA « CONSTRUCTION » D'UNE THÉORIE BÉNINOISE (AFRICAINE) DES DROITS DE L'HOMME

On l'a souvent dit et répété, la problématique des droits de l'homme tourne autour du couple Pouvoir/individu ; dans cette partie qui se veut exploratoire il sera question de savoir si les droits de l'homme sont faits pour les africains, tant d'indices semblent parfois donner raison à Jules Ferry. C'est lorsque l'on ignore les sociétés africaines (béninoises) que l'on se lance dans les généralités. Aussi à partir d'apparences, nous démontrerons qu'il existe une pensée complexe de protection des individus face à la toute puissance du Pouvoir.

SECTION I : APPARENCES D'INEXISTENCE DES DROITS DE L'HOMME AU BÉNIN

Lorsque les sociétés béninoises sont scrutées par l'œil du juriste dogmatique formé sur les bancs des Facultés de Droit, les incompatibilités entre les différents systèmes crèvent l'œil de celui qui ne saurait voir. Certains Béninois formés à l'occidental ne cessent de trouver à leur pays une culture franchement antidémocratique, une absence de leaders formés à la tâche, sommes-nous aussi ignorants, aussi « illettrés » pour prendre le train en marche, entend-t-on de la part d'« intellectuels » peut-être frustrés de leur passage à New-York ou à Paris ?

PARAGRAPHE I : Les sociétés sans Etat et sans droit

L'idée est toujours et fermement ancrée dans la tête des juristes positivistes que les sociétés traditionnelles africaines étaient dénuées d'Etat ou n'avaient pas encore atteint la phase étatique lorsqu'elles furent obligées de faire face à la pénétration étrangère (arabe et occidentale). Pas d'Etat donc pas de droit. Parler alors de droits de l'homme, c'est dénaturer la construction historique des civilisations avancées. Ne parlait-on pas encore peu du droit des « Nations civilisées » ? Ainsi les droits de l'homme n'ont rien à voir avec les Africains. Cela viendra en son temps, la démocratie mettra du temps : qui va lentement va sûrement. Aujourd'hui la démocratie et sa quintessence - les droits de l'homme - demeureraient encore un mythe sur le continent.

« Africa is a basket case ; there is nothing democracy can do to save it »[13].

L'Afrique se définit (à raison d'ailleurs) par son organisation communautaire plutôt que par une individualisation des rapports sociaux. Le Pouvoir n'est pas fortement différencié, nulle part on ne rencontre une société civile unifiée et les cultures d'orientation anti étatique font interroger certains de ses fils et filles de savoir : *« Et si l'Afrique refusait le développement ? »*[14]. Il est question du clientélisme et de la « *politique du ventre* ». Tout cela entraîne des conflits de toutes sortes et l'Afrique se trouve empêtrée dans des guerres, des razzias et autres génocides. Où se trouve ce garde-fou que constituent les droits de l'homme pour ce que les hommes se prémunissent de leur déraison ? Si ce garde-fou avait peu ou prou fonctionné dans une période d'âge d'or (c'est-à-dire avant la pénétration étrangère) pourquoi grincerait-il aujourd'hui ? Les tentatives de démocratisation sont-elles aujourd'hui vouées à l'échec ?

La raison est à notre avis l'absence de la réflexion commune des sciences sociales africaines. Les juristes Béninois se cramponnent au positivisme caduc autant qu'aux codes français depuis fort longtemps dépassés. Le paradoxe, c'est qu'ils reconnaissent la compétence de leurs plus éminents confrères africains ou africanistes (Olawole T. Elias, Guy Adjete Kouassigan ...) en oubliant que l'anthropologie a permis à ceux-ci de voir beaucoup plus loin et de paver la voie restée stérile depuis longtemps. Analyser les fondements de notre droit en se servant de l'outil philosophique et/ou socio-anthropologique, puis se demander si telle catégorie ainsi analysée relève du droit ou est susceptible d'être traduite en un principe général de droit. Telle est la méthode que nous

---

[13] David Peterson, « Debunking ten myths about democracy in Africa » in *Afrique Démocratie*, Vol. 1, n° 1 Mars 1994.

[14] Kabou Axel, « *Et si l'Afrique refusait le développement* ? », Paris, L'Harmattan, 1991, 207 p.

adopterons après la lecture d'un bel ouvrage, celui de Michel Izard[15], *L'Odyssée du Pouvoir.*

PARAGRAPHE II : Les droits de l'homme ou succédané des droits de la terre dans les sociétés béninoises

L'un des garde-fous à la déraison de l'homme en Afrique traditionnelle c'est la terre : « *Siège des forces surnaturelles à se concilier* » (*Ethnologie générale*; Encycl. de La Pléiade, J. Poirier, 1968, Ed. Gallimard), la terre comprend le sol, le sous-sol et le sur-sol. Elle est garante de l'ordre du monde et de l'ordre de la société.

> « *Il suit que la terre est à elle-même sa propre légitimation dans son immanence au monde. Le pouvoir n'est pas pensable sans la terre, tandis que la terre est un impensé à propos duquel, depuis son « lieu », la question ne se pose pas d'une signification qu'il tirerait d'un éventuel rapport au pouvoir* »[16]..

Protégeant l'homme et le groupe contre la sorcellerie, la transgression des interdits, la maladie et la famine elle allait au-delà de la protection des droits de l'homme contre l'Etat. Quant au pouvoir selon M. Izard son souci constant était de déconstruire des entités locales, d'établir « *un rapport négatif à la vie sociale et aux relations qu'entretiennent l'un avec l'autre le monde naturel et le monde humain (...) Le discours du pouvoir ne manifeste aucun souci d'induction d'un consensus* ». C'est ainsi qu'on en arrive à aborder la question de la liberté individuelle. Elle est toujours une transgression (le chasseur, le guerrier, le commerçant) qui mène à la folie (les génies) ou à la mort (les ancêtres) : la liberté c'est l'affrontement de la folie et de la mort. Le monde de la liberté en Afrique et au Bénin est donc celui de la transgression, de la transversalité et de

---

[15] Izard Michel, *L'Odyssée du Pouvoir*, Un royaume africain : Etat, Société, Destin individuel, Ed. E.H.ESS, 1992, 155 p. Ouvrage commenté par Emmanuel Terray, « L'Etat contre le Pouvoir » in *L'Homme*, Revue française d'anthropologie, Avril-Juin 1996, p. 121-126.
[16] Izard Michel, *op. cit.*, p. 133-134.

l'errance. L'immortalité, la hiérarchie et la norme : voilà les contraintes imposées à l'homme qui se conforme à son groupe et veut s'y dissoudre. C'est aussi le rôle du droit. Relisons la définition de B. Edelman[17] :

> « *Par sa taxinomie, par sa pesanteur même, par sa temporalité et sa prudence institutionnalisée, il enregistre, préserve et enclôt les représentations sociales. Il freine ainsi la "modernité", et c'est tant mieux. En étant "conservateur" au sens noble du mot, non point par conséquent conservateur des hypothèques mais conservateur de la mémoire, il est, paradoxalement, "résistant". Or comment peut-on véritablement penser sans "résister" !* »

---

[17] Edelman Bernard, « Ma » définition du Droit in *Droits*, n° 11, 1990, p. 21s.

SECTION II : ENRICHIR LA THÉORIE DES DROITS DE L'HOMME

Comme l'Etat Mossi au Yatenga décrit par Michel Izard les Etats de l'espace béninois s'appuient sur la terre. L'ordre territorial sert donc de base à l'instauration des systèmes étatiques. M. Raymond Verdier élabore une typologie à partir de la diversité des situations historiques africaines englobant à la fois de la parenté, du territoire et de la religion[18]. On pourrait à sa suite parler d'ordres disjoints en contraposition où la terre au Bénin sert encore de lieu de commandement sur les hommes. Ce droit/Terre a le mérite de mettre a nu les lacunes de la théorie moderne des droits de l'homme et celle-ci permet en retour de corriger les atteintes à la liberté au Bénin.

PARAGRAPHE I : Redéfinition du « Pouvoir » et de la « Personne »

L'immersion dans l'univers béninois (africain) fait ressortir une autre conception de droit. Les typologies « modernes » de la chose juridique sont réductionnistes. Le politique et le juridique peuvent être aussi définis en dehors des institutions :

> *« Que le politique en vienne à signifier la domination, que le juridique puisse s'identifier à la contrainte n'implique pas que tout pouvoir soit nécessairement coercitif et que tout droit doive être sanctionné : leur fonction première*

---

[18] Verdier Raymond, « Ordres juridiques, loi et société politique en Afrique Noire » in *Droits et Cultures*, n° 7, 1984, p. 109s. Aguessy Honorat, « L'Acc et le su chez les Fon » in *Sacralité, Pouvoir et Droit en Afrique*, p. 189s.

n'est-elle pas d'instaurer un espace de communication et d'échange permettant la reconnaissance mutuelle ? »[19]

C'est reconnaître que l'idéal des droits de l'homme a été atteint dans les sociétés béninoises par une autre voie que celle des Déclarations et Chartes, le chemin « *de valeurs et d'usages, attribuant à chacun sa condition et son statut, prescrivant un ensemble de règles de conduite à tous [les] membres et réglementant les processus de résolution des conflits* »[20].

Cette attitude nous amène au cœur du débat, à savoir : si les droits de l'homme sont de vrais « droits » ou de « simples » libertés. En ce qui concerne ce qu'on a baptisé « *les droits de la première génération* », il est clair qu'à la lumière de la théorie occidentale la confusion peut difficilement être enrayée. Le droit y étant entendu comme un pouvoir du sujet/individu qui se définit par les libertés (droits subjectifs). Ainsi les droits de l'homme sont à la fois « droit » et « liberté ». Les deux termes aux contours flous sans acception acceptable, se définissent par leur contraire. Or, on l'a vu avec les Etats Mossi (M. Izard) la liberté ne se définit pas. A ce propos M. Emmanuel Terray s'exprime :

> « *La liberté est, dans son être même, affrontement de la folie et de la mort ; hors de cet affrontement, il n'y a que conformisme et dissolution dans le groupe. Terrible société, où je ne puis accéder à la singularité qu'au prix de l'héroïsme.* »[21]

Cette liberté, ces droits-libertés ne peuvent pas s'étendre à l'infini. La liberté sans souveraineté n'est pas africaine. Il lui faut la responsabilité et la complémentarité. Avec la notion occidentale de droit et des droits de l'homme, le Bénin (et l'Afrique) pourraient « étoffer » le concept de liberté qui ne sera plus réservé à la folie, à la mort et aux seuls commerçants. La « modernité » a déjà entraîné l'immoralité des classes

---

[19] Verdier Raymond, « *ibid.* », p. 110.
[20] « *ibid.* ».
[21] Terray Emmanuel, « L'Etat contre le Pouvoir » in *L'Homme*, Revue française d'anthropologie, Avril-Juin 1996, p. 126.

dirigeantes béninoises (et africaines). Les droits sociaux de plus en plus bafoués dans les centres urbains. Naguère :

« C'est à force de respecter les interdits et principes d'entretien du symbole de l'ace que, par sa fidélité, l'adepte recevra une promotion suivant son ancienneté, et verra son pouvoir s'exercer sur un domaine de commandement plus grand »[22]

La question est de savoir comment intégrer dans le tissu social béninois les apports du monde extérieur sans le désagréger complètement. Recourir aux trois catégories du lignage du religieux et du politique ? Incontestablement cette dernière instance l'emporte. S'en servir pour la réduction des inégalités, et pour porter attention et secours aux acteurs sociaux les plus défavorisés. Ce faisant, distribuer les ressources en les répartissant de manière équitable. Toutefois le pouvoir, nous avertit M. Foucault :

« Ce n'est pas une institution et ce n'est pas une structure, ce n'est pas une certaine puissance dont certains se seraient dotés : c'est le nom qu'on prête à une situation stratégique complexe dans une société donnée »[23].

Le pouvoir est inexplicable, ce qui rend complexe la problématique. Ainsi la problématique Personne/Pouvoir reposerait sur le premier terme du couple. La structure de la personne comme telle est le fondement de toutes les institutions de la société. Déconnecter l'individu de la société et de ses bases cosmologiques par les « droits-libertés » c'est le livrer à la folie et à la mort. Chaque atome du monde humain est complexe, chaque être a une multiplicité d'identités (E. Morin). Cette complexité a d'abord été perçue et décrite par le roman.

---

[22] Aguessy Honorat, *op. cit.*

[23] Foucault Michel, in *La volonté de savoir*, 1976, p. 123.

PARAGRAPHE II : Le paradigme de la complexité : la notion de personne

Trois romanciers occidentaux ont perçu la réponse à la problématique de la personne puis ont fait l'« *effort pour bien dire* » : Maupassant, Dostoïevski et Albert Chamisso. Leurs héros confrontés à leurs doubles dénoncent l'individualisme et révèlent les structures profondes de la personne, l'impossibilité d'une cohésion du moi. Goliadkine tente d'établir une alliance avec son sosie[24], le narrateur du *Horla* est vampirisé par son moi[25], tandis que contre une richesse renouvelable à l'infini, Peter Schlemihl échange son ombre c'est-à-dire l'identité[26] rappelant étrangement les « appartenances » de *L'Âme primitive* de Lévy-Bruhl.

« J'ai perdu dans une longue et mauvaise maladie, dit Peter Schlemihl, mes cheveux, mes ongles et mon ombre » (p. 165).

Doit-on pour autant renoncer à ses désirs de reconnaissance sociale ? (« *Quant à toi, mon ami, si tu veux vivre parmi les hommes, apprends à révéler d'abord l'ombre, ensuite l'argent* » p. 193).

Le narrateur du *Horla* sent une autre personne l'habiter, s'installer chez lui grâce à un pouvoir invisible. Il tente de le piéger, de percer le mystère de mondes inconnus et il éprouve par ailleurs un sentiment d'infériorité devant les êtres qui habitent des mondes supérieurs et invisibles.

« Je me dressai, en me tournant si vite que je faillis tomber. Eh bien ... on y voyait comme en plein jour... et je me vis dans la glace ! Elle était vide, claire, pleine de lumière. Mon image n'était pas dedans... Et j'étais en face... »[27].

Enfin c'est Goliadkine qui tente mais en vain de s'attirer les faveurs d'un double qui l'agresse avec la complicité des

---

[24] Dostoïevski, *Le Double*, Gallimard, Coll. Folio, 1980.
[25] Maupassant, *Le Horla*, Ed. Garnier-Flammarion, 1984.
[26] Von Chamisso Albert, *L'étrange histoire de Peter Schlemihl*, Gallimard, Coll. Folio, 1992.
[27] Maupassant, *op. cit.*

éléments en furie. Tous ces personnages sentent la folie et la mort rôder autour d'eux. Les contraintes trop lourdes qu'impose une société trop aliénante, provoquent donc la scission de leur personnalité. Le double n'est que la parfaite projection d'un désordre psychique malheureusement fréquent dans la société individualiste. Le thème du double intéresse également les auteurs du fait que vouloir être libre c'est devenir fou ou mourir (le commentaire de M. Emmanuel Terray prend toute son importance non seulement dans les sociétés traditionnelles décrites par Michel Izard). Dans une lettre du 9 Août 1838 Dostoïevski écrit à son frère Michel : *« J'ai un projet : devenir fou »*. Tous les doubles ne sont pas de doux rêveurs.

Le héros du *Horla* n'a pas réalisé qu'en voulant se débarrasser de cet être étrange qui habitait chez lui, en mettant le feu à sa demeure, il a en même temps signé la mort de ses domestiques. Quant à Hermann, le *Double* de Nabokov, il a assassiné son alter ego en réussissant - presque - à faire passer cet acte comme un accident. C'est plutôt ce genre de paranoïa qui guette l'homme politique de l'Afrique Noire si rien n'est fait pour limiter absolument le pouvoir : la réaction d'un Etat de droit africain et les cadres dans lesquels les droits de l'homme pourront vivre.

• Cette paranoïa a fort bien été analysée par M. Etienne Le Roy dans un article paru à la revue *Politique Africaine* de Septembre 1982. Il rapprocha dans l'avant-propos un autocrate du passé sénégalais, Lamine Faal Sucabé, damel (roi) du Cayor de 1697 à 1720, à certains de ses épigones du temps présent : Bokassa, Amin Dada ou Macias Nguema[28]. L'arbitraire du pouvoir de l'ancêtre s'est manifesté dans tous les domaines de l'activité politique forçant à l'exil la noblesse du Cayor. Il sut par exemple gagner les faveurs de la population, humiliant les grands, mettant à nu leur oppression et châtiant leurs femmes infidèles (c'était un juge inexorable et un guerrier fougueux). De tels cas n'ont pas manqué dans le Dahomey précolonial où

---

[28] Le Roy E., « Mythes, violences et pouvoirs », le Sénégal dans la traite négrière, in *Politique Africaine*n° 3, Septembre 1982, pp. 52-79.

les communautés ont été déstructurées par la traite négrière et autres calamités. Les historiens relatent encore aujourd'hui l'extrême sévérité du frère aîné de Ghézo, Adandozan, roi du Dahomey au début du XIXe siècle.

A l'appui de son argumentation, traitant du statut politique paranoïaque, M. Etienne Le Roy cite le Docteur I. Sow : « *Le problème fondamental pour l'homme, c'est d'être en mesure de maîtriser son autre soi. S'il y a conflit entre le soi (dedans) humain et le dehors (naturel) qui est un dehors devenu naturel et invisible, alors peut survenir le trouble mental qui est ainsi associé à une réapparition de la violence mythique s'ouvrant au désordre (la mort, la maladie ou le malheur) et qui signifie par elle-même retour à la nature, au non-organisé, bref, au non humain.* »[29]

A la suite des « contrepoints » du Docteur I. Sow cité, reprochant à l'auteur de l'article, d'insinuer qu'il existerait une « *pathologie permanente et latente* » des mécanismes et du pouvoir politique en Afrique Noire, M. Etienne Le Roy précise le rôle des structures de l'imaginaire et « *la place des représentations, images, symboles et habitus dans l'ensemble normatif et institutionnel.* »[30]

• Aujourd'hui (comme parfois hier) il y a un problème d'inadaptation entre les institutions et les besoins sociaux nouveaux. « *L'Etat africain contemporain croit qu'en utilisant les mêmes moyens (création d'une bourgeoisie d'entrepreneurs, industrialisation lourde...), il arrivera aux mêmes résultats (...) continuer à penser le politique en fonction de ce modèle stérilise les capacités locales d'innovation tout en assurant la reproduction de la dépendance (...).* »[31] A l'extraversion des économies africaines (et, parce que les décisions d'innovation et de régulation sont prises à l'extérieur,) correspondent des blocages des instances politiques.

---

[29] Sow I., *Les structures anthropologiques de la folie en Afrique Noire*, Paris, Payot 1978, p. 178.
[30] Le Roy E., op. cit., p. 77-79.
[31] Ibidem.

« Quand les institutions politiques sont dépassées conclut E. Le Roy, et que les choix économiques sont confisqués, une des portes de sortie pour résoudre les contradictions sociales est une échappée dans l'imaginaire (...) en attendant de déboucher sur une réforme sociale lorsque les causes du blocage structurel auront disparu. »

• Les causes du blocage structurel n'ont pas encore disparu - hélas ! - et les tentatives de réforme sociale ne sont pas légions à l'horizon de la modernisation en Afrique Noire. On peut craindre la multiplication des exemples de la paranoïa du pouvoir.

« Dans un tel contexte de violence et d'oppression, y a t-il une place pour quelque chose d'analogue à la protection des droits de l'homme et du citoyen ? s'interroge M. Etienne Le Roy. Les données précédentes ne doivent pas faire oublier que les mécanismes régulateurs existent ailleurs qu'au niveau du pouvoir central, au sein des lignages, des familles, des villages ou des confréries (sic)(...) Les principes constitutionnels (qui ont vu le jour avec le Royaume de Cayor) continuent à être considérés comme fondamentaux. Ils sont ainsi le cadre d'adaptations originales où se dévoilent de nouveaux mythes fondamentaux. »[32]

• Notre propédeutique des droits de l'homme s'inscrit dans cette tendance africaine même si nous sommes loin d'avoir épuisé les mécanismes à l'œuvre sur le plan international (c'est-à-dire hérités de notre contact et de nos rapports avec l'Occident). L'Afrique peut adhérer d'une manière optimiste au slogan un peu affadi aujourd'hui : « *Que cent fleurs s'épanouissent et que mille écoles rivalisent d'ardeur.* »

Si on a le sens de la complexité, reconnaît E. Morin, on a le sens de la solidarité et de la réalité multidimensionnelle : c'est là le nouveau projet de la théorie des droits de l'homme.

[32] Le Roy E., op. cit., p. 65.

CONCLUSION

L'univers béninois n'a pas découvert les droits de l'homme du jour au lendemain. Des principes de solidarité et de respect de la vie faisaient partie du corpus juridique de l'homme au Bénin. Les normes internationales parcimonieusement reçues pendant la période coloniale se sont intégrées aux institutions juridiques (logique institutionnelle) au détriment de la logique fonctionnelle préexistante. Si nous entendons les droits de l'homme comme « *l'ensemble des principes et des normes fondés sur la reconnaissance de la dignité inhérente à tous les êtres humains et qui visent à en assurer le respect universel et effectif* »[33], nous nous sommes éloignés de l'approche abstraite et spéculative pour nous attacher à la réalité des droits de l'homme dans cette partie de l'Afrique, au dynamisme et à la faculté d'intégration de cette notion qui demeure limitée dans la très grande partie des peuples béninois. Si revendication il y a quelquefois, elle ne touche qu'une frange de la population urbaine, population auprès de laquelle se cristallisent les frustrations de rêves évanouis de bien-être.

A la lumière de nos différentes enquêtes sur le terrain il faut lire au Bénin un foisonnement de croyances disparates, multiples et souvent contradictoires. Les couches sociales dominantes, formées à l'école occidentale, fortement enclines au mimétisme des valeurs occidentales désormais qualifiées d'universelles, s'essaient à intégrer les principes et les normes appris au contact de l'étranger dans le champ béninois de la normalité. A l'instar du français, « langue officielle », les droits

---

[33] Dictionnaire Encyclopédique de théorie et de Sociologie du droit, 2e éd., Arnaud A. J. et alii, LGDJ 1993, p. 208.

de l'homme tels que les conçoivent les Nations industrialisées (hormis le Japon) deviennent « officiels ». Le projet des élites intellectuelles consiste à se forger un discours idéologique sur les droits de l'homme en s'accaparant l'instrument technique (ce que nous avons aussi essayé de traduire dans la première partie de cet essai). L'objectif du pouvoir c'est l'éducation aux droits de l'homme universalisants et l'uniformisation des conduites collectives et individuelles[34]. Cette attitude est un progrès par rapport aux comportements des élites au pouvoir depuis les Indépendances. *Medice, curate ipsum...*

Toutefois, de l'autre côté de la barrière, les nouveaux sujets reçoivent le discours idéologique et ne le reproduisent guère. Ou le concept des droits de l'homme est trop loin de leurs préoccupations ou il est redondant, étant entendu que les traditions culturelles ont sécrété des valeurs de dignité de l'homme au-delà des leçons que les pouvoirs publics tentent d'asséner. Si seulement ces derniers pouvaient s'appliquer les recettes apprises au contact de l'Occident ? Au Bénin ce qui compte c'est la stabilité et la permanence de la société. La personne ou l'individu est subordonné aux groupes et à la communauté. La référence à une subjectivité individuelle et l'expression suprême d'un droit subjectif relèvent d'une construction ou d'une fiction juridique occidentale peu compréhensible. L'univers béninois s'accommoderait de la pensée grecque de l'homme, peu éloignée de la pensée africaine, à la fois mythique et rationnelle. Celle du christianisme n'est pas fort éloignée non plus de la base métaphysique africaine et béninoise. De nombreux travaux opèrent le rapprochement : l'homme créature de Dieu dans les civilisations chrétiennes et africaines[35]. C'est la construction chrétienne et scholastique du droit qui, en même temps qu'elle innovait par le statut juridique de la personne, s'est éloignée de la définition de l'homme tel que l'entendent les Béninois :

---

[34] Classe A, « L'idéologie : discours du pouvoir » in *Le Pouvoir, Mélanges à Georges Burdeau.*

[35] Meulders-Klein M. T., « Personne » in *Dictionnaire Encyclopédique, op. cit.*, p. 437.

l'évolution de la théorie des droits de l'homme depuis le XVIII^{e}s en Europe et en Amérique est étrangère aux sociétés de l'Afrique Noire.

Universaliser et juridiciser les Chartes et les Déclarations des droits de l'homme n'a cependant pas apporté la satisfaction désirée. Outre le fait que certains commentaires dénoncent encore des hypocrisies au sein de la problématique pouvoir/individu dans laquelle le pouvoir n'arrête pas de limiter l'exercice de certains droits et libertés de l'homme (cf. article 29 Déclaration Universelle des Droits de l'Homme), les faiblesses des protections dues à l'insuffisance des lois internes et à la pratique, outre certaines lacunes profitables au pouvoir (cf. les devoirs de l'homme, droits non garantis) l'absence de définition du terme « homme » etc., l'apparition de nouvelles biotechnologies « *permettent par ailleurs à l'homme de modifier désormais ce qui, dans notre conception traditionnelle, faisait précisément la valeur inestimable de la personne : son identité, son individualité et son unicité* »[36]. Réification et commercialisation de l'homme, réduit en un bien de consommation en dépit de toutes les Chartes, Déclarations et Conventions : c'est dire la fragilité de la notion de dignité. La notion de solidarité semble donc plus forte lorsqu'existe un lien de médiation entre les hommes. Faire confiance à l'individu pour respecter les droits en parlant de liberté et de responsabilité c'est bien, faire appel à la solidarité et à la communauté pour garantir la dignité c'est mieux. C'est la permanence du droit vivant non-occidental et autochtone dont parlait Chiba Masaji[37].

La théorie des droits de l'homme est à l'heure actuelle une théorie imparfaite. Comme A. de Tocqueville s'en allait au XIXe siècle aux Amériques décrire les grandes perspectives de la survie de la Démocratie, le XXIe siècle enrichirait l'idée des droits de l'homme par la pratique sociale du droit des peuples

---

[36] Yemet E. V., *La Charte Africaine des Droits de l'Homme et des Peuples*, Ed. L'Harmattan, 1996, p. 131s.

[37] Chiba M., « Droit non-occidental » in *Dictionnaire Encyclopédique, op. cit.*, p. 202.

non-occidentaux, ce serait une pratique mondiale et alternative du droit. La mondialisation - globalisation - ne doit être un autre nivellement (c'est-à-dire une phase renouvelée de colonialisme ou de néo-colonialisme américains). L'occident a élaboré le concept de liberté individuelle qui doit se renforcer au contact des pratiques africaines et asiatiques. En dépit des chaînes (de la pauvreté et de l'esclavage), l'univers béninois par sa diaspora émigrée douloureusement aux Amériques a une fois déjà apporté sa touche humaine (vitalité des Noirs au Brésil, à Cuba, etc.) dans les chants et les luttes contre l'oppression (le père du héros de l'indépendance haïtienne Toussaint Louverture était né libre sur la terre béninoise d'Allada). Lorsque les Béninois ont la parole, ils ne s'en privent pas pour dire autour de quoi ils voudraient se réunir.

La société béninoise a eu l'occasion lors de « sa » Conférence nationale à se rebâtir, en rejetant violemment le marxisme-léninisme, autre concept venu d'ailleurs mais qui n'en est pas moins l'autre versant du libéralisme occidental. Seule la richesse de l'Occident l'attire et non les droits abstraits de l'homme. La pauvreté matérielle constitue évidemment un frein à la réalité des droits de l'homme et contribue à l'instabilité politique actuelle de l'Afrique (aucun pays n'est épargné et le Bénin a frôlé à plusieurs reprises des guerres civiles) qui réside dans l'ignorance d'une valeur traditionnelle économique : la redistribution des richesses de la communauté. De toute évidence les sociétés béninoises ont tout tenté et aujourd'hui, conscientes qu'elles ne sont plus colonisables culturellement, elles se sont réveillées, vaccinées contre tout. Elles retrouvent de nos jours tous leurs dispositifs qui s'expriment surtout dans le religieux (à cet effet la renaissance des religions traditionnelles est un phénomène à suivre de près, avec l'effet « syncrétique » apporté dans les « grandes » religions) et aussi dans une angoisse jamais autant élevée (qui semble dériver dans les trafics de tout genre, l'escroquerie, l'argent facile ...).

Il appartient avant tout à l'élite de prendre sa place dans la société et surtout dans les communautés. Lorsque les arbres ne retiennent plus la furie des eaux, celle-ci emporte tout sur son passage. Où se trouve donc la dignité inhérente à tous les êtres humains lorsque les comparaisons peu amènes vous font baisser la tête : « *La situation est terrible en Pologne, mais ce n'est pas encore le Congo* », ou lorsqu'on s'adresse aux Africains-Américains : « *Si vous n'êtes pas bien ici, rien ne vous empêche de rentrer chez vous en Afrique* ». Ce processus de disqualification se retrouve dans des constructions géniales où parfois, étudiant l'Afrique, celle-ci est classée dans la catégorie : « *Société sans Etat et sans droit* ». Ce que les sociétés béninoises nous apprennent : (les droits de) l'homme, ses principes et ses normes n'ont pas besoin de l'Etat pour naître et vivre. Ainsi ils peuvent servir à équilibrer les rapports de pouvoir entre les personnes, les groupes et les sociétés. Aux juristes Béninois (et africains) de contribuer à stabiliser d'une part les régimes politiques de nos sociétés et d'autre part les rapports sociaux et économiques. Dénonçant « *la résistible ascension de l'étroitesse d'esprit* » l'écrivain nigérian Wolé Soyinka après avoir cité le cas du Rwanda conclut :

> « *Qui connaît l'orisa des Yoruba peut-il imaginer (...) les adeptes d'Obatala se lançant à l'assaut d'une mosquée vieille de plusieurs siècles ? (...)*
> *Malgré ce pacifisme, ces croyances ont été des souches de résistance, de survie et de tolérance, transformant des sociétés aussi éloignées du continent africain que les Caraïbes et les Amériques (...)*
> « *Allez à l'orisa, et soyez sages. Par ses dogmes, sa liturgie, son catéchisme ou sa pratique, la religion de l'orisa ne souffre pas cette maxime pernicieuse : Je crois donc je suis. On serait bien en peine d'y trouver la moindre trace de ce genre d'auto-appréhension de l'homme. A l'évidence, on n'y trouvera pas non plus son corollaire : Vous ne croyez pas, donc vous n'êtes pas.*
> *Orunmila ne le permet pas. Obatala ne saurait le concevoir. Ogun prendra les armes contre cela. Pas un seul Odu d'Ifa ne le suggère. Ce n'est pas là quelque faiblesse intrinsèque de cette religion, ni même de la*

tolérance : simple Sagesse compréhensive. Une intelligence intuitive de la complexité de l'esprit humain et un vrai sens du potentiel infini de l'univers ».[38]

Ce « *potentiel infini de l'univers* » nous conduit à faire une place encore plus grande aux fondements anthropologique et philosophique des droits de l'homme et à « *fonder les instruments internationaux sur des conceptions moins occidentales.* »[39]

• La conception de modèles et l'usage des concepts homéomorphes permettront peut-être un jour de résoudre le défi de la complexité de l'esprit humain, prenant d'une part en considération les divers sites culturels (approche diatopique) puis tenir un langage explicatif commun à l'ensemble des cultures et des discours (approche dialogale)[40].

• Rechercher les valeurs communes au genre humain c'est laisser venir à soi toutes les cultures du monde, étant donné que celles-ci contiennent à la fois des symboles en propre comme des bijoux de famille et des concepts qui doivent appartenir à la Communauté (même réduite aux acquêts). Au Bénin, nous avons essayé de montrer que, tant les conceptions religieuses que l'organisation socio-politique sont toujours dominées par l'idéal du communautarisme. Tous les « *Odu* » d'Ifa reposent sur la recherche de la complémentarité des contraires.

« Le Droit, explique E. Le Roy, n'est pas le résultat uniforme d'une fonction organisatrice monopolisée par un organe politique, comme dans les sociétés de tradition judéo-chrétienne. Chaque groupe a son Droit et l'adapte constamment aux nouveaux enjeux de société. Cet idéal d'auto-régulation s'exprime d'une part dans la "coutume", d'autre part dans la valorisation de la médiation pour le

---

[38] Soyinka W., « La résistible ascension de l'étroitesse d'esprit », Interlude, in *Diogène* n° 176 Octobre-Décembre 1996, p. 141.

[39] Le Roy E., « Les Fondements anthropologiques et philosophiques des droits de l'homme », Cours de l'Institut International des Droits de l'Homme de Starsbourg, Juin 1997, à Paraître.

[40] Le Roy E., « Anthropologie juridique et droit comparé », *Scritti in Onore di R. Sacco*, Milan, Einaudi, 1994.

règlement des conflits (...). En outre, la coutume valorise particulièrement les "modèles de conduite et de comportements", véritable référence dans l'évaluation des pratiques sociales »[41].

La coutume africaine est donc plus une forme malléable, qu'un contenu normatif, ces manières de dire et de faire, de ne pas dire ou de ne pas faire des ancêtres aboutissaient à l'existence de contre-pouvoirs et à l'interdiction d'un monopole de la violence. « *Le droit des communautés,* souligne Michel Alliot, *n'a pas besoin d'un pouvoir qui veuille le maintenir. Il est la conséquence nécessaire de leur structure.* »[42] L'ensemble de ces représentations, continue E. Le Roy, ignorées depuis la période coloniale (et encore de nos jours par l'écrasante majorité des pays africains indépendants) n'en continuent pas moins à peser lourdement sur les pratiques juridiques et politiques.

Aussi une théorie africaine de l'Etat de Droit et la notion des droits de l'homme qui s'y rattache doivent prendre en compte les conceptions endogènes en la matière, après avoir ingurgité jusqu'à satiété les valeurs "universelles" des droits de l'homme (l'innutrition des droits de l'homme doit s'accompagner d'une endoculturation raisonnée des valeurs).

• Pour ce faire, il convient d'opérer une dichotomie théorique entre les instances étatiques et les instances sociétales. En ce qui concerne le pouvoir étatique béninois, seule l'imposition du respect des droits de l'homme "universels", pourra désarmer la tendance hégémonique des dirigeants politiques. La presse libre et plurale permettra sans doute le dépassement de l'Etat ethnique par ses critiques. L'objectif serait l'équilibre des communautés et les libertés concrètes pour elles et les personnes. La Constitution gagnerait à prévoir des mécanismes de régulation sociale par consensus, établi coup par coup en cas de litige ou de conflit avec une communauté vivant dans la délimitation des frontières béninoises. (Pour le moment,

---

[41] Le Roy E., « *Les Fondements ...* », op. cit., p. 9.

[42] Alliot M., « Modèles sociétaux ; les communautés » in *Bulletin de Liaison du LAJP*, n° 2, 1980, p. 89 (Cité par E Le Roy)

niant les groupes sociaux elle prévoit seulement les litiges entre les "pouvoirs" législatif, exécutif et judiciaire). Le pluralisme doit aller jusqu'à la constatation, à tous les niveaux de la hiérarchie des normes, du droit pour les ethnies de s'organiser en tenant compte chacune de sa spécificité, afin de mieux participer à la gestion des affaires de l'Etat. Enfin, l'articulation de certaines structures administratives doit correspondre aux réalités sociales (l'auto-administration des populations locales, une réelle autonomie sur la base de la participation...)[43]

Les instances sociétales doivent retenir plus encore l'attention du constituant béninois. La nature de l'attitude à l'égard de la terre doit être revue et corrigée. A ce stade « *des institutions adéquates par rapport aux libertés des personnes et des communautés et par rapport à la révolution technico-instrumentale en cours* »[44] doivent régir la société. Le rôle de la famille et celui de l'apprentissage seront définis, compte tenu des objectifs que l'on voudrait atteindre, des valeurs et principes utiles à notre temps. Il en est de même de l'Ecole qui a été trop séparée du milieu social environnant. Qu'un procès en sorcellerie soit instruit par des groupes sociaux et jugé par eux à l'aide des principes, valeurs et logiques propres à ces instances ne doit plus inquiéter les cours et les tribunaux étatiques qui relèvent eux, d'une logique de l'Etat. Le constituant de l'avenir doit désormais inviter toutes les instances, qu'elles soient étatiques ou sociétales à venir boucher de leurs doigts les trous de la jarre percée symbolisant le Bénin et toute l'Afrique.

Pour ce faire, au niveau tant national qu'international, il convient de « *remettre en cause la conception du Droit qui survalorise le rôle de la loi écrite et codifiée, dans la mesure où cette conception est la source de l'idéalisme juridique* »[45]. Le Droit, nous dit-on, repose sur trois pieds : la loi, la coutume et les habitus. Ces derniers permettent de saisir comment le droit

---

[43] Voir le Colloque sur « La problématique de l'Etat en Afrique Noire », Dakar, 29 Novembre-3 Décembre 1982, *Présence Africaine* n° 127/128, 1984, 413 p.

[44] Colloque sur « La problématique... », op. cit., p. 396.

[45] Le Roy E., « Les Les Fondements anthropologiques... », op. cit., p. 14.

est habité et utilisé alors que, c'est par la coutume (modèles de conduites et de comportements), « *que le rapport au Droit se trouve le plus universellement énoncé.* »

ABRÉVIATIONS

ANR :	Assemblée Nationale Révolutionnaire
BIT :	Bureau International du Travail
CBDH :	Commission Béninoise des Droits de l'Homme
CENA :	Commission Electorale Nationale Autonome
CP :	Club Perspectives
DH :	Droits de l'Homme
Dictionnaire	***Encyclopédique* : Dictionnaire Encyclopédique de Théorie et de Sociologie du Droit**
DUDH :	Déclaration Universelle des Droits de l'Homme
EID :	Espace d'Interpellation Démocratique
GERDDES :	Groupe d'Etudes et de Recherche sur la Démocratie et le Développement Economique et Social
GMR :	Gouvernement Militaire Révolutionnaire
HCR :	Haut Conseil de la République
INSAE :	Institut National de la Statistique et de l'Analyse Economique
LAJP :	Laboratoire Anthropologie Juridique de Paris
OHADA :	Organisation de l'Harmonisation en Afrique du Droit des Affaires
ONG :	Organisation Non Gouvernementale
PRPB :	Parti de la Révolution Populaire du Bénin
SNES :	Syndicat National de l'Enseignement Supérieur

BIBLIOGRAPHI E

I - DOCUMENTS CITÉS DANS LA THÈSE

1 - Ouvrages et thèses

– Abou Selim, *Cultures et Droits de l'Homme*, Hachette, 1992, 140 P.
– Adjou Martin (Abbé), *l'homme Aja-Fon et son projet éthique*, thèse de théologie, Rome, 1991, 326 p.
– Aguessy Honorat : « L'Ace et le su chez les Fon » in *Sacralité, Pouvoir et Droit en Afrique*, Paris, Ed. CNRS, 1979, 228 p.
– Ahanhanzo Glèlè Maurice : « Le Bénin » in *l'Afrique en transition vers le Pluralisme Politique* (sous la Direction de G. Conac), Economica, 1993.
- *Le DanXome*, du pouvoir aja à la nation fon, Ed. Nubia, 1974.
- *Introduction à l'organisation de l'Unité africaine*, LGDJ, 1986, 514 P.

– Alliot Michel : « Démocratie et Pluralisme » in *L'Afrique en transition vers le pluralisme politique*, Paris, Economica 1993, 517 p.
– Ansart Pierre, *Les sociologies contemporaines*, Ed. du Seuil, 1990, 344 p.
– Arnaud André-Jean : « Droit et Société , un carrefour interdisciplinaire », *Revue Interdisciplinaire d'Etude Juridique*, n° 21, 1988.
– Badinter Robert : « *Quelques réflexions sur l'Etat de Droit en Afrique* », in *L'Afrique en transition, vers le pluralisme politique*, Paris, Economica 1993, 517 p.

– Baechler Jean : « Des institutions démocratiques pour l'Afrique » in *Revue Juridique et Politique*, Indépendance et coopération, 1992.
– Banock Michel, *Le processus de démocratisation en Afrique le cas camerounais*, L'Harmattan, 1993, 252 p.
– Battifol Henri, *La philosophie du Droit*, Coll. « Que sais-je » PUF, 1981, 6e éd, 126 p.
– Bergson H., *Les deux sources de la Morale et de la Religion*, Œuvres, PUF, 1991.
– Bidima J. G., *La philosophie négro-africaine*, Coll. "Que sais-je ?" PUF, 1995.
La Palabre, Une juridiction de la parole, Ed. Michalon, 1997, 127 p.
– Binoche Bertrand, Critiques des Droits de l'Homme, PUF, 1989, 125 p.
– Borella F. : « Nationalité et citoyenneté en droit français » in *L'Etat de Droit* sous la direction de Dominique Colas, PUF, 1987.
– Cabanis A. et Martin M. L., Note sur la Constitution béninoise du 2 Décembre 1990.
– Carbonnier J., *Flexible Droit*, LGDJ, 8e édition, LGDJ, 1995, 441 p.
– Chevallier Jacques : « L'Etat de Droit » in *Revue de Droit Public*, 1988.
– Conac Gérard, *L'Afrique en transition vers le pluralisme politique*, Paris Economica, 1993, 517 p.
– Delmas-Marty Mireille et Lucas de Leyssac Cl., *libertés et droits fondamentaux*, Ed. du Seuil, 1996, Coll. Points, 398 p.
– Delmas-Marty Mireille, *Les Grands Systèmes de Politiques Criminelle*, PUF, 1992, 462 p.
– Dostoïevski, *Le Double*, Gallimard, Coll. Folio, 1980.
– Duprat G : « Justice et Participation » in *L'Etat de Droit*, sous la Direction de Colas D., PUF, 1987.
– Edelman Bernard : « Critique de l'humanisme juridique » in *L'Homme, la nature et le droit*, Ch Bourgeois Ed., 1988, 392 p.
– Favoreu L, Philip L, *Les Grandes Décisions du Conseil Constitutionnel*, Paris, Dalloz-Sirey, 1993, 7e éd XIX-929 p.

– Foucault Michel, *Surveiller et punir*, Paris, Gallimard, 1993, 360 p.
– Garapon A., *Bien juger : essai sur le rituel judiciaire*, Ed. Odile Jacob, Coll. « Opus », 1997.
– Goubeaux G., *Traité de Droit Civil*, LGDJ, 1989, 602 P.
– Izard Michel, *L'Odyssée du Pouvoir,* Un royaume africain : Etat, Société, Destin individuel, Ed. E.H.ESS, 1992, 155 p.
– Kabou Axelle, *Et si l'Afrique refusait le développement* ?, Paris, L'Harmattan, 1991, 207 p.
– Le Roy Etienne et von Trotha T. (éd.), *La violence et l'Etat* Formes et évolution d'un monopole, Paris, L'Harmattan, 1993.
– Madiot Yves, *Droits de l'Homme*, Paris, Masson, 2e éd 1991, X-230 p.
– Massé Michel : « *Le crime contre l'humanité* », RSC 1991.
– Maupassant Guy, *Le Horla*, Ed. Garnier-Flammarion, 1984.
– Maupoil Bernard, *La géomancie à l'ancienne Côte des Esclaves*, 3e éd., 1988, 694 p.
– Mayer Pierre : « L'applicabilité directe des conventions internationales relatives aux droits de l'homme » in *Liberté et Droits fondamentaux*, Ed. du Seuil, Coll. Points, 1996, 398 p.
– Mbaye Keba, *Les Droits de l'Homme en Afrique*, Ed. A. Pédone, 1992.
– Médard J. F., *Etats d'Afrique Noire : formation, mécanismes et crise*, Paris, Karthala, 1991, 405 p.
– Meyer-Bisch Patrice, *Le corps des droits de l'homme*, Ed. Universitaires Fribourg, 1992, 402 p.
• *Le noyau intangible des Droits de l'Homme*, Ed. Universitaire Fribourg, 1991, 272 p.
– Morin Edgar, *La Méthode*, t. III, Ed. du Seuil, 1986. 249 p.
• *Introduction à la pensée complexe*, ESF éd., 1992, 160 p.
– Mourgeon J., *Les Droits de l'homme*, Coll. « Que sais-je ? » P.U.F, 1988, 4e éd, 126 p.
– Oppetit Bruno : « Le Droit hors de la loi » in Revue *Droit*, n° 10.
– Romilly (de) J., *Pourquoi la Grèce ?,* Le livre de poche, 1992.
– Rouland Norbert : « Les Fondements Anthropologiques des Droits de l'Homme » in *RGD*, 1994, n° 25.

– Souza de Isidore (Mgr), *Les Actes de la Conférence Nationale*, Ed. Onépi, Cotonou, 1994, 209 p.
– Terray Emmanuel : « L'Etat contre le Pouvoir » in *L'Homme*, Revue française d'anthropologie, Avril-Juin 1996.
– Thomas Louis-Vincent : « Ethnologie négro-africaine » in *Ethnologie Régionale I*, Encyclopédie de la Pléiade (sous la Direction de J. Poirier), Gallimard, 1972.
– Tolstoï Léon, Postface à *La sonate à Kreutzer*, Ed. Gallimard, coll. Folio.
– Verdier Raymond : « Ordres juridiques, loi et société politique en Afrique Noire » in *Droits et Cultures*, n° 7, 1984.
– Villey Michel, *Le Droit et les Droits de l'Homme*, PUF, 1983.
• *Leçons d'histoire de la philosophie du Droit*, Dalloz, 1962, 318 p.
– Verdier Raymond, *Féodalités et collectivités africaines* (cité par Louis-Vincent Thomas in l'Encyclopédie de la Pléiade, *Ethnologie Régionale I*, sous la direction de J. Poirier, Gallimard, 1972.
– Von Chamisso Albert, *L'étrange histoire de Peter Schlemihl*, Gallimard, Coll. Folio, 1992.

2 – Articles

– Camus A. : « La crise de l'homme », traduit de l'anglais par J. M. Laclavatine, in *NRF*, Janv. 1996, n° 516.
– Oppetit B : « Le droit hors de la loi » in *Droits*, n° 10, 1989.
– Elwert-Kretschmer K. : « Vodun et contrôle social au village » in *Politique Africaine*, n° 59, Octobre 1995.
– « *Jeune Afrique* », n° 1876-1877 du 18 au 31 Décembre 1996.
– « *Jeune Afrique* », n° 1862 du 11 au 17 Septembre 1996.
– *cf. Observatoire de la démocratie en Afrique*, 1995, Imprimerie Grande Marque, Cotonou, 375 P.
– Pannikar R. : « La Notion des Droits de l'homme est-elle un concept occidental ? » in *Diogène*, 1982, p. 100.
– Alliot M. : « La coutume dans les droits originellement africains » in *Bulletin de liaison du LAJP*, n° 7-8, Janv. 1985, pp. 79-100.

– Verdier R. : « Problématique des Droits de l'Homme dans les droits traditionnels, d'Afrique Noire » in *Droit et Cultures*, n° 5, 1983, pp. 970.
– Le Roy E. : « Droits humains et développemnt », Montréal le 4-9-92 in *Revue Relations*.
• « Les Droits de l'homme entre un universalisme hâtif et le ghetto des particularismes », Revue de la recherche Juridique *Droit prospectif*, 1 - 1992, p. 139.
• « L'introduction du modèle de l'Etat en Afrique francophone, logiques et mythologiques du discours juridique » in *Décolonisation et nouvelles dépendances*, édité par C. Coquery-Vidrocitch, A. Forest, p. 81-122, Lille : PUL, 1984.
• « Les chefferies traditionnelles et le problème de leur intégration, Institutions administratives des Etats en Afrique Noire et de Madagascar », *Economica*, Paris, 1979.
• « Le justiciable africain et la redécouverte d'une voie négociée de règlement des conflits », *Afrique Contemporaine*, n° 156, 4e Trimestre 1990, p. 111-120.
• « L'adieu au droit coutumier ». Ouvrage Col., Paris, Karthala, 1992.
– Rouland N. : « Les Fondements Anthropologiques des Droits de l'homme » in *RGD*, 1984, n° 25, pp 5-47.
– Arnaud A. J. : « Droit et Société, un carrefour interdisciplinaire », *Revue interdisciplinaire d'Etude Juridique*, n° 21, 1988, p. 75.
– Rials St. : « Généalogie des droits de l'homme » in *Droits*, Revue française de théorie juridique, n° 2, PUF, Octobre 1985.
– Aubert J. M. : « Droits naturels et Droits de l'homme » in *Alternatives non violentes*, n° 66, Décembre 1987.
– *Les actes de la Conférence Nationale*, Ed. Onépi, Cotonou, 1994, 209 p.
– Chevallier J. : « L'Etat de Droit » in *Revue de Droit Public*, 1988, p. 369.
– Baechler J. : « Des institutions démocratiques pour l'Afrique » in *Revue Juridique et Politique*, Indépendance et Coopération, 1992, pp. 174-175.

– *« La Croix du Bénin »* du 29 Novembre 1996 : « Pour une réelle indépendance de la justice au Bénin », p. 6-7.
– *Recueil des décisions de la Cour Constitutionnelle*, J.O.R.B., Porto-Novo, t. 1 : 1991, 1992, 1993, t. 2 : 1994.
– Nathan T., Cité par Michel Massé in : « Le crime contre l'humanité », *RCS*, 1991, P. 398s.
– David Peterson : « Debunking ten myths about democracy in Africa » in *Afrique démocratie*, Vol. 1, n° 1, Mars 1994.
– Edelman B. : « " Ma " définition du droit » in *Droits*, n° 11, 1990, p. 21s.
– Verdier R. : « Ordres juridiques, loi et société politique en Afrique Noire » in *Droit et Cultures.*
– Terray E. : « L'Etat contre le Pouvoir » in *L'Homme*, Revue française d'anthropologie, Avril-Juin 1996, p. 126.

I - INFORMATIONS SUPPLÉMENTAIRES

1 - Ouvrages et thèses

– Abdoul-Koffi-Fethi, *L'OUA, de la charte d'Addis-Abeba à la Convention des Droits de l'Homme et des peuples*, Ed. Silex, 1984.
– Ait-Ahmed H, *L'Afrofascisme. Les Droits de l'Homme dans la charte et la pratique de l'O.U.A.*, L'Harmattan, 1980.
– Alliot M., *1953- 1989 Recueil d'articles, contributions à des colloques, texte du Recteur M. Alliot*, Paris, LAJP.
– Angoulevent A. L, *Hobbes et la morale politique*, Coll. « Que sais-je ? » PUF, 1994, 128 p.
– Ardant Ph., *Les textes sur les droits de l'homme*, Coll. « Que sais-je ? » PUF, 1990, 128 p.
– Arendt H., *Essai sur la Révolution* , trad. franç., Gallimard, 1967, rééd. dans la collection « Tel ».
– Aristote, *La Réthorique,* Le Livre de Poche, 1991, 407 p.
• *Ethique à Nicomaque*, Presses pocket, 1992, 308 p.
– Arnaud A. J., *Essai d'analyse structurale du Code Civil français*, LGDJ, 1973, 183 p.

• *Critique de la raison juridique*, t. 1, Bibliothèque du Droit, Vol 26.
• *Dictionnaire encyclopédique de théorie et de sociologie du droit*, LGDJ, Paris, 1993.
– Aron R., *Etudes sociologiques*, PUF, 1988, chap. 10, pp. 264-278.
– Assier-Andrieu L. : « Le juridique des anthropologues », *Revue Internationale de théorie du droit et de sociologie juridique*, n° 5, 1987, p. 89-107.
– Auber T., Marc J. : « Droits naturels et Droits de l'Homme », in *Alternatives non violentes*, n° 66, Décembre 1987.
– Augé M. : « Anthropologie et DDH », in *Mélanges ADLF*, Choisy le Roi, Librairie des libertés, 1983, p. 46-47.
• *Le Dieu objet*, Flammarion, 1988, 148 p.
– Baechler J. : « Des institutions démocratiques pour l'Afrique » in *Revue politique et juridique*, Indépendances et Coopération, 1992, p. 164.
– Baecque (de) A. et al., *L'An 1 des droits de l'homme*, Presses du CNRS, 1988, 359 p.
– Balandier G., *Anthropologie politique*, Quadrige/PUF, 2e éd. 1991, 240 p.
– Ballaloud J., *Droits de l'homme et Organisations Internationales. Vers un nouvel ordre humanitaire mondial*, Montchrétien, Paris, 1984, 243 p.
– Banock M., *Le processus de démocratisation en Afrique* : le cas Camerounais, Ed. L'Harmattan, 1992, 252 p.
– Barret-Kriegel B., *Les droits de l'homme et le droit naturel*, PUF, 1989, 118 p.
• *Textes de philosophie politique classique,* Coll. « Que sais-je ? » PUF, 1993, 127 p.
• *L'Etat et les esclaves*, Réflexions pour l'histoire des Etats, Ed. Payot, 1989, 283 p.
– Bastid P., *Benjamin Constant et sa doctrine*, A. Colin, 1966.
– Bayart J. F., Mbembe A., Toulabor, *Le politique par le bas en Afrique*, Karthala, Paris, 1992, 268 p.
– Bello E., *African Customary Humanitarian Law Geneva : International Committee of the red cross*, 1980.

– Binoche B., *Critique des droits de l'homme*, PUF, coll. « Philosophies », 1989, 125 p.
– Bruckner P., *Le sanglot de l'homme blanc*, Seuil, 1983.
– Burdeau G., *Libertés publiques*, 4e éd., 1972.
– Burke E., *Réflexions sur la Révolution en France*, Genève, 1980.
– Cassin R., *La déclaration des droits de l'homme et du citoyen dans la Révolution Française*, 1958.
• Bibliographie in *RDH*, 1968, p. 635.
• Mélanges Cassin (*René Cassin Amicorum discipulorumque liber*), t.I, 1969.
– Chantebout, *La Constitution Française*, Propos pour un débat, Dalloz, 1992, 137 p.
– Chevallier J. : « L'Etat de Droit », in *Revue de Droit Public*, 1988, 369 p.
– Colas D. : « Science et différence : La question des droits de l'homme et l'anthropologie », in *Les valeurs de la Révolution devant la Science actuelle*, Presses Universitaires de Nancy, 1990.
– Colliard C. A., *Libertés publiques*, 7e éd., 1989.
– Comte A., *Du pouvoir spirituel*, Recueil d'opuscules par P. Arnaud, Hachette-Pluriel, 1978.
• *Cours de philosophie positive* (1830-1842), Hermann, 1975, t. II.
• *Discours sur l'esprit positif* (1844), Vrin, 1974.
• *Catéchisme positiviste* (1982), Garnier-Flammarion, 1966.
• *Système de politique positive* (1851-1854), 4 vol., Librairie Positiviste, 5e éd., 1929, conforme à la seconde.
– Costa J. P., *Les Libertés publiques en France et dans le monde*, 1986.
– Davis S., International Strategies for the Protection of the Human Rights of Indigenous Peoples, Cultural Survival Quaterly 8 (4), 64-65, 1984.
– Downing Th. E., Kushner G., Human Rights and Anthropology Cultural Survival.

– Droz J., *Le romantisme politique en Allemagne*, A. Colin, 1963.
– Dufour A., Droit et langage dans l'Ecole historique du droit, *Archives de philosophie du droit*, Sirey, t. 19, 1974, p. 151s.
• Rationnel et irrationnel dans l'Ecole du droit historique, *ibid*, t. 23, 1978, p. 147s.
• L'histoire du droit dans la pensée de Savigny, *ibid*, t. 29, 1984, p. 209s.
– Dumont L., *Essais sur l'individualisme*, Seuil, 1983, 310 p.
– Dupuy P. M., De l'universalité des Droits de l'Homme, in *La chronique d'Amnesty*, n° 14, Décembre 1987.
– Durkheim E., *Les règles de la méthode sociologique*, Flammarion, 1988, 254 p.
– Duverger M., *Constitutions et documents politiques*, PUF, 13e éd., 1992, 991 p.
– Emeri Cl. (Sous la direction de) , *Droits institutions et systèmes politiques*, Mélanges en hommage à Maurice Duverger, Paris, 1987.
– Falk R., *Theoretical Foundations of Human Rights in The Politics of Human Rights*, P. R. Newberg ed., pp 65-110, New-York, New-York University Press, 1980.
– Fall I., *Contribution à l'étude du droit des peuples à disposer d'eux-mêmes en Afrique*, Thèse, Paris, 1972.
– Fassot G., *Histoire de la philosophie du droit.*
– Fenet et autres, *Droits de l'homme Droits des peuples,* PUF, Paris, 1982.
– Ferry L. : « L'humanisme juridique en question-réponse à Bernard Edelman » in *Droits*, Revue française de théorie juridique n° 13 pp. 31-53.
– Finkielkraut A., *L'Humanité perdue*, Essai sur le XXe siècle, Ed. du Seuil, 1996, 170 p.
– Fitoussi J. P., Rosanvallon P., *Le Nouvel âge des inégalités*, Ed. Seuil, Paris, 1996, 232 p.
– Fuch M., Burke et l'idéologie in collectif, *Régénération et reconstruction sociale entre 1780 et 1848*, Vrin 1978.
– Furet F., Calvié L., *Marx et la Révolution française*, Flammarion, 1986, 279 p.

– Furet F., Richet D., *La Révolution française*, Paris, Fayard, 1973, 544 p.
– Ganzin M., *La pensée politique d'Edmund Burke*, LGDJ, 1972, 467 p.
– Gauchet M., *La Révolution des droits de l'homme*, Paris, 1989.
– Godechot J., *La révolution des droits de l'homme*, Gallimard, 1989, XXV-341 p.
– Goyard-Fabre S., Sève R., *Les grandes questions de philosophie du droit*, Paris, PUF, 1993, 350 p.
– Goyard-Fabre S., L'idée de souveraineté du peuple et le « libéralisme pur » de Benjamin Constant, *Revue de métaphysique et de morale*, 81e année, n° 3, juillet-septembre 1976.
– Granier J., Hegel et la Révolution française, *Revue de Métaphysique et de Morale*, 85e année, n° 1, janvier-mars 1980.
– Helmons S. M. : « Réflexions sur une protection efficace des droits de l'homme » in *Revue des Droits de l'Homme*, II, 2, 1969.
• « Considération finale » dans « *Droits de l'homme et droit au développement* », Bruylant, Bruxelles et Academia, Louvain-La-Neuve, 1989.
• « La Contribution de la consécration internationale des D.D.H au développement du droit » in *Mélanges à G. Levasseur*, Gazette du Palais, Litec, Paris, 1992.
– Herskovits M. J., *L'Afrique et les Africains entre hier et demain*, Ed. Payot, 1965, 315 p.
• *Dahomey, an ancient west african kingdow*, New-York, 1938.
– Hegel G. W. F., *Préface à la phénoménologie de l'esprit*, éd. bilingue par J. Hyppolite, Aubier-Montaigne, 1966.
• *La raison dans l'histoire*, Trad. Papaioannou, « 10/18 », 1965.
• *Grundlinien der Philosophie des Rechts* (1821), Suhrkamp, 1970. Une traduction française a été publiée chez Vrin en 1982 par R. Derathé et J. P. Frick sous le titre *Principes de la philosophie du droit*.

– Herder J. G., *Une autre philosophie de l'histoire* 1774, éd. bilingue par M. Rouché, Aubier-Montaigne, 1964.
– Hume D., *Quatre essais politiques,* éd. bilingue sous la direction de G. Granel, Trans-Europ Repress, 1981.
– Jardin A., *Histoire du libéralisme politique*, Hachette, 1985.
– Jones R., Legal Strategies for Cultural Survival and Human Rights, *Cultural Survival*, Quaterly 10 (1), 69-72, 1986.
– Kriegel B., *Textes de philosophie politique classique*, Coll. « Que sais-je ? » PUF, 1993, 128 p.
– Lascoumes P., Zander H., *Marx : du « vol de bois » à la critique du droit*, Coll. « Philosophie d'Aujourd'hui » PUF, 1984, 281 p.
– Lefebvre J-P., Macherey P., *Hegel et la société*, Coll. « Philosophies » PUF, 1984.
– Lefebvre J., *La Révolution française vue par les Allemands*, Presses Universitaires de Lyon, 1987.
– Lefort C., *L'invention démocratique*, Fayard, 1981, 331 p.
– Le Hérissé A., *L'ancien royaume du Dahomey*, Larose, Paris, 1911.
– Leiris M., *Cinq Etudes d'ethnologie*, le racisme et le Tiers-Monde, Ed. Denoël, Paris, 1969, 151 p.
– Commission internationale : « *Les droits de l'homme en questions - Livre blanc de la Commission internationale consultative des droits de l'homme* », La documentation française, 1989.
– Lewis J., *Anthropology made simple*, Made Simple Books, W. H. Allen et Company, ldt, Londres, 1969, 282 p.
– Mac Pherson C. B., *Burke*, Oxford University Press, 1980.
– Marquiset J., *Les droits naturels*, Coll. « Que sais-je ? » PUF, 3e éd. 1972, 128 p.
– Marx K., *A propos de la question juive*, Paris, 1968.
- *La Sainte Famille*, Paris, 1965.
- *Critique du droit politique hégélien*, Paris, 1975.

– Masclet J. C., *Textes sur les libertés publiques*, Coll. « Que sais-je ? » PUF, 1988, 128 p.
– Mauss M., *Sociologie et Anthropologie*, Quadrige/PUF, 5e éd., 1993, 482 p.

– Mbaye K. : « L'Unification du droit en Afrique », *Revue sénégalaise de droit,* 1971, n° 10, p. 65-81.
• *Les droits de l'homme en Afrique*, Pédone, 1992.
– Melone St., *La parenté et la terre dans la stratégie du développement*, Thèse, Paris I, 1968, 308 p.
– Montesquieu Ch. L., *De l'esprit des lois,* Livre I à V, Paris, Nathan, 1994, 127 p.
– Mourgeon J., Théron J. P., *Les Libertés Publiques*, Mémentos Thémis PUF, 1979, 156 p.
– Ngom B., *Les Droits de l'homme et l'Afrique*, Ed. Silex, 1984.
– Oppetit B. : « Sur la coutume en droit privé », *Droits,* n° 3, 1986.
– Pazukanis E. B., *La théorie générale du droit et le marxisme* (1924), trad. franç., J. M. Brohm, Etudes et Documentation internationales, 1970.
– Penoux-Zagame : « Du droit de Dieu au DDH », *Droits*, 1, 1985, p. 17.
– Planty-Bonjour G. (sous la direction de), *Droit et liberté selon Hegel*, PUF, 1986.
• *Droit et liberté selon Marx*, PUF, 1986.
– Prouzet M. : « Contribution à la notion de liberté publique en Afrique Noire », in *Mélanges Georges Burdeau*, LGDJ, 1977, p. 927.
– Richer L., *Les droits de l'homme et du citoyen*, Paris Economica, 1982, XIV-406 p.
– Rivero J. : « Une éthique des droits de l'homme » in *Mélanges Végléris*, 1988, I,, p. 627.
• Les notions d'égalité et de discrimination en droit public français, *Travaux de l'Association Capitant*, t. XIV, p. 343.
– Robert J., *Libertés publiques*, 1, Les droits de l'homme, 6e éd. 1991, 318 p.
– Rouland N.: « Horizons pour l'anthropologie juridique », *Droits prospectif*, 2.
• : « Pour une lecture anthropologique et interculturelle des systèmes de droit foncier », *Droits*, 1.
• : « Chronique d'anthropologie juridique », *Droits* n°3, 1986, p. 149s.

• *Anthropologie juridique*, PUF.
• : « Les droits mixtes et les théories du pluralisme juridique », Aix-Marseille, 1989.
• *Aux confints du droit*, O. Jacob, 1991, 318 p.
– Soulier G., *Nos Droits face à l'Etat*, Seuil, 1981, 252 p.
– Sollers Ph. : « On n'a encore rien vu », in *Tel Quel* n° 85, 1980.
– Sperber D., *Qu'est-ce que le structuralisme ?*, Le structuralisme en anthropologie, Ed. du Seuil, 1968, 122 p.
– Strauss L., *Droits naturels et histoire,* Trad. Franç., Plon, 1954, rééd. Coll. « Champs » Flammarion, 1986, 323 p.
– Sylla L. : « Démocratie de l'arbre à palabres et bois sacré », in Colloque *Sacralité, Pouvoir et Droit en Afrique*, 1980.
– Taylor TH., *Le malaise de la modernité*, Ed. du Cerf, Paris, 1994, 125 p.
• *Le multiculturalisme : différence et démocratie, Aubier, Paris, 1994, 142 p.*
– Thierry P., De la révolution américaine à la Révolution française, *Critique*, Ed. de Minuit, n° 481-482, juin-juillet 1987.
– Tocqueville (de) A. : *De la Démocratie en Amérique*, 2 volumes, Paris J. Vrin, 1990, , t. 1-338 p., t. 2-359 p.
– Todorov T., *Nous et les autres, la réflexion française sur la diversité humaine*, Seuil, 1992, 538 p.
– Touchard J., *Histoire des idées politiques*, 2 volumes, 10e éd., PUF, 1988-1991.
– Touraine A., *Critique de la modernité*, Fayard, 1992, 462 p.
– Tozel A., Logique et politique chez Marx, in *Régénération et reconstruction sociale...*, Vrin, 1978.
– Tran Van Minh, *Violations des Droits de l'homme : quel recours, quelle résistance ?*, Unesco, 1983.
– Vanderlinden J., *Les systèmes juridiques africains*, Coll. « Que sais-je ? » PUF, 1983, 128 p.
– Vecchio G. del, *La déclaration des droits de l'homme et du citoyen dans la Révolution française*, rééd. Nagard, 1968.
– Vedel G. : « La Déclaration universelle des droits de l'homme », D. S., 1949, p. 372.

– Villey M. , *Critique de la pensée juridique moderne*, Dalloz, 1976.
- *Leçon d'histoire et de philosophie du droit*, Paris 1957.
- *Philosophie du droit*, Dalloz, 1984 2e éd.

– Virally M. : « Droits de l'homme et théorie générale du Droit international » in *René Cassin Amicorum discipulorumque liber*, tome IV : Méthodologie des Droits de l'Homme, Pédone, 1972.

– Wachsmann P., *Les Droits de l'homme*, Ed. Dalloz-Sirey, 1992, 133 p.

– Worms F., *Droits de l'homme et philosophie.* Une anthropologie, Agora Les Classiques, Presses Pocket, 1993, 458 p.

2 - Articles et Revues

– *Politique Africaine*
– N° 39 « L'Afrique autrement, n° spécial 10e anniversaire », Karthala, 1990, 208 p.
– N° 43 « Les chemins de la démocratie », Karthala, 1991, 187 p.
– N° 59 « Le Bénin », Karthala, 1995, 187 p.
– N° 61 « Besoin d'Etat », Karthala, 1996, 167 p.
– *Constitution de la République du Bénin*, Imprimerie nationale, Porto-Novo, 1990.
– *Présence Africaine* : « Colloque sur la problématique de l'Etat en Afrique Noire », Dakar : 29 Novembre-3 Décembre 1982, Ed. Prés. Afric., 1983, 413 p.
– La Déclaration de 1789 in *Droits*, n°8, Paris, 1988.
– *Les Droits de l'homme en question* , Livre blanc de la Commission Internationale consultative des droits de l'homme, La Documentation Française, 1989.
– *L'universalité des droits de l'homme dans un monde pluraliste*, Colloque organisé par le Conseil de l'Europe, N. P. Engel, 1990.
– *La légitimation du pouvoir et du droit*, 3e Colloque franco-allemand des anthropologues du droit.

– Institut international des Droits de l'homme :, *Recueils des cours, textes et sommaires*, 27e session d'enseignement (1-26 Juillet 1996), 373 p.
– *Encyclopédia Universalis*, 1984, p. 491, « Afrique Noire » Droit.
– Le Roy Etienne : Réflexion sur une interprétation anthropologique du droit africain »' *Revue juridique et politique, indépendance et coopération*, t. 26, n° 3, 1972.
– *Anthropologie juridique et historique des droits de la responsabilité et des biens*, Cours de licence en Droit, Université de Brazza, 1972-1973.
« Justice africaine et oralité juridique » *Bulletin de l'Institut IFAN*, t. 36 semis B, n° 3.
« La vie du droit en Afrique » *Penant* n° 761, 1978, p. 315s.
« Le paradigme et le discours juridique » *LAJP* n° 4, Décembre 1981.
« L'expérience juridique autochtone de l'Afrique Noire » *Unesco*, 1987, p. 930.
– *Fonction de juger et Pouvoir judiciaire*, Bruxelles, Fac. Saint-Louis, 1983, p. 449s.
– *La connaissance du droit en Afrique*, Bruxelles, ARSOM, 1984, p. 210s.
– *Y-a-t-il place pour l'acte à cause de mort dans les droits originellement africains ?*, Congrès de Budapest de la Société Jean Bodin 6-9 Mai 1990, 22 p., Mars 1990.
– *Colloque sur la résistance du droit Africain*, Dakar, 1977, 4 p.
– *Colloque international des études Africaines*, Kinshasa Décembre 1978, ACCT 1980, P. 653s.
– *Conférence internationale « Familles et Cultures »*, Unesco 4-5 Décembre 1987, 7 p.
– *Sacralité, Pouvoir et Droit en Afrique*, Table ronde du LAPJ Février 1978, Ed. du CNRS, 1978.
– Verdier Raymond, *Essai d'Ethnologie-Sociologie juridique des rapports fonciers dans la pensée négro-africaine* (Thèse), 1960, 163 p.
« Premières orientations pour une anthropologie du droit » *Droit et Cultures*, n° 1, 1981, p. 522.

– *Archives de philosophie du droit*, t. 29 : Statique et dynamique des droits africains.
– Yontuda NKouendjin, « Le rôle de la jurisprudence dans les nouveaux Etats d'Afrique francophone » *Penant*, 1973, p. 11-23.

Collection Études Africaines

Anne LUXEREAU, Bernard ROUSSEL, *Changements écologiques et sociaux au Niger.*
Grégoire NDAKI, *Crises, mutations et conflits politiques au Congo-Brazzaville.*
Fabienne GUIMONT, *Les étudiants africains en France (1950-1965).*
Fidèle-Pierre NZE-NGUEMA, *L'Etat au Gabon de 1929 à 1990.*
Roger SOME, *Art africain et esthétique occidentale.*
Blaise BAYILI, *Religion, droit et pouvoir au Burkina Faso.*
Derlemari NERBADOUM, *Le labyrinthe de l'instabilité politique au Tchad.*
Rémi LEROUX, *Le réveil de Djibouti 1968-1977.*
Marcel BOURDETTE DONON, *Tchad 1998.*
Jean-Claude P. QUENUM, *Interactions des systèmes éducatifs traditionnels et modernes.*
Annie CHÉNEAU-LOQUAY, Pierre MATARASSO, *Approche du développement durable en milieu rural africain.*
Pierre SAULNIER, *Le Centrafrique entre mythe et réalité.*
Constant D. BEUGRE, *La motivation au travail des cadres africains.*
Emmanuel AMOUGOU, *Afro-métropolitaines, Emancipation ou domination masculine ?*
Denis ROPA, *L'Ouganda de Yoweri Museveni.*
Louis NGOMO OKITEMBO, *L'engagement politique de l'Eglise catholique au Zaïre 1960-1992.*
André FOFANA, *Afrique Noire. Les enjeux d'un nouveau départ.*
Louis SANGARE, *Les fondements économiques d'un Etat confédéral en Afrique de l'Ouest.*
Elisabeth BOESEN, Christine HARDUNG, Richard KUBA (dir), *Le Borgou - regards sur une région ouest-africaine.*
Pierre PIGEON, *Les activités informelles en République centrafricaine.*
Josias SEMUJANGA, *Récits fondateurs de drame rwandais.*
Moussa DIAW, *La politique étrangère de la Mauritanie.*
Michel DELNEUF, Joseph-Marie ESSOMBA et Alain FROMENT, *Paléo-anthropologie en Afrique centrale, Un bilan de l'archéologie au Cameroun.*
W.H. Paul William AHUI, *Eglise du Christ. Mission Harriste, éléments théologiques du Harrisme Paulinien.*

Collection Études Africaines

Déjà parus

Yao ASSOGBA, *Jean-Marc Ela, Le Sociologue et théologien africain en boubou.*
Oméga BAYONNE, Jean-Claude MAKIMOUNAT-NGOUALA, *Congo-Brazzaville : diagnostic et stratégies pour la création de valeur.*
Albert LE ROUVREUR, *Une oasis au Niger.*
Samuel EBOUA, *Interrogations sur l'Afrique noire.*
Constant VANDEN BERGHEN et Adrien MANGA, *Une introduction à un voyage en Casamance.*
Jean-Pierre YETNA, *Langues, média, communautés rurales au Cameroun.*
Pierre Flambeau N'GAYAP, *L'opposition au Cameroun.*
Myriam ROGER-PETITJEAN, *Soins et nutrition des enfants en milieu urbain africain.*
Pierre ERNY, *Ecoliers d'hier en Afrique Centrale.*
Françoise PUGET, *Femmes peules du Burkina Faso.*
Philippe BOCQUIER et Tiéman DIARRA (Sous la direction de), *Population et société au Mali.*
Abdou LATIF COULIBALY, *Le Sénégal à l'épreuve de la démocratie*, 1999.
Joachim OELSNER, *Le tour du Cameroun,* 1999.
Jean-Baptiste N. WAGO, *L'économie centrafricaine*, 1999.
Aude MEUNIER, *Le système de soins au Burkina Faso*, 1999.
Joachim OELSNER, *Le tour du Cameroun,* 2000.
B. Alfred NGANDO, *L'affaire Titus Edzoa*, 2000.
J.-M. ESSOMBA , M. ELOUGA, *L'Art Tikar au Cameroun,* 2000.
Mahamadou SY, *L'Enfer d'Inal,* 2000.
Pierre DANHO NANDJUI, *La connaissance du Parlement ivoirien*, 2000.
Arsène OUEGUI GOBA, *Côte d'Ivoire : quelle issue pour la transition ?*, 2000.
Mahamoudou OUÉDRAOGO, *Culture et développement en Afrique : le temps du repositionnement*, 2000.
Mourtala MBOUP, *Les Sénégalais d'Italie, Emigrés, agents du changement social,* 2000.

www.ingramcontent.com/pod-product-compliance
Lightning Source LLC
LaVergne TN
LVHW012046041026
849558LV00038B/513
* 9 7 8 2 7 4 7 5 0 7 7 3 8 *